壹卷
YE BOOK

让思想流动起来

论世衡史
- 丛书 -

经今古文之争与近代学术嬗变

张凯 著

四川人民出版社

图书在版编目（CIP）数据

经今古文之争与近代学术嬗变 / 张凯著. —成都：四川人民出版社，2020.9
ISBN 978-7-220-12020-6

Ⅰ.①经… Ⅱ.①张… Ⅲ.①学术思想－思想史－研究－中国－近代 Ⅳ.①B25

中国版本图书馆 CIP 数据核字（2020）第 186088 号

JING JINGUWEN ZHIZHENG YU JINDAI XUESHU SHANBIAN

经今古文之争与近代学术嬗变

出 版 人	黄立新
策划统筹	封　龙
责任编辑	葛　天　冯　珺
封面设计	周伟伟
版式设计	戴雨虹
责任印制	周　奇
出版发行	四川人民出版社（成都市槐树街 2 号）
网　　址	http://www.scpph.com
E-mail	scrmcbs@sina.com
新浪微博	@四川人民出版社
微信公众号	四川人民出版社
发行部业务电话	（028）86259624　86259453
防盗版举报电话	（028）86259624
照　　排	四川胜翔数码印务设计有限公司
印　　刷	成都东江印务有限公司
成品尺寸	145mm×210mm
印　　张	10.625
字　　数	270 千
版　　次	2020 年 9 月第一版
印　　次	2020 年 9 月第一次印刷
书　　号	ISBN 978-7-220-12020-6
定　　价	79.00 元

■版权所有·侵权必究
本书若出现印装质量问题，请与我社发行部联系调换
电话：（028）86259453

目 录

导　言 / 001

第一章　《今古学考》与廖平学术旨趣的确立及其转承 / 021
　　一、著述缘起：蜀学复兴与专求大义 / 023
　　二、通经致用：别户分门与息争调和 / 032
　　三、学术回响：从平分今古到尊今抑古 / 043
　　四、经史分流：廖平、康有为学术公案的余绪 / 053

第二章　今古之争：四川国学院时期的廖平与刘师培 / 072
　　一、"有东西无南北" / 072
　　二、天人性命与礼制之别 / 081
　　三、"古文流派至此确然卓立" / 092

第三章　政学纠葛：近代今文学系谱的演化与生成 / 098
　　一、"复原孔教"与"康学大兴" / 100
　　二、"古学复兴"视野中的今文学叙述 / 114
　　三、中国的文艺复兴：今文学运动 / 124
　　四、真伪今文学之辨：《公羊》与《穀梁》 / 131

第四章 "述文化于史":宋育仁与近代经史学之省思 / 143
一、"治经门路"与"史家本色" / 144
二、孔学统系:人伦与政教 / 152
三、形意之辨:国学与分科 / 162

第五章 今古分合与民国学界的古史派分 / 172
一、经今古文之争与民初古史学 / 173
二、"儒家正统史观"与"诸子百家之言" / 178
三、"考信"与"辨伪" / 187
四、方法和宗旨 / 200

第六章 今古分合与"国史"重建 / 206
一、文化与古史 / 208
二、史术与史学 / 215
三、义理与制度 / 226

第七章 文史分合:章氏国学讲习会与国难之际国学走向 / 235
一、国学讲习 / 236
二、宗旨异趣 / 241
三、"章氏之国学" / 248
四、求真与致用 / 258

第八章 "超今文学"与民国学术流变 / 265
　　一、"再兴末次今古文论战" / 265
　　二、"回到廖平" / 276
　　三、"辨伪"与"析学" / 285

结语　文明的估价与开新 / 298

参考文献 / 312

导 言

近代学术，西学东渐，新旧嬗替，转化传统与引介西学成为近代学人重建中华文明体系的必要方式。黄侃有言："治中国学问，应置身于五口通商之前"，"治中国学问，当接收新材料，不接收新理论。"① 二语既为治中国学问者指示门径，也暗示了道咸以降，中学式微，晚清民国学人在接收西学时，往往是"接收新理论"，以新理论解释固有材料。诚如有论者指出："近代以来，中西新旧，乾坤颠倒，体用关系，用夷变夏，已成大势所趋。"② 近代科学史学在启蒙与救亡的双重变奏中突破传统桎梏，成为创新文明的必要手段，中国历史文化的"国故化"彻底颠覆了传统政教模式的学理基础，开启中国学术体系革命性转向与现代知识生产机制的形成。史学脱离经学而独立，作为整体的经学系统退出历史主流，现代学术分科体系逐步建立，此为近代学术转型的关键环节。衍至今日，现代学术分科逐渐陷入新材料不断扩充与理论无法突破的危机，面临

---

① 黄侃（讲），黄焯（记）：《黄先生语录》，见张晖编：《量守庐学记续编》，4页，北京：生活·读书·新知三联书店，2006。
② 桑兵：《"了解之同情"与陈寅恪的治史方法》，载《社会科学战线》，2008(10)，101页。

社会科学化的宏大叙事与"碎片化"之间的困境：标榜实证主义的客观性，以考据方法为学与社会科学理论相配合，实则难免以现代意识的价值标准去审视、评判历史文化。

经学史学化、以史代经成为近代学术破旧立新的关键环节，新文化派侧重以方法与材料为准则判分新旧中西，无形割裂传统学术与现代学科、价值与知识之间的关联。近代"新学术"之建立，形成由史学方法来承担全局的趋向，以科学方法辨析"材料"成为近代新旧派分的重要依据，导致民国学术与清代学术的关联集中在"材料"与"方法"层面，中国学术流变的内在理路被截断众流式的派分所割裂。如若切断近代学术与传统文化母体的价值关联，惟新求是，标举为学问，而学问的后果或将使科学史学逐步演变为纯粹的实证知识之学，丧失在传统、现代与未来之间建立有机关联性的能力，难以为文化重建与文明走向提供有效的路径。此一趋势导致近代学术流变的脉络难明，更使中国学术的本意被曲解。近人按照新文化派以分科眼光形成的学术史叙述，见证与催化了"用夷变夏"的历程，而突破分科之学的局限，以疏源浚流的方式进一步梳理和呈现中国固有学术在晚清民国时期传衍流变的实情，或可成为超越"外国框框"的突破口。

实际上，道咸以降，传统学术内部流派纷呈。王国维提出清代学术"国初之学大，乾嘉之学精，道咸以降之学新"，道咸新学继承乾嘉专精之学，目睹世变，以经世之抱负，"务为前人所不为"，"言经者及今文，考史者兼辽、金、元，治地理者逮四裔"[①]。清末

---

① 王国维：《沈乙庵先生七十寿序》，见《观堂集林》（外二种），574页，石家庄：河北教育出版社，2003。

民初政局转变，与今文学之兴起，有莫大关系。晚清今文学的兴起引发了经今古文之争，今古立场的分殊导致近代学人转化传统学术的方式迥异。晚清今文学复兴，尤其是廖平以礼制平分今古、康有为公羊改制学说引起一系列学术论争，牵涉到晚清民国时期政治、社会、思想、文化等诸多层面。经今古文之争一直是海内外学界关注的焦点，深入阐释经今古文问题在晚清民国时期演化的多元线索与内涵，有助于准确把握近代学术转型的多重路径与复杂性。以此为凭借，上可探近代中西、新旧学术的纠葛，下可究民国以降学术的发展变迁。

　　长期以来，学界在革命与现代化的叙述中，将近代经今古文学与戊戌变法紧密结合在一起。汤志钧认为经学是中国传统文化的主干，近代经今古文学传承汉代经今古文学的学风，今文经学从维护封建统治到昌言改革、变法维新；古文经学发扬经世传统，进而宣传排满。近代经今古文在学术与政治方面的异同、分合，反映了社会变革时期知识分子的心态[1]。列文森认为近代中国儒学政治已受到反孔非儒等所谓近代目标的全面攻击，廖平作为儒教与历史分离的代表人物，其思想与历史无关。康有为将廖平的抑古尊今思想转变成了现实的政治改革行动，为儒学提供了"最后一次服务于近代中国政治的机会"[2]。萧公权侧重阐发康有为如何发展儒家学说、参与政治行动的真正意义与现代价值，认为康有为是对儒家思想现代化做出了卓越贡献的儒家修正主义者、富于世界主义观念与想象

---

[1] 汤志钧：《清代经今古文学的传承》，《近代今、古文学派的异同与分合》，见《经与史：康有为与章太炎》，108～161页，北京：中华书局，2018。
[2] 列文森：《儒教中国及其现代命运》，郑大华、任菁译，277页，北京：中国社会科学出版社，2000。

的理想主义者①。

诚如有论者言,就清学而言,经今古文问题仅是汉宋分争的子题,或者说只是少数人的问题。有清一代,真正可以称作今文家者,寥寥无几,如果没有康有为言公羊改制,经今文学应当不会进入晚清思想界的主线②。长期以来,近代今文学的谱系多以康有为为核心展开,以公羊学为中心,侧重发掘其经世内涵。杨向奎、陈其泰、黄开国等学人系统考察清代公羊学的展开系谱③。孙春在在现代化理论框架中勾勒清末公羊思想经历了准备期、兴盛期、完备及蜕变期的线性发展历程④。艾尔曼在把握思想史内在学理逻辑的基础上,将"思想史置于地方史、家族史以及涉及朝廷派系斗争的政治史的脉络的分析"⑤,认为庄存与因与和珅斗争失败,遂回乡著述,转向公羊经学,借助经典讥讽时政,进而主张"为了避免关于清代今文经学的线性历史叙事的固有偏见,我们应该以开端代替终结。这并非轻视今文经学在光绪1898改革维新里的重要性,而是要将开端当作开端去发掘,不要流于事后聪明的历史目的论。"⑥艾尔曼将今文学的重点由"康梁"转向"庄刘",引发新一轮关于近代

---

① 萧公权:《近代中国与新世界:康有为变法与大同思想研究》,南京:江苏人民出版社,2007。
② 桑兵:《中国思想学术史上的道统与派分》,见《先因后创与不破不立:近代中国学术流派研究》,39页,北京:生活·读书·新知三联书店,2007。
③ 杨向奎:《清代的今文经学》,《绎史斋学术文集》,上海:上海人民出版社,1983;陈其泰:《清代公羊学》,北京:东方出版社,1997;黄开国:《清代今文经学新论》,北京:人民出版社,2017。
④ 孙春在:《清末的公羊思想》,台湾:商务印书馆,1985。
⑤ 程美宝:《区域研究取向的探索:评杨念群〈儒学地域化的近代形态〉》,见《走出地方史:社会文化史研究的视野》,45页,北京:中华书局,2019。
⑥ 艾尔曼:《经学、政治和宗族——中华帝国晚期常州今文学派研究》,12页,南京:江苏人民出版社,1999。

今文学起源的大讨论。刘桂生在艾尔曼著作译介之前,就指出庄存与入值上书房讲授《公羊》,其学说具有"讲义"的性质①。刘大年认为今文经学起源于庄、和矛盾斗争之说,存在极大的疑问,仅仅凭借庄氏特殊大家族的研究,不可能达到解决思想史与社会史"断裂"的目的。所谓从研究"康梁"转为研究"庄刘"是忽视了庄存与、刘逢禄与康有为、梁启超今文经学时代背景的区别②。陈祖武强调庄存与晚年痛恨和珅祸国殃民,但若以此为庄氏结撰《春秋正辞》的初衷,似可再做商量③。王义俊指出庄存与同和珅之间根本形不成对立和斗争,庄存与治经贯穿其一生,绝非到晚年才转入治《公羊春秋》④。相形之下,汤志钧则认为今文经学所贵在其大义,由"家学"而"显学",传"微言",讲"大义",与时政有密切关系⑤。徐立望从康雍乾三朝君主对胡安国《春秋传》的清算及《春秋》公羊学的批判,尤其是《春秋》公羊学立嫡理论与清代秘密立储原则存在冲突,说明庄存与在上书房讲述《春秋》公羊学说并不可信⑥。

---

① 刘桂生:《从庄存与生平看清代公羊学之起因》,见《周一良先生八十生日纪念论文集》,428~437页,北京:中国社会科学出版社,1993。
② 刘大年《评近代经学》,见《明清论丛》(1),1~51页,北京:紫禁城出版社,1999。
③ 陈祖武:《关于常州庄氏学渊源之探讨——兼论〈春秋正辞〉之撰著年代》,见林庆彰、张寿安主编:《乾嘉学者的义理学》,621~636页,台北:"中研院"文哲所,2003。
④ 王俊义:《庄存与复兴今文经学起因于"与和珅对立"说辨析——兼论对海外中国学研究成果的吸收与借鉴》,载《清史研究》,2007(2)。
⑤ 汤志钧:《从"家学"到"显学":清代今文经学的复兴与和珅专权》,载《史林》,2009(5)。
⑥ 徐立望:《驳清代今文经学复兴源于上书房"讲义"说——兼论今文经学在康雍乾三朝的地位》,载《复旦学报》,2010(5)。

正如有学者所言政治斗争、经世思潮与社会变动对于探讨今文学兴起不无裨益,但"学术理路尤需重视"①。今文家重"义"轻"事",重论轻史,古文家重视音韵训诂、典章制度的考据,这两种截然不同的学风对于中国学术的现代转型起着至关重要的作用②。作为中国近代学术思想史上的核心议题,晚清经今古文之争的学术理路主要围绕下列问题展开。其一,晚清经今古文学与汉代今古文学的异同。李学勤认为晚清以前的历代学者,虽常论及今文、古文,却没有以今文与古文分派,用今文经学与古文经学来看汉代经学,"始于四川学者廖平先生的名著《今古学考》"。若重新研究许慎的《五经异义》,"结果与廖平《今古学考》的学说是不一致的",应当重新检讨汉代经今古文学的问题③。黄燕强从今文与古文、孔学与史学、《王制》与《周礼》、义理与考据等四方面,论证经今古文学之争是晚清所特有的经学形态,与两汉事实不大相符④。郜积意考察汉代今、古学的礼制分别,重新审视廖平礼制学说及其来源,并指出经今古文学之分的知识学倾向因各种原因未能得以最充分展开⑤。其二,辨明康有为、章太炎等近代经今古文之争最具代表性人物的学思历程,考察晚清今文经学与古文经学的生成与演

---

① 罗检秋:《从清代汉宋关系看今文经学的兴起》,载《近代史研究》,2004 (1),3页。
② 路新生:《"义"、"事"之别与"今"、"古"之争及其现代学术意义》,载《天津社会科学》,2005 (1)。
③ 李学勤:《〈今古学考〉与〈五经异义〉》,见《古文献论丛》,318~327页,上海:上海远东出版社,1996。
④ 黄燕强:《重论晚清经今古文学之争——与两汉经学的比较研究》,载《清史研究》,2013 (3)。
⑤ 郜积意:《汉代今、古学的礼制之分——以廖平〈今古学考〉为讨论中心》,载《"中央研究院"历史语言研究所集刊》,2006 (1)。

化。江湄追迹章氏《春秋》学的变化发展,以《春秋》学为中心,考察章太炎"六经皆史"说的本意①。刘巍从康有为、章太炎经学立场的建立过程,窥探晚清今古文经学争议的关键面向。康有为学术经历了记诵之学、分辨今古文而兼采今古,专宗今文而全面攻击古文的发展历程,康有为的今文学可谓中国儒学经世传统的近代转承。章太炎提炼新古文经学与今文经学对抗,旨在捍卫国史的尊严,以国史经世②。

百余年来,在考察近代今文学学理问题中,廖平与康有为的学术公案成为学术焦点,大致形成了四种意见:一是康有为"剽窃"廖平学说。此说传布最广,朱维铮视此为晚清学术最大的版权官司,认为廖平至少充当了康有为理论体系的助产士,《教学通义》的刊布更证实在廖平指点后,康有为才由经古文学改宗经今文学③。二是康有为并未抄袭廖平学说。房德邻立足于康有为早年的今古文立场评述康、廖之间的学术公案,认为康有为《教学通义》早已有今文经学的观点,广州会见时廖平并没有给康有为看过他的《辟刘篇》和《知圣篇》"两篇",长期流传的康有为《新学伪经考》《孔子改制考》"两考"抄袭廖平《知圣篇》《辟刘篇》"两篇"之说乃

---

① 江湄:《章太炎"六经皆史"说本旨、意涵及其变化考论》,见《创造"传统":梁启超、章太炎、胡适与中国学术思想史典范的确立》,139~203页,北京:社会科学文献出版社,2013。
② 刘巍:《康有为、章太炎与晚清经今古文之争》,见桑兵、关晓红主编:《先因后创与不破不立:近代中国学术流派研究》,195~297页。
③ 朱维铮:《近代学术史论》,163~245页,上海,中西书局,2013。

是不实之词①。三是廖平"影响"康有为转向今文学。黄开国、唐赤蓉坚持康有为对廖平学说的接受，认为《教学通义》中《春秋》以后的部分杂糅了康有为后来的经学思想，内容多受到廖平经学的影响②。刘巍系统考察廖平与康有为的学术交往，认为廖平影响康有为主要在"新学伪经说"的启发，"六经皆孔子所自造"以及经典所传先秦制度事实都出自孔子托古改制等两个方面③。四是廖平与康有为相互影响。此说关注者较少，却颇有启发性。章权才主张着力寻找康、廖在今文经学研究中的共同点，而不应"简单归结为你抄袭我，或我抄袭你"④。

在上述基础上，学界逐渐反思近代今文学的系谱问题。蔡长林以研究常州学派著称，敏锐地注意到公羊学难以包容近代今文学的整体脉络，从宏观视角分析庄存与到民初崔适之间，存在"偏向考证的今文学与偏向义理的公羊学"两种研究方式，合二者为一，可命名为今文学派⑤。张勇从梁启超三种关键的清学史著述（即《清代学术概论》《中国近三百年学术史》以及《论中国学术思想变迁

---

① 房德邻：《康有为和廖平的一桩学术公案》，载《近代史研究》，1990（4）；房德邻：《论康有为从经古文学向经今文学的转变——兼答黄开国、唐赤蓉先生》，载《近代史研究》，2012（2）。
② 黄开国、唐赤蓉：《〈教学通义〉中所杂糅的康有为后来的经学思想》，载《近代史研究》2010（1）；黄开国、唐赤蓉：《从〈教学通义〉看康有为早年思想》，载《四川大学学报》（哲社版），2009（4）。
③ 刘巍：《重访廖平、康有为学术交涉公案——关于"新学伪经"说之偷意与升级版"孔子改制"论之截获的新探》，载《齐鲁学刊》，2019（4）。
④ 章权才：《清代经学史》，255页，广州：广东人民出版社，2010。关于廖平、康有为学术公案的最新研究可参考吴仰湘：《重论廖平、康有为的"学术公案"》，载《中国社会科学》，2020（4）。
⑤ 蔡长林：《清代今文学派发展的两条路向》，见彭林主编：《经学研究论文选》，75～76页，上海，上海书店出版社，2002。

之大势》的第八章《近世之学术》)入手,还原梁氏前后叙述的不同语境,澄清其在晚清"今文学"运动中的角色,将梁氏及谭嗣同、夏曾佑等人的"今文学"言论加以历史的解析,呈现出一个逐渐生成和变化着的过程①。於梅舫层层剖析戊戌前后士林与官场人士对康有为学说的认识与反应,揭示戊戌变法中各派各层人物的政治与学术分野,并非似地域、今古、新旧、帝后那般泾渭分明②。王鸳嘉考察19世纪以来学术史的论述,发现以庄存与为始祖的今文学传承谱系的构建中,存在魏源等"今文"学者人为推动的因素。这一论述在近代被不断地强化并成为目前的主流认识,近代今文学系谱的建构历程堪称学术话语变迁影响学术史叙述的绝佳案例③。

20世纪90年代,伴随着"在中国发现历史"的呼声与新一轮的"国学热潮",学界开始反思原有革命史叙事,力求综合探索"学术议题"的"典范转移",以期更贴近晚近学术变迁的整体脉络。王汎森系统论述了疑古思潮与晚清今文家说有一脉相承的关系,后以近代以来学术典范的转移为轴心,描述分析了中国近代学界的内部变化,以及不同学人或派别对中西思想资源的利用以图应时而变等近代学术多元动态的走向④。罗志田揭示近代经史递嬗,

---

① 张勇:《梁启超与晚清"今文学"运动》,北京:北京大学出版社,2017。
② 於梅舫:《康有为〈两考〉的撰写、传播与反应》,博士后出站报告,复旦大学,2011。
③ 王鸳嘉:《学术史中的话语演变与谱系构建——清代公羊学史与庄存与》,载《学术月刊》,2018(3)。
④ 王汎森:《古史辨运动的兴起》,台北:允晨文化出版公司,1987;王汎森:《中国近代思想与学术的系谱》,台北:联经出版事业公司,2003。王东杰:《走向多元动态的思想史——王汎森〈中国近代思想与学术的系谱〉读后》,载《历史研究》,2005(6)。

"新宋学"对民国学术的影响，着重讨论了整理国故和"科学"的关联，深入分析民国学者对"国学"与"国故学"的不同诠释，以及近代学人关于"整理国故"的几次思想论争，呈现民国学界多元的思想光谱与学术脉络①。桑兵首先对晚清民国学术作了通贯的综述分析，再分别以人物（梁启超、胡适、陈寅恪、"老辈学人"、章太炎、傅斯年、金毓黻、马裕藻等）、机构（清华国学院、东方考古协会、厦大国学院、中国史学会等）、方法与理念（"道统与派分""新史学""史学即是史料学"等）为中心展开论述，揭示中国近代学术传承中复杂纠葛的"学""人""事"，对晚近以来"分科治学"、严辨"中西新旧"等学风予以切实的纠正，反思以新文化派叙述编成的民国学术史，从地域、人物、议题等方面为考察经今古文之争与民国学术的关系拓展视野②。与此同时，汪荣祖、李帆、张昭军、赵沛、吴仰湘、蔡长林等学人分别系统研究了近代经今古文之争代表性人物廖平、康有为、章太炎、刘师培、皮锡瑞、崔适等学人经学立场的建立与转变过程。路新生、郑师渠、王学典、张越、陈勇、蔡方鹿等学人集中考察了钱玄同、顾颉刚、钱穆、蒙文通等民国时期经今古文问题论争中重要学人的学术旨趣与经史转变

---

① 参见罗志田：《清季民初经学的边缘化与史学的走向中心》、《"新宋学"与民初考据史学》，皆收入《权势转移：近代中国的思想、社会与学术》，武汉：湖北人民出版社，1999。罗志田：《国家与学术：清季民初关于"国学"的思想争论》，北京：生活·读书·新知三联书店，2003；罗志田：《裂变中的传承：20世纪前期的中国文化与学术》，北京：中华书局，2003。
② 具体研究成果多收入下列著作中：《国学与汉学：近代中外学界交往录》，杭州：浙江人民出版社，1999；《晚清民国的国学研究》，上海：上海古籍出版社，2001；《晚清民国的学人与学术》，北京：中华书局，2008；《学术江湖：晚清民国的学人与学风》，桂林：广西师范大学出版社，2019。

历程①。

20世纪二三十年代，经史异位、经学史学化已成定局。刘巍以章学诚"六经皆史说"的来龙去脉为线索，联系晚清今古文经学之争与民国新史学家提出的"六经皆史料"的口号，扼要勾勒了"六经皆史说"的影响与转变，深刻地反映了中国近代经学的衰败及其主导地位被史学所取代、而经典自身不能不以"史料"的身份寄身于"史学"的历史命运②。余英时、罗义俊、陈祖武等学人认为钱穆《刘向歆父子年谱》结束了晚清以来的经今古文学之争，经今古文之争演化为史学问题③。刘巍进一步论述民国学者虽然承继晚清学人的学术议题，吸收他们的某些治学路径，但学术研究的旨趣已经变异。就经今古文问题研究而言，最典型地反映出"经学没落、史学主位或经学史学化的趋势"，"经学今古文问题的研究讨论主要着眼于史料辨伪，它所要解决的只是'史学'问题，并不是为了'通经致用'"④。王汎森将廖平与蒙文通师徒视为经学向史学过渡的典型，认为蒙文通的学术有两个重点：一是"古史多元论"，一是"大势变迁论"，两者与廖平独特的经学观念相关，都牵涉到近代从

---

① 此类成果颇多，此处不一一列举，具体信息见参考文献。
② 刘巍：《章学诚"六经皆史"说的本源与意蕴》，载《历史研究》，2007（4）；刘巍：《经典的没落与章学诚"六经皆史"说的提升》，载《近代史研究》，2008（2）。
③ 余英时：《钱穆与中国文化》，上海：上海远东出版社，1994；罗义俊：《钱穆与顾颉刚的〈古史辨〉》，载《史林》，1993（4）；廖名春：《钱穆与疑古学派关系述评》，见《原道》5辑，211～230页，贵阳：贵州人民出版社，1999。
④ 刘巍：《〈刘向歆父子年谱〉的学术背景与初始反响》，载《历史研究》，2001（3）。

经学向史学过渡的复杂学术背景①。张志强深入追问"究竟是何种经学向何种史学的过渡,构成为蒙文通成学过程的关键",提出不能忽视不同经学向不同史学过渡的具体历史脉络的复杂性。从思想根源上厘清廖平、刘咸炘、欧阳竟无、蒙文通等学人学术理念的分合,进而指明蒙文通对经、史、儒关系的重构,"创造性地经由今文经学的路向,将逐渐脱离儒学义理价值立场的经学和史学重新纳入到一种以史学为知识统合手段的儒学系统当中",这既与章太炎从古文经学向史学演化的路向截然不同,又"不同于梁启超从今文经学中开出史学和哲学的路向"②。

进入新世纪,在学术与政治的推动下,学界开始重新认知经学研究之于理解中国传统学术与确立当下中国文明主体性的价值和作用。陈壁生指出康有为、廖平彰显孔子一王大法,可谓今文经学的现代发展,以六经之抽象价值为国家构建的理论源头。古文经学遭遇现代民族国家,章太炎通过民族主义史学,寻找历史上的"中国",建立现代意识上的中华民族③。今文经学与近代经今古文问题之于当下文化自觉与民族国家构建的意义得以进一步揭示与拓展,力图经由近代今文学为重建政教、"重回王道"提供理论基础,为国家体制的现代化寻求一个儒化面貌④。张广生从汉宋今古之辨入

---

① 王汎森:《从经学向史学的过渡——廖平与蒙文通的例子》,载《历史研究》,2005(5)。
② 张志强:《经、史、儒关系的重构与"批判儒学"之建立——以〈儒学五论〉为中心试论蒙文通"儒学"观念的特质》,载《中国哲学史》,2009(1)。
③ 陈壁生:《经学的瓦解》,上海:华东师范大学出版社,2014。
④ 干春松:《康有为与儒学的"新世"》,上海:华东师范大学出版社,2015;干春松:《重回王道:儒家与世界秩序》,上海:华东师范大学出版社,2012;唐文明:《敷教在宽:康有为孔教思想申论》,北京:中国人民大学出版社,2012。

手,梳理近世今文经学的经世观念,尝试在近代今古之变的历史脉络中,探寻现代中国政教转型过程中现代国家建设的理论与现实困境,力图在儒学系统与当下中国之间建立有机联系,为中国当代政治文明寻求新出路①。李长春透过廖平《知圣篇》,审视清末今文学者思考帝国形态向民族国家转型过程中儒家的教化理想与政教体系如何重建等议题②。张翔从道统之争到全球文化整合的视角,重新审视清代今文经学与"大同立教"思想在近代中国流变的复杂线索,揭示清代今文经学与中外思想碰撞与交织,"试图从一个侧面呈现中国文明自主性意识的确立过程,以及对将西方要素纳入中国文明体系之内、同时重塑自身的方式和道路的探索"③。傅正受到刘小枫在中国传统内部寻找现代性危机根源的启发,梳理蜀学今文学与近代革命的关系,尝试弥缝传统与现代之间的裂痕④。

综上可知,经今古文之争作为近代学术思想转型的枢纽,学界既往研究侧重于从事实与方法层面,论述康有为公羊改制与清末政局、刘歆造伪问题与疑古思潮的关联;近来则致力于从今文经学中开出文明转承的新道路。两种思路在学术本位与文化自觉、历史意见与时代意见之间不无错位且缺乏对话,关于近代今古文学的经义分殊及其流变的内在脉络尚有较多探讨空间。若要进一步把握经今

---

① 张广生:《返本开新:近世今文经与儒家政教》,北京:中国政法大学出版社,2016。
② 李长春:《经典与历史——以〈知圣篇〉为中心对廖平经学的考察》,博士论文,中山大学,2009。
③ 张翔:《儒学史叙述的分断与孔子之义的比附式诠释——清代今文经学发展脉络新探》,载《中国哲学史》,2019(6)。
④ 傅正:《古今之变——巴蜀今文学与近代革命》,上海:华东师范大学出版社,2018。

古文学之于近代学术乃至当下文明走向的关系，应当突破以材料与方法为学，反思以意见为义理的研究立场，以源流互质的方式紧扣时代主题，洞悉学术源流，体会学人的本意，揭示学术思想与历史语境之间的张力。

如何在德性之学与政教体系、社会秩序之间建构能动关联，既是宋代以来中国历史发展的主题，又是近代古今中西之争背后的根源性问题。乾嘉学人意图超越宋明先天预成的形上学，却群趋考证学的知识实践，进一步割裂义理学与经史学的关联，各派学人基于各自学术立场，尝试从中国固有学术传统中开辟出应对三千年来未有之变局的有效方式，近代经今古文之争由此兴起。研究近代经今古文问题，必须本其学术脉络，总体考量，体会学人的学术主旨，辨明相关著作的撰述缘起，"知人"与"论世"两相结合。"论世"旨在接近学人行事思维语境，寻找"了解之同情"的有效途径，但若不能"心知其意"，往往只能限于自己的眼界"横看成岭侧成峰"。治学之道，甘苦自知，一如柳诒徵所言：

> 凡论一家之学术，莫难于其人未曾自曝其宗旨，非就其生平种种著述比较而归纳之，不易得其要领也。若其人生平已历述其宗旨，则后之学者第须就其宗旨演绎而导扬之，不必更下己意，善学问之事，甘苦自知，他人之议论，断不如自身之举示之确也。①

---

① 柳诒徵：《顾氏学述》，《学衡》，第5期，1922。

若能将学人的夫子自道或著作要旨与当时学界回响相结合，多方比较与综合学人的著述缘起与旨趣分合，或能在学术源流与历史语境中更真切地体会学人的学术理念。比较著述需要辨析著述缘起，尽量复原相关学人所发表、改订各文的原貌，将学人的言行置于其所处历史语境中，落实言说对象与本意，梳理演化过程，而非以后来的观念格义与分科。以此为基础，本书力图在学术源流与历史语境中，知人与论学相辅相成，分析各家著述要义与主旨分合，虚实相济，考察各派学人之间的交往、论学，辨明近代学人处理经今古文学问题的分殊与纠葛，以此呈现传统学术近代转承的不同理路与复杂性。下列各章节充分吸收学界既有研究成果，详人所略，略人所详，在晚近学术、社会的发展大势之中，历时性考察相关学人个人境遇与学术思想的演化，阐释学术流变的内在理路与时代的关联。

（1）《今古学考》与廖平学术旨趣的确立及其转承

中国学术的南北派分，由来已久。自从廖平著《今古学考》，以礼制平分今古，欲作《十八经注疏》，"以成蜀学"，与江浙学术立异，成为晚清民国四川"好今文家言"者的群体追求。分析《今古学考》的撰述历程与内在系统，揭示廖平学术起点，探讨廖平学术一以贯之之道：重构道与六经的关系，顺时构建经学系统，揭示六经之道，以期经世致用。《今古学考》以家法条例重建古代文献的历史层次，为圣人改制奠定基础。晚清学术界对《今古学考》内在紧张的批评，促使廖平调整其学说，在此过程中廖平与康有为的学术碰撞，相得益彰，有效激发二人学术思想的深化。廖平致力于整合六经以期学术大同，晚年将六经放在孔经哲学的框架上重新解释,维系儒家义理的普适性。康有为提倡三统三世说与观世知化的史学视野,无疑启发其弟子梁启超以新史学融贯经史,考察中国文明史的演化。

(2) 今古之争:四川国学院时期的廖平与刘师培

民国初年成立的四川国学院,名师云集,今古文大师廖平与刘师培角力于此,是近代学术史上少见的文化现象。刘师培主张学分南北,宋育仁弟子杨赞襄提出学术之分在晚清以降当以"东西"代"南北","东"是汉学大本营"吴越","西"是以今文学开出新考证学的"楚蜀",就"理论"而言,吴越也要纳入今文的范围,"理论渐趋统一而事实随之"。国学院院长吴之英希望刘师培与廖平抗衡,扭转院内竞相研习今文的风气。廖平、刘师培二人在经史关系、天人性命之说、经今古文起源等重大问题上,"持各有故,言各成理"。抽绎出廖平与刘师培这段民初经今古文碰撞的学术线索,有助于勾勒经今古文学在民国初期的渊源流变。刘师培此后殚心三礼,以礼制为本,按家法条例研究经学,力图挽救汉学"支离破碎、不识大体"的弊端,建构古文学新体系回应今文学,以期承前启后、开儒学之新路。

(3) 政学纠葛:近代今文学系谱的演化与生成

经今古文问题是清学汉宋之争的子题,后演化为清末民初政教、学术转型的枢纽,海内外学者大多认同从常州学派至康有为公羊改制为主轴的近代今文学谱系。历时性的梳理近代今文学系谱的演化与生成过程,不难发现,戊戌前后,经今古文的学派意识尚未形成。围绕"康学"的争议,集中于"素王改制说"所引发改革方式的分歧,并非《公羊》《左传》的经今古文之争。清末古学复兴,学界提出以国学取代经学,重新梳理中国学术史,在评述晚清今文学的过程中,近代经今文学与古文学的派分意识日渐清晰。民初整理国故运动兴起,梁启超将清代学术比作中国的"文艺复兴",大大渲染了公羊学与康有为在近代今文学谱系中的地位。此后学界大体接受梁氏的观点,晚近今文学的毁誉褒贬皆系于此。廖平弟子蒙文通、李源澄质疑以康有为公羊学为中心的今文学系谱,认定晚清公羊学近乎伪今文学,以礼制为本,按家法条例治《穀梁》才是成熟今文学。以康有为公羊改制为中心的今文学运动引领晚清思想界革命,为传统学术的外在转向拓宽道路;廖平弟子对近代今文学系谱的重构,不仅丰富了晚近学术流变的脉络,更揭示传统学术内在深化的可行性路径。

(4)"述文化于史":宋育仁与近代经史学之省思

清代学术,以复古为解放。新文化运动后,胡适、顾颉刚倡导的整理国故和古史辨运动继承乾嘉汉学,在今文学的影响下,回归原典,新文化派旨在以科学取代古代儒家经典的微言大义。老辈学人宋育仁、廖平组织国学会,以期扭转经学史学化的流弊,挽回世风。宋育仁提出"述文化于史",以经驭史,进而重塑孔学统系,贯通义理与制度,在共和语境下重构儒学人伦与政教体系,尝试以孔门四科统摄现代学术分科,阐发孔学经义,守先待后。宋育仁浓厚的复古、尊孔意识或有可商榷之处,若以宋育仁与新文化派的学术分合为线索,回到历史现场呈现近代学术流变的复杂理路,既可丰富理解中国历史文化本意的路径,又为当下反思以西律中的分科之学,谋求沟通中西、融汇新旧的新学术体系提供思想资源。

(5)今古分合与民国学界的古史派分

近代古史研究,实导源于晚清经学。廖平与康有为的托古改制说本以解决经学纠纷,演变为古史之探索。整理国故运动兴起,经今古文问题引发南北学界纷纷扰攘的古史论争。近代今文学的疑古思潮为整理国故与古史辨运动变经学为古史学，以史代经提供思想资源。顾颉刚汲取今文学的疑古思想与清代汉学的考据方法，期望改造经学为古史学，重建中国文化史；柳诒徵师徒认同古文经学，贯通经史，阐扬固有文化，振兴民族精神；蒙文通坚守今文学立场，研究古史旨在建构儒学义理与历史变迁的能动关系，为其以史证经、以经御史埋下伏笔。澄清民国各派学人古史研究的本意与分殊，进而反思近代学术的"新旧"派分，或许能为时下古史研究走出新史料的扩充与理论无法突破的局面提供思想资源。

（6）今古分合与"国史"重建

在现代社会与学术语境中，调适儒学价值立场与客观经验，无疑是重建中华文明主体性的重要议题。民国学人将经古文学视为"经学中之史学"，今文学乃"经学中之哲学"。由古文转史学，其道顺；由今学入史学，其道逆。柳诒徵、蒙文通的学术立场有着鲜明的经今古文学色彩，均注重发掘与转化传统经史之学，以"国史"重建学统，整合义理价值、经史传统与文明历程。双方围绕中国历史文化与经史关系等议题交涉颇多，对于如何梳理中国文化与古史，认定中国史学的功能以及义理与制度的抉择，取径有别。柳诒徵秉持儒家正统史观，倡导史术通贯经术，确立国性与文明主体；蒙文通建构儒史相资能动系统，阐发义理化的经史之学，以经御史，落实与实践以"明体达用"之儒学塑造中华文明主体性。

（7）文史分合：章氏国学讲习会与国难之际国学走向

章太炎晚年曾与金天翮、陈衍组织成立中国国学会，双方后因人事纠葛与学术立场异趣分道扬镳。金天翮提倡复兴理学，读史明变，文以载道，以诗文感世传心史。中国国学会致力于国学研究的提高与普及，激发民族精神，适应学术平民化的潮流。章太炎认为文即是道，国学应不尚空言，坐言起行，以语言文字与经史为宗。章氏国学讲习会旨在为后进示以治学轨辙，守先待后，以民族文化与国族精神整合经史之学与经今古文之争，确立华夏文明的实体性与主体性。章氏国学系统中求真与致用互为体用。求是与致用是落实文史学的两条道路，无文史学之求真，即无文史学之致用，求真是致用的必要条件，致用是求真的自然归宿。以章氏国学讲习会的成立因缘为线索，考察国难时期学术风气转移和派分纠葛，当可呈现近代学术多元走向。

（8）"超今文学"与民国学术流变

1930年前后，"今古"之见支配民国史学界，新一轮的"今古文论战"成为各派学人实践学术理念，开辟新学术之路的起点，"超今文学"逐渐成为学界共识。胡适提出"回到廖平"，重审廖平以礼制平分今古的合理性；章太炎提倡上溯先秦之学，考辨经史，纠正近百年今文学运动；钱穆、刘咸炘以史事澄清秦汉学术演化轨迹，解决近代今古文之争，反对于经说中强求异同；钱玄同、顾颉刚进一步将今古文问题史学化，从"辨伪"与"析学"的层面明确主张"超今文"。蒙文通、李源澄发展经史分流观，以"理想"与"陈迹"分别今古，阐发秦汉新儒学的"革命"精神，并以井田、辟雍、封禅、巡狩、明堂五种制度支撑今文学"革命"理想。

清季民初经今古文之争是近代新旧递嬗、经史易位的重要枢纽，"今古文辨义"成为民国学界分殊的源头与缩影。近代新史学主张以史代经，视经学为史料，以此完成中国传统学术的现代转型。但经学中的"义理"是否全无意义？毕竟史学不仅须秉持科学与考据的方法，还有阐释人文与义理的功能，若离此义理，"史学"

不过"史考"、"史料"而已。通过考察晚清民国经今古文问题的多元走向与传衍脉络,综合比较廖平、康有为、刘师培、章太炎、蒙文通、古史辨等学人与学派的学术分合,可以揭示经今古文之争促使民国学界开辟出多元经史转承的道路。章黄学派以文字语言与历史为主归,以儒家修己治人之学为中心,重塑国学正统,探求民族文化的变迁。章太炎新古文经学的基本方向是经学史学化,侧重从"致用"与"经制"视角阐释史学,有助于催化现代科学史学的知识品格。廖平门生立足今文学义理,力图在义理、经制、史事之间建构能动关联,因事明制,儒史相资,整合汉宋、今古、经史之争,从中或可开辟出"事义兼备""理事相即"与"今古融合"的学术系统①。发掘经今古文之争与近代学术转型的内在关联,可进一步呈现近代学术流变的多元脉络,揭示儒学义理与科学史学二者诚有珠联璧合的可能。

近十年来复兴传统与重建中国文明主体性的呼声蔚为风潮,考察中国学术近代转承的多元路径当是守成与开新的关键。理解与同情作为整体的中国历史文化系统,以源流互质的方式探索近代学术的多元出路,贯通经史,虚实相济,或能认知中国学术流变的实情,以国故整理科学,会通中西,为当下建构中国学术本位提供有效的思想资源与知识参考。

---

① 张志强:《经学何谓?经学何为?——当前经学研究的趋向与"经学重建"的难局》,见《2013 中国哲学年鉴》,北京:中国社会科学出版社,2014。

第一章
《今古学考》与廖平学术旨趣的确立及其转承

乾嘉学术以汉学为主流,刘师培认为古代并无汉学的说法,"汉学之名始于近代",并以笃信好古作为"汉学"的范围。然而,清代学者研究"汉学",未必信守汉儒之说,"用汉儒之说,亦未必用以治汉儒所治之书。是则所谓汉学者,不过用汉儒之训故以说经,及用汉儒注书之条以治群书",遂以"汉学"命名清代学术①。至于经今古文之争,章太炎指出清初学人研治经学,"尚无今古文之争"。乾嘉学人分别今、古文,仅是发明汉代专家之学,"自今文家以今文排斥古文,遂有古文家以古文排斥今文来相对抗"②。1958年,钱穆将《刘向歆父子年谱》《两汉博士家法考》《孔子与春秋》《周官著作时代考》四文合编为《两汉经学今古文平议》,在自序中称:

> 此四文皆为两汉经学之今、古文问题而发。其实此问题仅

---

① 刘师培:《刘师培清儒得失论》,236 页,长春:吉林人民出版社,2013。
② 章太炎:《清代学术之系统》,见马勇编:《章太炎讲演集》,104 页,石家庄:河北人民出版社,2004。

起于晚清道、咸以下，而百年来掩胁学术界，几乎不主杨，则主墨，各持门户，互争是非，渺不得定论所在，而夷求之于两汉经学之实况，则并无如此所云云也。

盖清儒治学，始终未脱一门户之见。其先则争朱、王，其后则争汉、宋。其于汉人，先则争郑玄、王肃，次复争西汉、东汉，而今、古文之分疆，乃由此而起。其治今文经学者，其先则争《左氏》与《公羊》，其次复争《三家》与《毛》《郑》……晚清经师，有主今文者，亦有主古文者。主张今文经师之所说，既多不可信；而主张古文诸经师，其说亦同样不可信，且更见其为疲软而无力。此何故？盖今文古文之分，本出晚清今文学者门户之偏见，彼辈主张今文，遂为今文诸经建立门户，而排斥古文诸经于此门户之外。而主张古文诸经者，亦即以今文学家之门户为门户，而不过入主出奴之意见之相异而已。①

钱穆认为近代经今古文之争源自晚清今文学的代表人物廖平、康有为的门户之见，不能将后起的经今古文之争等同于两汉经学的历史实情。不过，钱氏承认今文学推寻汉代家法，"抽绎坠绪，未为无功"。晚清今文学拉开近代学术由经入史的序幕，诚有筚路蓝缕以启山林之功，近代今文学可谓观察晚清以来学术流变的有效切入点。

清代学术，卓然成一潮流，带有时代运动色彩者，在前半期为

---

① 钱穆：《自序》，见《两汉经学今古文平议》，3～5页，北京：商务印书馆，2001。

考证学，后半期为今文学，今文学又从考证学衍生而来①。考证学源自江浙，嘉道之际，已有诸多督抚大员四处推广。中国区域性的地缘文化自古较强，特定区域文化对当地士人和大众的观念、行为皆有直接、间接的影响，在接受汉学时，各地形成了不同的支脉。清季民初，复兴蜀学成为川省学人的群体诉求。廖平以礼制平分今古，以期复兴蜀学，重建经学系统。"好今文家言者"多主张晚近学术当以"东西"代"南北"，以今文学之"理论"整合古文学的"事实"②。

一、著述缘起：蜀学复兴与专求大义

四川僻处西南，较少浸染清代汉学的风气。咸同之前，锦江书院为四川仅有的省级书院，"大抵惟科举是务，虽曰习经，涉猎而已，未有专业教者，即欲以古学倡，其如规模之未具何？"③ 同光之际，张之洞任四川学政，批评某些四川士人将理学、释老、方技糅合在一起著书授徒，或请仙扶乩，指出"此大为人心风俗之害"，"乃俗语所谓魔道"④。1874年，工部侍郎薛焕回乡丁忧，联络蜀地

---

① 梁启超：《清代学术概论》，见朱维铮校注：《梁启超论清学史二种》，2页，上海：复旦大学出版社，1985。
② 近代蜀学的兴起，可参见张凯：《清季民初"蜀学"之流变》，载《近代史研究》，2012（5）。刘复生、王东杰等著：《近代蜀学的兴起与演变》，成都：四川大学出版社，2017。
③ 伍肇龄：《尊经书院课艺二集序》，见赵所生、薛正兴主编：《中国历代书院志》第16册，443页，南京：江苏教育出版社，1995。
④ 张之洞：《輶轩语》，见苑书义、孙华峰、李秉新主编：《张之洞全集》第12册，9777页，石家庄：河北人民出版社，1998。

官绅上书吴棠、张之洞，请求创办书院，"通经学古课蜀士"。张之洞主张"欲治川省之民，必先治川省之士"，创办"尊经"书院，将川省士子们纳入到儒家正统的轨道，培养通博致用之才，"绍先哲，起蜀学"。所谓"绍先哲"，乃绍继经学传统，复兴两汉之际，比于齐鲁的蜀中儒学。所谓"起蜀学"，是培养通经、学古之士，使士风由荒经蔑古转为尊经、学古通经。张之洞在《四川省城尊经书院记》中明确要求"经史、小学、舆地、推步、算术、经济、诗古文辞，皆学也"，"凡学之根柢必在经史。读群书之根柢在通经，读史之根柢亦在通经"①。

晚清学界扰攘于汉宋之争，张之洞虽在《輶轩语》中提倡汉宋兼修，劝人治学不要妄立门户，但《书目答问》一书教人治学从阮元刊刻的《学海堂经解》以及《段注说文》入手，以此为治学的门径："由小学入经学者，其经学可信；由经学入史学者，其史学可信；由经学、史学入理学者，其理学可信；以经学、史学兼词章者，其词章有用；以经学、史学兼经济者，其经济成就远大。"② 张之洞对尊经书院的期望与设计，即模仿诂经精舍和学海堂，立志汉学。张之洞离任时，致信继任者谭宗浚，"身虽去蜀，独一尊经书院，惓惓不忘"，此时"但讲根柢者，实难其人"，廖平"天资最高，文笔雄奇拔俗，于经学、小学极能研索，一说即解，实为仅见，他日必有成就"。张之洞期望"他年院内生徒各读数百卷书，

---

① 张之洞：《创建尊经书院记》，见苑书义、孙华峰、李秉新主编：《张之洞全集》第12册，10074～10075页。
② 张之洞：《书目答问》，见苑书义、孙华峰、李秉新主编：《张之洞全集》第12册，9976页。

蜀中通经学古者能得数百人，执事之赐也"①。谭宗浚为学，优于辞章，与张之洞提倡"学古"有所出入。谭宗浚指责"近来弟子稍读经史，辄薄八股为不足道"之举为"大缪"，提出"八股之析理论事尽有精处，断非心浮气浮者所能工"②。尊经书院有不少弟子认同谭宗浚的主张，宋育仁追忆，"蜀学初开，高才生惟知竞词章耳。时诋经解为钞胥，并未尝问途也"③。此时，张之洞着力培育尊经书院的学古风气，尊经书院的主讲并未更换。张氏一面让薛焕等人将谭宗浚所出观风题寄呈，一面命二钱翻刊《书目答问》与《輶轩语》④。1878年冬，谭宗浚汇集尊经学子三年以来课艺及下车观风超等卷，刊为《蜀秀集》八卷，即被人认为"所刊皆二钱之教，识者称为江浙派"⑤。《蜀秀集》秉承张之洞主汉学的思路，以"实事求是，博稽制度"为纲，"课之以研经，引之以读史，旁兼诸子，下逮百家"⑥。尊经弟子张祥龄也认为"同治甲戌，南皮张先生督学，提倡阮、纪两文达之学"，"以《说文》及《提要》为之梯阶"，"川省僻处西南，国朝以来不知所谓汉学，于是颖异之士，如饥渴之得美膳，数月文风丕变，遂沛然若决江河"⑦。

张之洞创尊经书院的本意是以蜀学为江浙汉学的支脉，丁宝桢

---

① 张之洞：《致谭叔裕》，见苑书义、孙华峰、李秉新主编：《张之洞全集》第12册，10129～10133页。
② 谭宗浚：《止庵笔语》，南海谭祖任刻本，1922。
③ 宋育仁：《续文史校雠匡谬正俗》，载《国学月刊》，第15期，1923。
④ 钱宝宣：《与缪荃孙书》，见顾廷龙校阅：《艺风堂友朋书札》，721页，上海：上海古籍出版社，1980。
⑤ 廖幼平编：《廖季平年谱》，19页，成都：巴蜀书社，1985。
⑥ 谭宗浚：《蜀秀集·序》，见《蜀秀集》，成都试院，1880。
⑦ 张祥龄：《翰林院庶吉士陈光明君墓志铭》，见《张祥龄集》，217～219页，成都：巴蜀书社，2018。

后来聘请王闿运为尊经书院山长,经王闿运一番教化,与江浙派立异,却成为晚清乃至民国"蜀学"的主题。王闿运认为:"治经以识字为贵,非识《说文解字》之文字为贵"①,"六经之文,字无虚下,解经不词,先师蚩之。经文非独无剩字,亦无炼字","今愿与诸子先通文理,乃后说经,文通而经通,章句之学精,然后可言训诂义理,而先师之所秘密自负者,必恍然于昔者之未通章句也"②。丁宝桢称"斯言诚后世说经者不易之准绳"③。王闿运在尊经书院讲经学以《仪礼》《春秋》为主。1880年,王闿运作《春秋例表》,指导廖平研究《春秋》。皮锡瑞曾阅览四川尊经书院课艺,"知川学宗旨,大抵出于王壬秋先生","《春秋》兼用《公羊》《穀梁》新义,间出前人之外;《礼经》尤精,说《易》说《诗》,皆以礼证之,故其说虽新而有据,异于宋明诸人。"④ 此后,尊经学子业有专攻,对王氏之教各有取舍,廖平及其弟子甚至对王氏经学不以为然,但不可否认王闿运以《仪礼》《春秋》教导蜀士,启发蜀学形成不同于江浙学派的学术风格。费行简认为:"院生日有记,月有课,暇则习礼,若乡饮、投壶之类,三年而彬彬进乎礼乐。其后廖平治《公羊》《穀梁春秋》《小戴记》,戴光治《书》,胡从简治《礼》,刘子雄、岳森通诸经,皆有家法,未尝封于阮氏《经解》,视诂经、南菁、学海之徒曰经解者,盖不可同日语。蜀学成,还主长沙校经书

---

① 王闿运:《释贲》,《尊经书院初集》第一卷,见赵所生、薛正兴主编:《中国历代书院志》第16册,17页。
② 王闿运:《释蒙》,《尊经书院初集》第一卷,见赵所生、薛正兴主编:《中国历代书院志》第16册,12页。
③ 丁宝桢:《尊经书院初集·序》,见《中国历代书院志》第16册,1页。
④ 皮名振:《清皮鹿门先生锡瑞年谱》,26～27页,台北:台湾商务印书馆,1978。

院。"① 钱基博称道尊经弟子"能不为阮元《经解》所囿,号曰'蜀学',则闿运之以也"②。费行简、钱基博强调"蜀学成"正有将"江浙派"与"蜀学"截然为二的意味。缪荃荪对此不以为然,称钱保塘"在蜀三十五年","传经弟子,不乏英隽,至今称颂不置,使蜀士常奉君为依归,何至邪说暴行流毒于天下耶"③。费、钱二人所言"蜀学",缪氏所言"邪说暴行",一褒一贬,其中关键就是廖平。

廖平早年笃好宋学,治经亦有小学基础。据向楚《廖平》所记,"时南皮张之洞督学四川,以纪(昀)、阮(元)之学为号召,见平文大喜,以高材生调入尊经书院,盖平以'狮犬'义释《论语》'狂狷'之文。蜀士旧无知许氏《说文》者,独平偶得之于败簏中而好之,故为之洞所嗟异"④。廖平入尊经书院,便从笃好宋学转而博览考据,"予幼笃好宋五子书、唐宋八家文。丙子(1876年),从事训诂文字之学,用功甚勤,博览考据诸书。冬间,偶读唐宋人文,不觉嫌其空滑无实,不如训诂书字字有意。盖聪明心思,于此一变矣"⑤。廖平转向博览考据,于《说文》一书用功最多,"予丙子为《说文》之学者数月,后遂泛滥无专攻,辛巳冬作《转注假借考》,颇与时论不同。丙戌春间,乃知形事之分"⑥。在

---

① 沃丘仲子:《近代名人小传》,22页,台北:文海出版社,1967。
② 钱基博:《近百年湖南学风》,63页,北京:中国人民大学出版社,2004。
③ 缪荃荪:《清风室诗文钞序》,见钱保塘撰:《清风室文钞》,海宁钱氏清风室,1913。
④ 向楚:《廖平》,载《文学集刊》,第2期,1946。
⑤ 廖平、吴之英:《经学初程》,见舒大刚、杨世文主编:《廖平全集》(1),467页,上海:上海古籍出版社,2015。
⑥ 廖平:《六书旧义自识》,见舒大刚、杨世文主编:《廖平全集》(10),225页。

1878年刊刻的《蜀秀集》中收录廖平的作品有《尔雅舍人注考》《六书说》《荥波既猪解》等数篇,在尊经书院众多弟子中收录作品最多。王闿运讲学,提倡今文家说,主通大义,在某种程度上促成廖平早年学术的重大变化:"庚辰以后,厌弃破碎,专事求大义,以视考据诸书,则又以为糟粕而无精华,枝叶而非根本,取《庄子》《管》《列》《墨》读之,则乃喜其义实,是心思聪明至此又一变矣。"① 廖平是否专求大义,学界有所争议②。不过,王闿运就观察到张祥龄、廖平、戴光等尊经弟子学术倾向的游移,"方寸待难测","彼互相非,吾无以定"③。

王闿运注重《公羊》,廖平侧重通过《穀梁》寻求《春秋》大义。蒙文通指出廖平与王闿运的学术区别在于:"湘绮言《春秋》以《公羊》,而先生治《穀梁》,专谨与湘绮稍异。其能自辟蹊径,不入于常州之流者,殆亦在是","依传之例以决范、何、郑氏之违失,而杜后来无穷之辩,植基坚厚。旋复移之以治《公羊》《左氏》,皆迎刃自解。"④ 自1881至1885年间,廖平集中研讨《穀梁》。1885年8月,廖平编订《穀梁春秋内外编》,所作《穀梁》著述共计达37种50卷之多,探讨《穀梁》礼制成为廖平专攻大义,进而贯通六经的关键。廖平自称"积疑三四年,经七八转变",乃

---

① 廖平、吴之英:《经学初程》,见舒大刚、杨世文主编:《廖平全集》(1),467页。
② 相关讨论,可参见吴仰湘:《论廖平1880年并未转向今文经学——"庚辰以后,厌弃破碎,专事求大义"辨析》,《湖南大学学报》(社会科学版),2009(3)。黄开国:《公羊学发展史》,602~603页,北京:人民出版社,2013。
③ 王闿运著,马积高主编:《湘绮楼日记》,光绪六年十一月二十一日,968页,长沙:岳麓书社,1997。
④ 蒙文通:《廖季平先生传》,见《经史抉原》,139页,成都:巴蜀书社,1995。

打通《王制》与《穀梁》：

> 辛巳秋，检《曲礼》"天子不言出""诸侯不生名"数节，文与《春秋传》同，又非礼制，因《郊特牲》《乐记》一篇有数篇、数十篇之说，疑此数节为先师《春秋》说，错简入《曲礼》者也。癸未在都，因《传》有二伯之言，《白虎通》说五伯首说主兼三代，《穀梁》以同为尊周外楚，定《穀梁》为二伯，《公羊》为五伯。当时不胜欢庆，以为此千古未发之覆也。又尝疑曹以下，何以皆山东国称伯、称子，又与郑、秦、吴、楚同制？爵五等，乃许男在曹伯之上？考之书，书无此疑；询之人，人不能答。日夜焦思，刻无停虑，盖不啻数十说。而皆不能通，唯阙疑而已。甲申，考大夫制，检《王制》，见其大国、次国、小国之说，主此立论，犹未之奇也。及考其二伯、方伯之制，然后悟《穀梁》二伯乃旧制如此，假之于齐晋耳。考其寰内诸侯称伯乃三监之说，然后悟郑、秦称伯，单伯、祭仲、女叔之为天子大夫，则愈奇之矣。犹未敢以为《春秋》说也。及录《穀梁》旧稿，悉用其说，苟或未安，沉思即得，然后以此为素王改制之书，《春秋》之别传也。乙酉春，将《王制》分经传写钞，欲作《义证》，时不过引《穀梁传》文以相应证耳。偶抄《〈异义〉今古学异同表》，初以为十四博士必相参杂，乃古与古同，今与今同，虽小有不合，非其巨纲，然后恍然悟博士同为一家，古学又别为一家也。遍考诸书，历历不爽，始定今古异同之论。久之，悟孔子作《春秋》、定《王制》为晚年说，弟子多主此义，推以遍说群经。汉初博士皆弟子之

支派，故同主《王制》立说。乃定《王制》为今学之祖，立表说以明之。①

廖平在此将其如何通过比较《王制》《穀梁》，解除心中困惑，提出以礼制平分今古的心路历程和盘托出。就清代学术的内在脉络而言，陈寿祺父子早已"渐别今古，由粗及精"，清理经今古文所载礼制的异同。龚自珍从"治法"角度讲"三世"，扭转了早期常州学人从"书法"角度讲"三世"的倾向，这些可谓廖平、康有为以"三世"论制度的先声②。廖平以礼制言家法条例，正是从经典中礼制记载的异同入手，思索其中因缘，"综其终始"。1881年，廖平研究《穀梁》学之初，通过考察礼制，注意到《曲礼》与《穀梁》存在"错简"的问题。1883年，廖平第二次上京应试之时，对照《穀梁》《公羊》中"二伯""五伯"的分歧，发现《穀梁》与《公羊》中有两套礼制系统。1884年，廖平考察《王制》中二伯、方伯之制与《穀梁》的二伯说相符合，认定《王制》为《春秋》大传，注解《穀梁》当"以《王制》为主，参以西汉先师旧说，从班氏为断"③。1885年，廖平考订旧本《王制》经传与注文，写成《王制定本》，拟作《王制义证》，引述《穀梁传》相互印证。同年，廖平撰写《重订穀梁春秋经传古义疏凡例》与《穀梁大义》，以素

---

① 廖平：《今古学考》，见李耀仙主编：《廖平选集》（上），92页，成都：巴蜀书社，1998。
② 汪晖：《现代中国思想的兴起》（上）第2部《帝国与国家》，北京：生活·读书·新知三联书店，2015。李长春：《清儒的"三世"说与廖平的"制度"论》，载《中山大学学报》（社会科学版），2016（5）。
③ 廖平：《重订穀梁春秋经传古义凡例》，见舒大刚、杨世文主编：《廖平全集》（6），18～23页。

王为主,"改制、三世、亲鲁、故宋、黜杞、尊周、二伯、八方伯、六卒正、外夷狄、进退诸侯皆从之";从"奉天、正道、贵民、重信、亲亲、尊尊、贤贤、贱利、贵让、仁义、五伦、权谋、终始、有无、谨始、复仇、明时、法古"等角度发明《春秋》制义之事①。在编纂《古今学考》中"今古学异同表"时,确信"今古异同之论"。范大荣视廖平此举为"大闹天宫","自东汉以来,其说久佚,今为之一返其旧,觉云垂海立,石破天惊,足以骇人听闻"②。廖平贯通《王制》与《穀梁》,证明孔子改制之义,《王制》是孔子改制的产物,解释《春秋》应当以《穀梁》为基准③。以此为基础,1886年,廖平刊刻《今古学考》,书中以礼制平分今古的理念与方法成为近代学人判分经今古文的重要依据。

《今古学考》上卷二十表,排比今古文经传异同,以礼制构建经今文学与经古文学两大系统;下卷原计划对应上卷表格分析解释,然因廖平急切将此重大发现公诸于世,"仓促未能撰述",遂从《经话》中"取其论今古学者,以为此卷"。廖平自认《今古学考》在内容与结构上仍未臻完善,其中诸多未定之说,有待后续再行补正④。周予同认为廖平《四益馆经学丛书》十数种中,"以《今古学

---

① 廖平:《重订穀梁春秋经学外篇叙目》,见舒大刚、杨世文主编:《廖平全集》(6),712~715页。
② 李伏伽:《六译先生年谱补遗》,见舒大刚、杨世文主编:《廖平全集》(15),683~684页。
③ 郜积意:《汉代今、古学的礼制之分——以廖平〈今古学考〉为讨论中心》,39页。
④ 廖平:《今古学考》,见李耀仙主编:《廖平选集》(上),67页。

考》一书为最有系统"①。胡适曾指出《今古学考》是中国今古少有的"精心结构而有系统的著作"②。何谓系统？胡适注重考察书中的学说是否能联络贯串，"凡能著书立说成一家言的人，他的思想学说，总有一个系统可寻，决不致有大相矛盾冲突之处"③。《今古学考》之所以被民国学界誉为有系统的著作，正在于其看似松散的著作形式背后，蕴含廖平整合六经系统以资经世致用的学术抱负④。

二、通经致用：别户分门与息争调和

乾嘉学术以音韵、训诂为主流，视其为下学上达的门径，其流弊在于"学者但致力于声音训诂，自以为绝学，而不知更有其他"⑤。廖平认为相较宋明理学，清代汉学"门户一新"，但是未尝考察微言大义，"迂曲不适用，究其所得，一知半解，无济实用"，"如段氏《说文》、王氏《经传释词》《经义述闻》，即使全通其说，不过资谈柄、绣鞶帨，与帖括之墨调滥套，实为鲁卫之政，语之政事经济，仍属茫昧"。阮刻《学海堂经解》"多嘉道以前之书，篇目

---

① 周予同：《经今古文学》，见朱维铮编校：《经学通论》，第73页，上海：上海人民出版社，2012。
② 曹伯言整理：《胡适日记》（1919~1922），《胡适全集》（29），597~598页，合肥：安徽教育出版社，2003。
③ 胡适：《中国哲学史大纲》（外一种），21页，石家庄：河北教育出版社，2001。
④ 关于廖平《今古学考》旨趣的既有研究，可参考向珂：《廖平与"通经致用"》，载《现代哲学》，2013（4）。皮迷迷：《被"建构"的今、古文经学及其意义——另一种看待廖平今、古学之辨的视角》，见《哲学门》第34辑，163~178页，北京：北京大学出版社，2016。
⑤ 俞樾：《致于鬯》，见汪少华整理：《俞樾书信集》，820页，上海：上海人民出版社，2020。

虽重，精华甚少"，"上半无经学，皆不急之考订"，"下半亦非经学，皆《经籍纂诂》之子孙"①。嘉道以来，号称博通，然其撰述"多近古董，喜新好僻，凌割《六经》，寸度铢量，自矜渊博，其实门内之观，固犹未启"。换言之，清初经学近乎空疏，乾嘉学术近于古董，道咸新学流于钞胥，未窥经学堂奥，无法应对时局②。相较于康有为托古改制学说所寄托的政治抱负，学术界普遍以经生之见定位廖平学术。实际上，廖平深切体会到儒家义理、制度与现实政治的张力，希望创造性解释儒家义理与制度，回应时局与各界质疑。

廖平屡次出川，接触南北学界，成为其学术自信的催化剂："居蜀时，未敢自信其说，出游后，会俞荫甫、王霞举诸公，以所怀疑质之，皆莫能解，胆乃益大。于湘潭之学，不肯依傍。"③廖平认为南学窾要在博览，"难于默识，临事更乱于辨说，以其博而不精，故非初学所宜"；北学简要，纲目在心，"学者学之，固易于入手，用之尤端委了然，以其精而不博，最便初学"。北学易简，中材以下三年功夫便有规矩，有助身心但缺乏应对时弊之策；南学繁杂，上智者非三十年不能成家④。廖平以南学、北学指代汉学与宋学，二者在考据与性理方面各有优长，但无法真正做到通经致用。作为儒林的标准，通经致用并非是"将经中所言施于政事"。古今

---

① 廖平：《知圣篇》，见李耀仙主编：《廖平选集》（上），208页。
② 廖平：《经话甲篇》，见李耀仙主编：《廖平选集》（上），401页。
③ 吴虞：《爱智庐随笔》，见赵清、郑城编：《吴虞集》，93页，成都：四川人民出版社，1985。关于廖平1883年出川的经历，可参考李晓宇：《尊经·疑古·趋新：四川省城尊经书院及其学术嬗变研究》，138～143页，博士论文，四川大学，2009。
④ 廖幼平编：《廖季平年谱》，29页。

时势不同，历代经生若拘泥于经说，"不流于迂疏，则入于庸懦"。历来建立功业者皆阅历深广，面对盘根错节的时势，方能"决断裕如"。儒生往往难以得到历练机会，那怎么办呢？廖平遂将经学与天下、国家政事相类比，从治经中体会经世之法：

> （六经之中）义例文句，精粗微显，参杂纷烦，万有不齐，与国家政事同也。其巨疑大难，百思不通，则国家之盘根错节，以一人之心思穷幽极渺，揽目振纲，积以年月，参以师友，然后杂乱有序，变幻归则，始终相贯，彼此不淆。从开宗以至绝笔，无一字一句不血脉贯通。以此治经之法治天下，然后大小并包，难易合律，举王公以至匹夫匹妇，从大政以至一草一木，莫不得其性情，措施无弊。此乃通经致用之法也。①

通经致用包含经学义法与治经之法两个层次，一是揭示义理与制度的体用关系，重整经学系统以资时下取法，一是将经学比拟为国家政事，治经可涵养治国者的性情与能力，以治经之法历练治国之术。此时，中法战争失败，朝野上下为之震动。六经皆因时救弊而作，"今之言治，莫不欲改弦更张"，时下第一要义便是扭转以考据为学的风气，激发经学的活力。廖平曾指出研究经学第一戒为"不得本原，务循支离"，六经为大纲根本，支流余裔因缘而生，经学立说必须确立主脑，探骊得珠，此后解经遂可迎刃而解②。儒家伦常义理，百世可知，"《六经》同出一源，其宗旨、大义、礼制，

---

① 廖平：《经话甲篇》，见李耀仙主编：《廖平选集》（上），402页。
② 廖平：《经话甲篇》，见李耀仙主编：《廖平选集》（上），399页。

皆相同；而其体制、文字，则诸经各自不同。西人《人体新论》，谓人之骨节，因地而异，窃谓经之体例，意亦如此。经犹人也，此经之骨节与他经不同"①。六经蕴含共同的伦理原则，孔子因革损益，唯在制度，今古分别意味着落实礼制原则的方式不同。《今古学考》以义理统合今古，分析今古礼制异同，支撑经义。"今之为说，无往非因，亦无往非创；举汉至今家法融会而贯通之，以求得其主宰。举今古存佚群经，博览而会通，务还其门面，并行而不害，一视而同仁。彼群经今古之乱，不尽由康成一人。今欲探抉悬解，直接卜、左，则举凡经学蒙混之处。皆欲积精累力以通之，此作《今古考》之意也。"②经今古文之分全在制度，不在义理，以义理而言今、古相通。

何谓制度？朱熹将三礼分作二类，《周礼》为一类，即"礼之纲领"；《仪礼》与《礼记》为一类，即"仪法度数"③。廖平认为礼仪与制度有别，"礼为司徒所掌，如今之仪注，即《仪礼》是也；制度则经营天下、裁成万类，无所不包，如《王制》是也。"礼仪是政教活动、日常生活中的行为方式与规范，制度在国家政治与社会规则的纲领与枢纽，欲达到通经致用的功效，"急宜从制度一门用功"。若斤斤计较于仪节的细节，"不惟不能法通，人亦多至过腐"。刘向撰《别录》，"制度为专门，与礼仪别出"。《仪礼经传通解》《礼经纲目》、秦氏《通考》则职官志也；其言等著作皆以礼包含制度，本末颠倒，丧失六经本义④。既然制度与礼仪功能有别，

---

① 廖平：《经话甲篇》，见李耀仙主编：《廖平选集》（上），410页。
② 廖平：《今古学考》，见李耀仙主编：《廖平选集》（上），76页。
③ 黎靖德编、王星贤点校：《朱子语类》，2225页，北京：中华书局，1986。
④ 廖平：《知圣篇》，见李耀仙主编：《廖平选集》（上），194页。

那么说经与议礼的方法注定不同,"议礼可以斟酌古今,择善而从;说经则当墨守家法,虽有可疑,不能改易,更据别家为说。今注古学,乃欲兼有今学之长,采今易古"①。孔子托古改制,"六艺即其典章制度,与今六部则例相同"②。孙宝瑄受此启发,认定"读史之要,必求其制度",赞许廖平"说经者亦必精求制度"之说,"盖制度者,经史之枢纽,圣贤精理奥义之所由见,而世界盛衰治乱所从出也"③。

六经以明制度为大例,"《春秋》以谨祸乱、辨存亡。所有安危祸福,旧说多阙,今悉采备,以明得失成败之数"④。廖平将《王制》升格为制度统宗,意在使经学重归致用之途。俞樾基于何休《公羊》礼,提出《王制》为孔子遗书,七十子后学者所记。"王"是指素王。孔子不得位,托鲁史而成《春秋》,立素王之法,垂示后世。俞樾认为《公羊》传承《春秋》的微言大义,何休能发明《公羊》大义。《公羊》师说与《王制》所载,往往符合,"后儒见其与周制不合而疑之,不知此固素王之法也"⑤。廖平赞同俞樾所言《王制》为孔子素王改制之书,应当以"《王制》统六经",阐发素王改制的大义微言与制度创设。不过,《春秋》为万世之经,《公羊》以救文从质,误认《春秋》为一时之书,与经义不合。《春秋》

---

① 廖平:《王制集说凡例》,见舒大刚、杨世文主编:《廖平全集》(5),133~138页。
② 廖平:《知圣篇》,见李耀仙主编:《廖平选集》(上),175页。
③ 中华书局编辑部:《孙宝瑄日记》,269页,北京:中华书局,2015。
④ 廖平:《群经凡例·公羊春秋补证凡例》,见舒大刚、杨世文主编:《廖平全集》(2),525页。
⑤ 俞樾:《达斋丛说·王制说》,见《春在堂全书》第3册,41~42页,南京:凤凰出版社,2010。

新义以损益礼制落实名教纲常，制度以三统通其变，礼义百世不变，六经传记中的礼制、义理以此为本，"《春秋》之作，上考三王，下俟百世。今立古、今二例，上征六经，下统诸史，政治、典礼悉考其沿流焉"①。经今、古文学包含两套不同的政治制度，分别以《王制》《周礼》为核心。廖平认为"汉人今古之说，出于明文者少，出于推例者多"，综合经传原文与经师推例，论证汉代的礼制系统，从建国、职官、爵禄、选举、巡狩、亲迎、禘祫、明堂、宗庙、税制、祭时等方面考察今古异同，完成《今学损益古学礼制表》《今学因仍古学礼制表》等表，并一再申明《王制》中礼制记载无一条不与《穀梁》相同。比照史志的体例，《王制》体国经野，宏纲巨领，堪称一王大法："其言爵禄，则职官志也；其言封建九州，则地理志也；其言命官、兴学，则选举志也；其言巡守、吉凶、军宾，则礼乐志也；其言国用，则食货志也；其言司马所掌，则兵志也；其言司寇，则刑法志也；其言四夷，则外夷诸传也。"②

廖平在以礼制判今古之后，进而思考如何解释这两派礼制的形成。廖平指出讲经"皆当力求秦汉以前之说。故五经今古先师之说，多与以前同。今当以秦以前者为正义，汉以后者为晚说"③。孔子初年问礼，因尊王命、畏大人而有"从周"之言。然而，周代礼制到了春秋时代，积弊最多。孔子晚年担忧王道不行，以继周而改制，不得不亲自改订，以挽弊补偏，寓其事于《王制》，寓其义于《春秋》，"当时名流莫不同此议论，所谓因革继周之事"。晚年传经

---

① 廖平：《群经凡例·穀梁春秋经传古义凡例》，见舒大刚、杨世文主编：《廖平全集》(2)，527～530 页。
② 廖平：《今古学考》，见李耀仙主编：《廖平选集》(上)，94、106 页。
③ 廖平：《今古学考》，见李耀仙主编：《廖平选集》(上)，第 80 页。

弟子学习孔子手订之文,"专学此派,同祖《王制》"。孔子一人之言,前后不同,"从周为孔子少壮之学,因革为孔子晚年之意"。古文经学源自孔子早年从周所教,今文经学源于孔子晚年因革所传。鲁为孔子之乡,弟子多传孔子晚年定论,笃信遵守。起初以此解《春秋》,后遍说群经。燕赵弟子多在孔子未修《春秋》以前,听闻孔子从周之言,怀疑鲁弟子造伪而依托孔子,"笃守前说,与鲁学相难","不信今学而攻驳之,乃有《周礼》《左传》《毛诗》之作。自为朋党,树立异帜,以求合于孔子初年之说"。其实,今学对于经典改易者少,不改者多。"今所不改,自当从古。凡解经,苟今学所不足,以古学补之可也。"齐人游离于二学之间,"为乡土闻见所囿,不能不杂采"。鲁为今学正宗,燕、赵为古学正宗,"其支流分派虽小有不同,然大旨一也"。经今文学内部可以地域划分派别,"今学由乡土分异派",故有鲁派、齐派、韩派之别。古文分派皆"缘经立说",分为《周礼》派、《国语》派、《左传》派、《孝经》派。先秦经学存在多元系统,廖平将争讼不决的汉代今、古之分,齐、鲁与燕、赵学问之别以及今古文两套礼制系统等问题,都归结于孔子学说的演变,经学系统内部的差异源于孔子授徒的时间与弟子地域之别。正如蒙文通所言:"廖师由礼以明两汉,人知之,因于礼则由《春秋》以明晚周而破两汉,人未之知。"①

孔子以《王制》为后世立法,秦汉制度与《王制》不同,遂以《王制》为无用之书。秦汉以后,经今古文两套系统混淆,导致孔子改制大义的隐没。西汉今文学兴盛,哀平之间,今学盛极而衰,

---

① 蒙文通:《井研廖师与汉代今古文学》,见《经史抉原》,135页。

古学方兴未艾。刘歆推崇《左传》,"据以为今学之敌,昌言求立"。东汉时期,古学兴盛而今文衰微。郑玄注解《礼记》,将礼制的歧义归结于殷、周异制,原本暗合经今古文派分,但是两汉经师无法知晓"《王制》为今学之祖",郑玄因此未能区分今古学派。许慎以《公羊》"朝聘"为虞夏制,郑玄以《王制》为殷礼,仅知道虞夏、殷商礼制与《周礼》不合,不知《王制》为孔子手订之书,是改周救文的大法,"非一代所专,即今学之本也"。郑玄之前学人多有今古之分的意识,今、古学的混乱,"始于郑君,而成于王子雍"。郑玄既主今、古混合,王子雍欲与郑玄争胜,"殊乃尤而效之,更且加厉","郑君之说,犹各自为书;至于王氏,则并其堤防而全溃之"①。

经今古文是孔子早年、晚年的两套学说体系,后世"以古乱今,不分家法",如今要通经致用,应当拨开迷雾,归宗于孔子,"于数千年后得其根源,继绝扶微,存真去伪,虽清划繁难,固有不能辞者矣。"廖平通过辨析源流、推阐经例,归纳出今古两套礼制系统,撰写《今古学考》,"意在别户分门,息争调合"②。《今古学考》以礼制平分今古,确立《王制》《穀梁》为经世之道和孔学正宗,会通《王制》与《穀梁》阐发六经大义,"其意全在救弊",非仅诛已往,更在正将来。孔子为救弊振衰,若仅以《王制》徒托空言,难以深切著明,遂假借春秋时事以推演《王制》之制度,"《王制》所言皆素王新制,改周从质,见于《春秋》者也。凡所不

---

① 廖平:《今古学考》,见李耀仙主编:《廖平选集》(上),69～72页。
② 廖平:《四译馆杂著·与宋芸子论学书》,见舒大刚、杨世文主编:《廖平全集》(11),659页。

改,一概从周"。历代的选举、郡县、治化之道皆本于《王制》,袭用《王制》之义创设的制度,多有裨益,"倍于《王制》者多为害",后世往往习焉不察。廖平计划编纂《王制遗政考》,归纳历代安危要政,先考《通典》,再为推广,提纲挈领,与《王制》相比较,以《王制》评判今古,"以扫一切支离破碎无用之说、不急之辨。以《王制》为经,以《典》《考》诸书为之传"①。此后,廖平又计划约集尊经书院同人,撰《王制义证》。以《王制》为经,今《易》《尚书》《春秋》《公》《谷》、鲁齐韩《诗》《孝经》《论语》皆统于《王制》,"务使详备,足以统师今学诸经","附录古学之异者,以备参考"。以后学者但凡注解今学群经礼制,以《王制义证》一书为门径即可,"起视学官注疏,不惟味同嚼蜡,而且胶葛支离,自生荆棘"。《王制义证》完成之后,再作《周礼义》以统古学。②

治经先识字为乾嘉以后学界共识,廖平提倡治经必从《王制》入手,"意在经世制用"③。《今古学考》成书过程中,廖平颇为关注晚清政局变化。王闿运曾向廖平询问易佩绅、张之洞二人志趣,廖平称二人不太相合。中法战争之时,岳森与廖平感悟时局,赋诗曰:"五经同异分今古,十载知交见性情。闻道越南烽火急,引杯看剑气纵横。"④ 有学人曾总结汉代经今古学政治理念的异同,今文经学为新派,古文经学为旧派,前者维新,是王权专制政治的反

---

① 廖平:《王制集说凡例》,见李耀仙主编:《廖平选集》(下),23页。
② 廖平:《今古学考》,见李耀仙主编:《廖平选集》(上),87页。
③ 廖平:《光绪井研艺文志》,见舒大刚、杨世文主编:《廖平全集》(16),1207页。
④ 岳森:《重到尊经书院晤廖季平、张子馥有感即赋》,见《癸甲襄校录》第3卷,31~32页,成都:尊经书院,1895。

映;后者守旧,是宗法政治的反映。在制度设计层面,西汉今文学明显强干弱枝,维护中央专制集权政体,西汉古文学维护世卿与豪门地方政治①。现有史料虽无法直接证明廖平是否有借此表达对时政的态度,但廖平强调今学以简执繁,专力于养教之事,古学以吏、兵、刑为重,时人视为"以经济解经之专书"。《春秋》诸侯四等论恰可与同光时势相比拟,"京师如周,南北洋大臣如二伯,行省督抚如方伯,各省道员如卒正"②。以《王制》入手,通经致用,旬日便可通晓制度纲要,以此读经读史,迎刃而解。廖平将研读《王制》比拟为学习西政之义,政高于艺③。《今古学考》集历代经学之大成,张明两汉师法,今古学派各自成家,宗旨各别。学者可以性之所近,选择一门专精研究,"用力少而成功多",不再像乾嘉学术"使人堕于五里雾中"④。王树楠恰恰指责《今古学考》启人简易之心,则经学不足贵。廖平提倡《王制》旨在经世致用,学者治经当从《王制辑证》入手,该书篇幅少,为经学大宗,制度纲领俱在,有助于经营制作;《王制》可包罗《易》《书》《诗》《礼》,由六艺推及群书,"巨纲在手,足以驭变","今习其宗,则群书易读",

---

① 孙筱:《两汉经学与社会》,296~315 页,北京:中国社会科学出版社,2002。
② 廖平:《何氏公羊解诂三十论》,见李耀仙主编:《廖平选集》下,第 137 页。
③ 廖平:《知圣篇》,见李耀仙主编:《廖平选集》上,第 208 页。蒙默:《素王改制:廖季平先生经学思想的核心》,见《川大史学·文化史卷》,522~561 页,成都:四川大学出版社,2016。
④ 廖平:《初变记》,见舒大刚、杨世文主编:《廖平全集》(2),886 页。

"不过期月,端委皆通"①。

《今古学考》完成后,廖平学术逐渐自成体系,突破张之洞、王闿运二人的学术主张。清代雍乾以降,郑学盛行,治汉学者,"宁道周孔错,不言马郑非"。郑玄之学混合今、古。廖平自称:"予之治经,力与郑反,意将其所误合之处,悉为分出。经学至郑一大变,至今又一大变。郑变而违古,今变而合古。离之两美,合之两伤,得其要领,以御繁难,有识者自能别之。"廖平遂计划邀约师友分经合作,编纂《凡例》,著述《十八经注疏》:

> 予创为今、古二派,以复西京之旧,欲集同人之力,统著《十八经注疏》(《今文尚书》《齐诗》《鲁诗》《韩诗》《戴礼》《仪礼记》《公羊》《穀梁》《孝经》《论语》,《古文尚书》《周官》《毛诗》《左传》《仪礼经》《孝经》《论语》《戴礼》。《易》学不在此数),以成蜀学。见成《穀梁》一种。然心志有余,时事难就,是以初成一经而止。因旧欲约友人分经合作,故先作《十八经注疏凡例》。既以相约同志,并以求正高明,特多未定之说,一俟纂述,当再加商订也。②

六经要旨以制度为纲,辨等威,决嫌疑。清代学人治经多聚焦

---

① 廖平、吴之英:《经学初程》,见舒大刚、杨世文主编:《廖平全集》(1),467~468页。日本学人小岛祐马高度赞誉廖平学术之于政治制度、人类生活方式建设的意义,认为廖平不仅是经学家还是思想家,其学说逐步由"国家主义的政治"(第一、二变时期),过渡为"世界主义的政治"(第三变),最后提升至"人类的艺术与宗教生活"(四变之后)。田玉:《廖平经学研究述评》,载《中国文哲研究通讯》,1995(2)。
② 廖平:《今古学考》,见李耀仙主编:《廖平选集》(上),第89页。

于小学，廖平认为治经要领在制度不在名物，经学以素王为主，受命改制为群经大纲。嘉道年间，陈奂、陈立、刘宝楠、胡培翚等人在金陵贡院中，相约分治经疏，后来各自成书。廖平欲纂《十八经注疏》，由疏进而"并欲作注"，遵循治《穀梁》学的原则，讲家法条例，以《王制》《周官》为今、古学的总纲，明经说本旨，阐发孔子《春秋》拨乱反正之义，发明孔子所定的一王之制。廖氏六变之学，尊孔与致用为其主轴。吴虞评价廖平："耻为《经籍纂诂》之子孙，超出阮王二家，自成六变；直指《读书杂志》无师法，离开湘潭一派，独有千秋。"①

三、学术回响：从平分今古到尊今抑古

经过十几年的经营，尊经书院治学成效日益显著，汉学渐成为四川学术主流。1886年，王闿运返回湘潭，尊经书院山长由锦江书院山长伍肇龄兼任。伍氏意图将锦江书院的办学宗旨与学风移植到尊经书院，几次欲用宋学取代汉学。尊经弟子多有不满。尊经弟子大体可分为考入国子监南学的成均派，岳森为代表；师承张之洞的南皮派，以杨锐为代表；尊行王闿运学术主张的湘绮派，以宋育仁、胡从简、戴光等人。廖平依违于南皮派与湘绮派之间，《今古学考》一出，廖平俨然成为弘扬蜀学的代表，"吾蜀学术思想其由文章空言而入经史实学，实启于南皮，成于湘潭，至廖季平、吴之英诸人出，研经治史，发扬而光大之，于是自杨升庵、李雨村后，

---

① 中国革命博物馆整理：《吴虞日记》（下），651页，成都：四川人民出版社，1984。

蜀中学人复为世重"①。在廖平眼中，学界认为《今古学考》是"以经解经之专书，天下名流因本许、何，翕无异议"，实则川省内外的南北学人对此书褒贬不一。

刘子雄阅读《今古学考》后，认为"治经不讲今、古，是为野战，讲今、古又不免拾人牙慧"，遂舍弃经学，专攻诗词②。萧藩赞誉廖氏平分今古之功可与顾炎武、阎若璩之学比肩，"国朝经学超绝古人者得二事焉，顾亭林之论古音，阎百诗之攻伪《尚书》是也。季平专精《王制》，恢复今古旧学，虽原本汉人，然其直探根本，分析条流，规画乃在伏（胜）、贾（逵）之间，西汉以来无此识力，比之于顾、阎二君，未审何似？"③廖平曾与同年丁树诚商谈存往继绝的千秋大业，丁树诚得知《六书旧义》《今古学考》已经刊刻，称赞二书与《穀梁注》《公羊注》等著作"以《礼》之《王制》为纲，以抉经心。足使何、范二公变色失步"④。廖平将《今古学考》《穀梁古义疏》寄给国子监南学就读的岳森，《今古学考》通过这一途径传至京城。岳森自述为学经历：

己卯夏初，学看《说文段注》，所引有古《左氏》说、古《周礼》说。窃意古以今名，有古必有今，然谓今之《左传》非古之《左传》，则可谓今之《周礼》非古之《周礼》，则不可

---

① 《受经堂集·提要》，中国科学院图书馆整理：《续修四库全书总目提要》第36册，254页，济南：齐鲁书社，1996。
② 廖平：《知圣篇》，见李耀仙主编：《廖平选集》（上），205页。
③ 萧藩：《分撰两戴记章句跋》，转引自黄开国：《廖平评传》，283页，南昌：百花洲文艺出版社，1993。
④ 丁树诚：《丁治棠行纪四种》，102页，成都：四川人民出版社，1984。

格滞于心，无从考究，问诸邱、丁，均不能答，遂仍置之，于时谫陋之至，尚未知今古为学派也。嗣阅《隋志》，见论纬篇有云："孔安国、毛公、王璜、贾逵之徒，因汉鲁恭王、河间献王所得古文，参而考之，以成其义，谓之古学。当世之儒又非毁之，竟不得行。魏代王肃推引古学，以难其义，王弼、杜预从而明之，自是古学稍立。壬午秋，看俞氏《古书疑义举例》。乙酉正月，就馆苏坡桥，看陈氏《异义疏证》，乃知汉儒有今文、古文二家之学。文既各别，义亦相县，两京聚讼，大率在是。然零散弗整，缺略难详，窥龙一麟，终疑首尾，随赴拔场，不复理矣。①

岳森自道与廖平有相近为学经历与困惑时期，由初识清代汉学主流而疑惑今古问题，但并未深究。岳森称赞廖平"识力超绝，得未曾有。充其所造，经将大明，即论现在，业定不朽"，《今古学考》的撰述意境涵括修己治人，"两京聚讼得此可以尽平"。在南学举贡中，岳森参考廖平学说，作《辨经》《守诂》《观通》《别礼》四篇。岳森认为文有今古，人人知晓；学分今古，为学者所忽视。晚近俞樾、陈寿祺方才钩沉绝学。汉代学术分为今学与古学，"各守其诂，其道为精"；郑玄会通各派，"其道至博"。汉学为"守诂之真"，郑学开"信心之渐"。时下综合群经，应当注意四点："制作有损益"，"传记有流别"，"时制有变异"，"篇章有脱误"②。国子

---

① 岳森：《南学报廖季平书》，见《癸甲襄校录》第5卷，52~55页。
② 岳森著，吴仰湘整理：《为学通义》，见干春松、陈壁生主编：《经学的新开展》，233~250页，北京：中国人民大学出版社，2012。

监祭酒盛昱对岳森大加赏誉,取列第一名。

京城讲学风气盛于乾嘉,嘉道之后有所衰歇,同光时期得以复兴,"五老七子"乐于束身修业,钻研朴学,五老为潘祖荫、翁同龢、徐桐、黄体芳、李鸿藻,七子为王先谦、李慈铭、盛昱、王懿荣、张百熙、黄绍箕、蔡赓年。岳森在国子监流传廖平著述,《今古学考》契合潘祖荫推崇公羊的风气,讲学诸公"颇见推许,亦有微词","老宿推服,末学惊骇",主要有三种意见:其一,讲学应当穷源竟委,有本有末,方能颠扑不破。古学祖周公,今学祖孔子,为《今古学考》的大纲。然而,《两戴记》《论语》与阳湖《集语》所记孔子的言行,或从周,或从殷,层见叠出,"一人之派,不应自歧"。其二,《今古学考》认为从周为孔子壮年之志,改周从殷为孔子晚年之说,此说似有道理。今学盛于西京,古学昌于东汉,郑玄调和今古,为经学家宗主。经学分为今古学没有疑义,但不可非议郑学混乱六经,"汉之郑氏,宋之朱子,二君于艺林无遗憾,不许后生末学擅下雌黄也"。其三,《今古学考》将孔子学派分为鲁、齐、燕、赵,"此为理今古学分合出入之源",此说支离诞漫,貌似小说家言,鲁学犹有道理,齐学几近勉强,燕、赵当无影响,"某部曹谓,以两汉儒林传略考之,疵谬不啻十数,吹毛权碎,非尺牍所能罄也"。岳森指出上述意见中前二条可谓人各有见,无容相强。第三条以地域分别今古源流,廖平视为巧妙之极,"但天下事之极巧至妙者,每虑伤其实际,是以责言所在,不能代决",希望廖平参酌核定①。岳森认为廖平所讲一为《春秋》之学,一为

---

① 岳森:《南学报廖季平书》,见《癸甲襄校录》第5卷,52~55页。

今古学之学,其中《春秋》义理太过简略,难以彰显孔子旨义,《今古学考》体例过于繁杂,"恐不足以昭画一"。若能撰成《穀梁注疏》《王制义证》二书,已可不朽。《王制》为《春秋》礼传,"发前人所未发,足为定论"。《今古学考》大旨近似,罅漏尤多。例如,甄别《周官》,割裂《左传》,宋代学人已有成说。《周礼》为刘歆伪托,"俞、王、赵、邱早有是说"。岳森期望廖平将《公羊》《穀梁》《王制》三册,"勘合洗剔,勒以问世"。《今古学考》体系庞大,内部各说难以统一,应当"再集思广益,然后定稿镂板。他人于学,患在因循;吾子之病,正坐勇速。擅此睿智绝力,再能出以沉郁,免得旋成旋悔,省刳剟之力多矣"[1]。

东南学人对廖平著《今古学考》"以成蜀学"的意图也是各持己见。廖平自称己丑在苏州拜会俞樾,"极蒙奖掖,谓《学考》为不刊之书",对于廖平三传会通的取径,则"不以为然","俟书成再议"[2]。俞樾晚年懊悔其学说启发廖平、康有为,"以《王制》一篇为孔子将作《春秋》,先自定素王之制,门弟子掇其绪前而为此篇。蜀士廖季平见而喜之,采入其书,遂为康氏学之权舆。虽康学非渊源于此,然高谈异论,终自悔失言也"[3]。江瀚阅览《今古学考》后,致信廖平,从下列几点质疑今古派分。其一,孔子以《诗》《书》六艺设教,受业之徒本来就以个人性之所近,转相流传,传承孔子之道自然稍有歧异。西汉今文家列为学官之时,各家质问疑义,各持所见,纷然不一,难以判断孰为有师法,孰为无师

---

[1] 岳森:《南学报廖季平第三书》,见《癸甲襄校录》第5卷,68~72页。
[2] 廖平:《经话甲篇》,见李耀仙主编:《廖平选集》(上),445页。
[3] 俞樾:《致瞿鸿禨》,见汪少华整理:《俞樾书信集》,402页。

法。《今古学考》崇今摈古,无法适从,"且其所谓家法者,即当时之功令"。其二,廖平表章《王制》,可谓独创之见,但《王制》与孔子学说似有抵牾之处,如黜陟四凶、四诛,"附从轻、赦从重之义不合,非仁人言也,矧曰孔子法乎"?其三,廖平将《周礼》视作"莽、歆伪书,瀚亦不敢附和",历代经师对待《周礼》疑信参半,"然必曰莽、歆所为,终无定谳"。其四,廖平力攻郑玄,"论亦非是"。郑玄之学博大精深,冠绝两汉。"经义深广,靡得悉穷,虽在大贤,讵能无失。且所注既多,或有先后不同,彼此互异,补苴罅漏,繄来者是赖。"近世尊奉郑玄者,流于"宁道孔圣误,讳言郑服非","是诚过矣"。但若如姚际恒、魏源之大言非毁,则矫枉过正。"君子之为学也,唯求其是","奈何皆为诵法洙泗,乃妄分畛域",在"宗郑"的立场上"混合今古,固未足为病"①。文廷式对今文学颇不惬意,劝导皮锡瑞"不讲常州及川学",皮氏认为"阳湖庄氏之学,尝蹈宋人改经陋习,川学即廖季平一派,分别今古文,各自为学,甚是,然多失之附会"②。

廖平刊刻《今古学考》,原本意在"约同志讲求,非敢以为定说"。廖平起初认为"今古学人好言今、古学得失,争辨申难,无所折中",今学、古学因地制宜,各有利害,但以今文为孔子晚年定论,已经带有尊崇今文的意味。《今古学考》原本意在息争调合,结果却激化了当时今古相争,"于人则掩善而著恶,于己则盖短而暴长。自旁观言之,则莫非门户之见,徒为纷更而已。"对于各界关注的古学缘起问题,廖平一直举棋不定。《今古学考》中一度怀

---

① 江瀚:《与廖季平论今古学考书》,载《中国学报》,第2期,1912。
② 皮名振:《清皮鹿门先生锡瑞年谱》,26页,台北:台湾商务出版社,1981。

疑古学出自西汉哀平之际学人所开创,《左传》虽非伪造,但刘歆依据《左传》与今学为敌,以求立言。刘子雄在日记中记录下1887年间廖平的思想状态。4月11日,刘子雄来谈,廖平认为《周礼》当以王莽制参考。次日,廖平约刘子雄治《王制》,戴光治《周礼》,证以周秦古说,再兼取西汉、东汉,"急欲成之"。六月,廖平撰成《王制周礼凡例》,以《周礼》为刘歆伪作,并告知刘子雄《左氏》作伪的痕迹明显。廖平进而撰《续今古学考》,自驳前说,指出"周制全不可考,概为孔子新制。《周礼》固为伪托,即《左氏》之言《周礼》者,亦推例而得,以《周礼》同《王制》者多,异者不过数条,又无师说,故知袭今学而作,即《国语》亦是今学","文王所演之《易》,即是孔子《系辞》"。刘子雄批评廖平"近来新说愈无忌惮",《今古学考》本足以自树一帜,若随意疑经改经,"反无以自立,适召弹射",《续今古学考》"不似经生语"①。廖平自述丙戌(1886)以后,怀疑古学乃新出之学,非周代旧法,于是拟分作两篇,《辟刘》言古学,《知圣》倡今学,戊子(1888年)以后,"是今非古"。

廖平致信告知岳森其思想的转变,称"《学考》以《王制》为今学主续,考以六经,皆为孔子缮定,古学始于刘歆",并自信以此足以"高光重兴、羲喾复旦"。岳森则认为"惟六经皆由孔子缮定一语,至当不易,无瑕可攻"。至于"今学之主"与"古学始于刘歆"之说,仍是斡旋骑墙之说,仅足以弥缝《今古学考》的矛盾失当之处②。从岳森、江瀚的书信中,可知《今古学考》刊行后,

---

① 王承军:《廖季平先生年谱长编》,98~100页,北京:中华书局,2019。
② 岳森:《南学报廖季平第三书》,见《癸甲襄校录》第5卷,68~69页。

廖平在师友间讲学与论辩的过程中，从起初的"今古同重"，发展为认可李滋然所言的"古不如今"，怀疑刘歆篡伪《周官》。在《古学考》跋文中，廖平谈及"丙戌（1886年）以后，力功《周礼》，大纲数条"，宋育仁专治《周礼》，二人"般攻墨守，相持不下"①。因为今古学中有孔子与周公二宗而不安，廖平拟以新莽伪造来解决这一问题。在《今古学考》内在学术紧张与各方异议的刺激下，廖平"历经通人指摘，不能自坚前说"，势必进一步解释经说之间的分歧，以六艺之本真确立儒学统系应对时局：

> 两汉之学，《今古学考》详矣。本可以告无罪于天下，惟一经之中，既有孔子、周公两主人，典礼又彼此矛盾，汉唐以下儒者，所以有经说及《典》《考》政治诸书，又于其中作调人。牵连附会，以《周礼》为姬公之真书，《王制》为博士所记，与《周礼》不合；又以为夏、殷制。考《左》《国》《孟》《荀》，以周人言周事者，莫不与《王制》切合；所有分州建国、设官分制之大纲，则无一条与"古文"家说相同。或分或合，皆无以切理餍心。②

孔子与周公、《周礼》与《王制》的礼制分别，导致"一林二虎，势必两伤"，这自然刺激廖平整合经学内部的分歧，以期致用，除弊兴利，"故说经者如议瓜，如原诳，为聚讼之场。凡学皆愈深则愈慧，惟学经者愈学愈愚。其归宿即流为八股，深为学术政治之

---

① 廖平：《跋》，见张西堂校点：《古学考》，1页，北京：景山书社，1935。
② 廖平：《四益馆经学四变记》，见李耀仙主编：《廖平选集》（上），548页。

大害"。在刘子雄的提示下，廖平倾向于《周礼》出于刘歆之手，"为新室制作，其书晚出，故专条西汉无一引用，《移博士书》亦不援以自助。"① 廖平一改之前郑玄、王肃混淆今古的主张，转而认定刘歆篡改《周官》，与今文立异，"博士说六艺，皆祖孔子，六经新制，素王制造，微言不能宣布。歆与博士成仇，思败之，改《周礼》，乱经制。国史诸说因缘而起，以周公敌孔子，以国史敌贤述，于是群经皆归周公、国史，挦撦孔子殆尽。六朝后甚行，二千年来沉蔽愈甚"②。《今古学考》详于经说，《古学考》专详事实；《周礼删刘》专门论证《周礼》是"刘歆本《佚礼》羼臆说糅合而成"，以此解释礼制区别；《知圣篇》以素王改制说统会六经，"此义一立，则群经皆有统宗，互相启发，箴芥相投。自失此义，则形体分裂，南北背驰，六经无复一家之言"，"今欲删除末流之失，不得不表章微言，以见本来之真。洵能真知孔子，则晚说自不能惑之矣"③。

《今古学考》从历史的眼光解释经学流变，以礼制为标准划分经学流派，确立经学真义。岳森与廖平有同样的学思历程，特别能体会廖平撰《今古学考》构思与心路历程，"因搜《榖梁》古义，遍索天汉遗书，得此却辄，锐意批导，初躔踪影，渐启扃蒙，于《王制》得今学之主，于《周礼》得古学之主，于齐鲁燕赵，理其分合出入之源，然后详考班、许，以明其证，处分二戴，以会其归，而又上论周秦诸子，下次汉魏存书，以厘定其条流、底平其争

---

① 廖平：《古学考》，见李耀仙主编：《廖平选集》（上），124页。
② 廖平：《经话甲篇》，见李耀仙主编：《廖平选集》（上），497页。
③ 廖平：《知圣篇》，见李耀仙主编：《廖平选集》（上），175页。

竞，苦心孤诣，聪明睿智，叙述谛当，弥缝完善"①。廖平自知海内评价其学术，多以《今古学考》为主，"虽曰浅近易循"，不过若要考察"后来再变之说，亦未有不以此篇为始基者也"②。《今古学考》虽说是廖平初变未定之学说，但其学术风格业已确立，由此可以窥探六变之学中不变的要旨。其一，尊崇孔子，以孔子改制实现经世致用，趋时应变，"既用西汉之学，不得不主圣人，既主圣人，不得不舍羑里"③。廖平学术阐释礼制基于两汉今古，论述《春秋》大义溯源周秦，其由"礼"转入"义"乃"尊孔、救国"所逼，《今古学考》虽为一变之学，实则"二变萌蘖之生耳"④。其二，廖平以平分今古为起点，尝试以今文整合六经。《公羊》虽兼采古学，与《王制》不同之处，"宜有以斡旋之"⑤。其学术六变始终都以重新确立经学系统为指归，阐发群经大义，"折群言而定一尊"，有意"通撰九经、子、史成一类书"⑥。其三，重建六经系统，厘清经学的层次，息争调和。《今古学考》以礼制平分今古，导致周公、孔子二人之制内外纷争。尊今抑古说认为刘歆篡改《周官》，将《左传》归于今学，调和今古纷争之后的难题在于如何使"一家之中，务求和协"。会通三传，统括六艺成为廖平二变之学的关键。挚友刘子雄批评《周礼删刘》为阉割之法，"于己说相迕，指为窜改，不免

---

① 岳森：《南学报廖季平书》，《癸甲襄校录》第5卷，52～55页。
② 廖平：《光绪井研艺文志》，见舒大刚、杨世文主编：《廖平全集》，1240页。
③ 廖平：《四益馆杂著·答江叔海论今古学考书》，见舒大刚、杨世文主编：《廖平全集》（11），640页。
④ 廖平：《六变记》，见李耀仙主编：《廖平选集》（上），558页。
⑤ 廖平：《何氏公羊解诂三十论》，见舒大刚、杨世文主编：《廖平全集》（9），第2139页。
⑥ 王闿运著，马积高主编：《湘绮楼日记》，光绪十五年六月二十一日，1567页。

武断",开辟新说必须"群经传记,无一不通,方为精博",意在引导廖平贯通六艺经传。廖平襄校尊经时,"同学相与讲明古学之伪,除课艺外,同学各任一门"。不久,在廖平应张之洞邀请赴粤时,尊经学子百余人聚集成都延庆寺,条列今古义例,"相约分任编纂",以期"煌煌蜀学,自成一家","继续两汉"①。恰逢此时,廖平与康有为相遇,既引发了近代学术史上的一大公案,又激发出近代学术转型的多重路径。

四、经史分流:廖平、康有为学术公案的余绪

廖平与康有为的学术关联,学界聚讼不已。章太炎为廖平撰《墓志铭》时,直接斥责"康氏剽窃"。钱穆曾详尽辨析此事,认为:"长素辨新学伪经,实启自季平,此为长素所深讳,而季平则力揭之。""长素继《新学伪经考》而成者,有《孔子改制考》,亦季平之绪论。"顾颉刚亲自见到《知圣篇》原书稿本藏于康家,"颇多孔子改制说"。廖平虽多次提及此事,但"长素则藏喙若噤,始终不一辩","长素书出于季平,长素自讳之,长素弟子不为其师讳也。其书亦本由其弟子助成之,而其弟子即不尽以师书为然"②。诚如有学者所言过分纠缠廖、康交涉而忽视学人思想的内在理路,以后起门户认定起先学人学术立场,难免扞格难通③。若根据现有史料,厘清廖平、康有为二人交往时的学术境况与当事人对此事的态

---

① 郑可经:《郑本四变记》,载《国学荟编》,第7期,1915。
② 钱穆:《中国近三百年学术史》,见刘梦溪主编:《中国现代学术经典·钱宾四卷》,562~563页,石家庄:河北教育出版社,1999。
③ 吴仰湘:《重论廖平、康有为的"学术公案"》,载《中国社会科学》,2020(4)。

度，或可进一步辨析廖康交涉背后更深层次的学理脉络。

1889年，廖平应张之洞之召赴广州，居住于广雅书院。此时廖平完成《知圣篇》，"欲刊此本，或以发难为嫌。东南士大夫转相抄录，视为枕中鸿宝，一时风气为之改变"。东南士大夫自然包括康有为无疑，之后，湖南学界论述以为"素王之说倡于井研者"，来源于此。己、庚冬春之际，康有为慕名拜访廖平于广雅书局，庚寅春间廖平回访康有为于安徽会馆。廖平对这两次交涉有如下记述：

> （康有为）戊己间从沈君子丰处得《学考》，谬引为知己。及还羊城，同黄季度过广雅书局相访，余以《知圣篇》示之。驰书相戒，近万余言，斥为好名骛外，轻变前说，急当焚毁。当时答以面谈，再决行止。后访之城南安徽会馆，黄季度〔以〕病未至，两心相协，谈论移晷。明年闻江叔海得俞荫老书，而《新学伪经考》成矣。①
>
> 庚寅羊城安徽会馆之会，鄙人《左传》经说虽未成书，然大端已定。足下以左学列入新莽，则殊与鄙意相左，因缘而及互卦，尤为支蔓。在吾子虽闻新有左氏之说，先入为主，以为万不相合，故从旧说而不用新义，此不足为吾子怪也。……昔年在广雅，足下投书相戒，谓《今古学考》为至善，以攻新莽为好名，名已大立，当潜修，不可骛于驰逐。纯为儒者之言，深佩之。②

---

① 廖平：《经话甲篇》，见李耀仙主编：《廖平选集》（上），447页。
② 廖平：《四益馆文集·致某人书》，见舒大刚、杨世文主编：《廖平全集》（11），634页。

评判康有为与廖平之间学术纠葛首先是要考虑廖平、康有为两次会面商榷的主要议题。从廖平的追述中，可知双方争论的焦点之一是如何看待《知圣篇》。康有为因《今古学考》而将廖平视为知己，自然认同以礼制平分今古。初次会面时，康有为起初对《知圣篇》不以为然，双方往复辩论后，康有为才由疑转信。其二，《左传》的今古文归属问题，廖平、康有为各持己见，并未达成共识。上一节已经提到，廖平1888年已经明确刘歆造伪《周礼》，创发古学。《左传》成书于先秦，廖平起初将《左传》划归古学，1889年以后，将其划入今学，专力研究，在礼制、义例方面会通《穀梁》《公羊》《左传》三传，"水乳交融，无一不合"。在与康有为会面之前，廖平曾拜访俞樾，告知其学术转变与"三传合通事"，俞樾不以为然，称"俟成书再议"。康有为则直接将《左传》归于刘歆造伪，双方并未说服对方。

《左传》归属的讨论从侧面反映康有为关于新学伪经的框架已经形成，康有为更关心廖平《知圣篇》的内容。如今《知圣篇》最初稿未能得见，但根据廖平学术演变的线索，《知圣篇》发挥今学，"无论传记、子史皆以六艺传于孔子，并无周公作经之说"①，这一观点恰恰可以构成康有为从"新学伪经"到"孔子改制"的重要环节。廖平并未提到《辟刘篇》，其《古学考》成书也在康有为《新学伪经考》之后。钱玄同曾携廖平著作与张西堂研讨，认为《知圣篇》《新学伪经考》《古学考》中，康有为著作刊行虽在《古学考》前，而实际上受到《知圣篇》的影响。顾颉刚曾在康同璧处见过疑

---

① 廖平等撰：《光绪井研艺文志》，见舒大刚、杨世文主编：《廖平全集》（16），1239页。

似康有为所抄《知圣篇》最初稿，与后来刻本大不相同，想必是廖平在广州出示给康有为阅览，顾颉刚将其中异同录在扶轮社的《知圣篇》排印本上①。顾颉刚、钱玄同或许是少数看过《知圣篇》抄本的学人，都认为康有为的见解远高于廖平，但并不否认《新学伪经考》受到《知圣篇》的影响，可以推断《知圣篇》最初本以孔子作六经为主题，兼涉伪经、辟刘的议题。廖平在1888年的《知圣篇自序》中提出"六艺之学，原有本真"，千百年来，"微言绝息，异端蜂起，以伪作真"，《知圣篇》旨在"以管窥天"，"重光古法"②。另一方面，《辟刘篇》（即《古学考》）信今驳古，详于事实，综合"今古门户攻击之事实，则家法愈明"。从1886—1889年廖平与学界关于今古文学的讨论中可知，廖平对古学形成的事实尚未有定见。刘子雄日记中的记录正反映出廖平此时的焦虑与纠结。廖平二变之学中，尊今与抑古一体两面，康有为相对系统的新学伪经说，既令廖平感到知己难觅、其道不孤的欣喜，更为廖平尊今抑古提供了史事依据。廖平认定秦火经残说是"儒门第一魔障"，康有为新学伪经说的重大贡献就在于"秦焚六经未尝亡缺"，廖平在《古学考》中予以肯定，并多次命弟子予以补证。廖平民初回复江瀚批评时，指出二变之学中质疑《周礼》与《左传》，源自康有为的发明，"非原书所有。旧说已改，见于《四变记》中"③。廖平早就质疑《周礼》与《左传》真伪，为何却将发明权归于康有为？恰好能说明羊

---

① 杨天石主编：《钱玄同日记》（整理本），1935年1月24日，1066页，北京：北京大学出版社，2014。
② 廖平：《知圣篇自序》，见李耀仙主编：《廖平选集》（上），173页。
③ 廖平：《四益馆杂著·答江叔海论今古学考书》，见舒大刚、杨世文主编：《廖平全集》（11），640页。

城之会之前,廖平建构经学系统时,对于如何安置《周礼》《左传》的位置,一直犹豫不定。廖平弟子蒙文通反而强调廖平受康有为的影响,导致由尊今抑古到大统小统说的变化:廖平起初认为古文为从周,今文为改制,"实不刊之至论","一史学,一经学者,经学固即哲学,而政治之理想也"。廖平受到康有为"古文学出新室"学说的影响,后又知晓康有为学说难以自洽,又转变为大小天人之学,"凡致廖氏之说于岐罔者,皆康氏之由",学界认为康有为剽窃廖平,以及康有为能光大廖平学说,均为"肤薄无识之论,何足以辨哉"①。

廖平与康有为羊城之会始于康有为慕名来访,廖平示以《知圣篇》,康有为"驰书相戒",廖平赴安徽会馆面谈,二人"两心相协,谈论移晷",往复论辩后,"议论相合"。相合之处除了廖、康均对清代汉学风气不满之外,更深层次的原因当是二人学说互相成就,相辅相成。1895年前后,廖平致信康有为,首次提到二人交往之事:

> 吾两人交涉之事,天下所共闻知,余不愿贪天功以为己力。足下之学,自有之可也。然足下深自讳避,致使人有向秀之谤,每大庭广众中,一闻鄙名,足下进退未能自安,浅见者又或以作俑驰书归咎鄙人,难于酬答,是吾两人皆失也。天下之为是说,惟吾二人声气相求,不宜隔绝,以招谗间。其中位置,一听尊命,谓昔年之会,如邵、程也可,如朱、陆也可,

---

① 蒙文通:《非常异义之政治学说》,载《重光》,第1期,1937。

如白虎、石渠亦可，称引必及，使命必道，得失相闻，患难与共。

从信中提到"人有向秀之谤"、"浅见者又或以作俑驰书归咎"，可见时人已有康有为抄袭廖平著述的传言。廖平对于康有为此时著述与讲学中，没有提到羊城之会，稍有不快，但未曾涉及所谓"剽窃"之事，自己更不愿贪天之功。廖平仅是规劝康有为不当"私立名字，动引圣人自况"，并以朱陆之会比拟二人的羊城之会，希望两人珠联璧合，声气相通，南北二宗，不自隔绝，自称"吾之学详于内"，康有为"详于外"，不过此时二人"未能相兼"，因此，"通力合作，秦越一家，乃今日之急务，不可不深思而熟计之"①。廖平此时提示出二人学术各有侧重，若能珠联璧合，定能相得益彰。

戊戌时期，时人对廖平与康有为的学术关联，说法不一。皮锡瑞认为："康学出于廖，合观其书，可以考其源流。"皮锡瑞拟作《春秋义说》，"似与廖氏、康氏书可互相证"②。宋恕指出廖平与康有为学术主旨相同，甚至比康有为更偏激，"早尝著书盛称及康，近日康党盛张，廖近著颇诋康，以为剽窃其学，是否彼此出入，源委实未可知"③。宋恕暗示因康党的政治立场，导致廖平对康有为的态度有所转变。廖宗泽在《六译先生年谱》记述戊戌政变后，廖平

---

① 廖平：《四益馆文集·致某人书》，见舒大刚、杨世文主编：《廖平全集》(11)，663～664页。
② 皮锡瑞：《皮锡瑞日记》，见吴仰湘编：《皮锡瑞全集》(9)，744～752页，北京：中华书局，2015。
③ 胡珠生编：《东瓯三先生集补编》，124页，上海：上海社会科学院出版社，2005。

门人施焕自重庆发来急函，告知朝廷株连甚广，坊间盛传康有为学说源自廖平，请廖平速焚有关著作，"于是新成之《地球新义》，亦付之一炬"①。廖平及其门生此后多次提及康有为因袭其学说，"牵涉无辜，持论甚固"②，划清二人学说界限，不无避祸自保的意味。

康有为在讲学时曾批评"近时廖季平谓今古文同时，谬甚"③，并未正面回应廖平内外相通的提议，但对坊间"剽窃"之说一直纠结于心。1913年，廖平将《四变记》摘录寄给康有为，并致信称："忆昔广雅过从，谈言微中，把臂入林。弹指之顷，七级宝塔，法相庄严，得未曾有。巍然大国，逼压弹丸。鄙人志欲图存，别构营垒，太岁再周，学途四变，由西汉以进先秦，更由先秦以追邹鲁，言新则无字不新，言旧则无义非旧。"此次主要意图是询问康有为对于《伦理约篇》的意见，"求证高明，斟酌可否"④。康有为回信却详细解释《新学伪经考》的著述缘由：

> 昔以端居暇日，偶读《史记》，至《河间献王传》，乃不称古文诸书，窃疑而怪之。以太史公之博闻，自谓网罗金匮石室之藏，厥协六经异传，整齐百家杂语，若有古文之大典，岂有史公而不知？乃遍考《史记》全书，竟无古文诸经；间著"古文"二字，行文不类，则误由刘歆之窜入。既信史公而知古文

---

① 廖宗泽：《六译先生年谱》，见舒大刚、杨世文主编：《廖平全集》（11），534页。
② 廖平：《跋》，见张西堂校点：《古学考》，1~2页。
③ 康有为：《康南海先生讲学记》，见姜义华、张荣华编校：《康有为全集》（2），108页，北京：中国人民大学出版社，2007。
④ 廖平：《集外文·与康有为书》，见舒大刚、杨世文主编：《廖平全集》（11），832~833页。

之为伪,即信今文之为真,于是推得《春秋》由董、何而大明三世之旨,于是孔子之道四通六辟焉。

信中康有为详述《新学伪经考》的著述机缘与成书过程,对二人未能及时研讨今古文学表示遗憾:"执事信今攻古,足为证人,助我张目。道路阻修,无由讲析,又寡得大作,无自发明。"①廖平对于所谓剽窃之事早已不再措意,再度致信与康有为论辩陈焕章所转述的"小康有君,大同则无君"的观念②。相形之下,康有为在《新学伪经考·后序》中,再度申明《新学伪经考》源自考校《史记》《汉书》,"吾向亦受古文经说,然自刘申受、魏默深、龚定庵以来,疑攻刘歆之作伪多矣,吾蓄疑于心久矣",后来以《史记》为主,遍考《汉书》而辨析今古之真伪,"以今文为主,遍考古文而辨之;遍考周、秦、西汉群书,无不合者"。其中若偶有窜乱或儒家以外之杂史,"则刘歆采撷之所自出也"。至此,今古问题"涣然冰释,怡然理顺,万理千条,纵横皆合"。《新学伪经考》"粗发其大端,俾学者明辨之,舍古文而从今文,辨伪经而得真经"。康有为一面称赞今文经说"同条而不乱,一致而无歧","学者用力少而蓄德多,孔子之微言大义昭然发矇";一面批评廖平既尊今文而攻古文,又尊信伪《周官》以为"皇、帝、王、霸"之运,"矛盾自陷,界畛自乱"。廖平学说"多有脉络不清、条理不晰,其为半明半昧之识,与前儒杂糅今古者无异,何以明真教而导后士",进而

---

① 康有为:《致廖季平书》,见姜义华、张荣华编校:《康有为全集》(10),19页。
② 廖平:《集外文·再与康有为书》,见舒大刚、杨世文主编:《廖平全集》(11),835~838页。

强调,"观其尊伪《周礼》一事,而知其道不相谋,'翩其反而'也"①。

从廖平与康有为两位当事人的态度而言,廖平并未纠缠于抄袭一事,而是更关切二人学术取径的异同②。廖平多次赞许康有为奇才博识,以制度说经,精力过人。当听闻康有为所撰《孔子会典》即将完成,廖平引之为同道,指出该书"用孔子卒纪年,亦学西法耶稣生纪年之意","以经包史,于近事尤详,不泥不违,卓然大备,其有益经济,尤胜于《三通》"。廖平放弃原定《王制义证》的计划,反映其与康有为的政治抱负或有相通之处。康有为刊行《长兴学记》,"大有行教泰西之意,更欲于外洋建立孔庙",廖平推崇康有为"或亦儒门之达摩,受命阐教者乎!"③ 康有为《新学伪经考》力图扫除刘歆伪学,"由西汉诸博士考先秦传、记、子、史",证成六经本义④。廖平称道康有为"倚马成书,真绝伦也"⑤,"后之人不治经则已,治经则无论从违者,《伪经考》不能不一问途,与鄙人《今古学考》永为治经之门径"⑥。

《新学伪经考》刊行后,廖平时任尊经书院襄校,拟定《尊经书院堂课题》,其中包含不少与《新学伪经考》及其议题有关的课

---

① 康有为:《新学伪经考后序》,见《新学伪经考》,401页,北京:生活·读书·新知三联书店,1998。
② 常超:《"托古改制"与"三世进化":康有为公羊学思想研究》,72页,北京:北京大学出版社,2015。
③ 廖平:《经话甲篇》,见李耀仙主编:《廖平选集》(上),447~448页。
④ 康有为:《长兴学记》,见姜义华、张荣华编校:《康有为全集》(1),第349页。
⑤ 廖平:《经话甲篇》,见李耀仙主编:《廖平选集》(上),497页。
⑥ 廖平:《四益馆文集·致某人书》,见舒大刚、杨世文主编:《廖平全集》(11),663页。

题：甲午三月题有"康长素以《尔雅》《说文》为伪古文辨"，"六艺未尝焚佚考（补康书所未备）"，"史公引用公羊说考"，"郑学盛于六朝、古学渊源皆后儒伪撰实证"，"致康长素论《新学伪经考》书"；四月题有"古文学案（可否仿"乌台诗案"为之，康书未备者补之，"五经不全""五经皆非孔子作"二条，尤宜阐发）"，六月题有"刘歆攻博士经文不全考"，"《尔雅》乃今学非古文说"等等①。廖平既希望在史事辨证方面补充《新学伪经考》的不足之处，更力图纠正该书在方法与理念方面的偏弊。廖平认为《新学伪经考》对于目录之学，尚有心得，"然未能深明大义，乃敢排斥旧说，诋毁先儒，实经学之蟊贼也。其以新学名编者，不过即所谓今古文者而略为变通之，据序意，以贾、马、许、郑之学为新学，此汉儒之所谓古文也；宋人所尊述之经，即伪经，此祖诒肊说也。夫诸经中诚不免有后人羼杂者，何得遍伪群经，一概抹杀耶？"康有为考察新学伪经问题，仅是在史学与目录学层面盘旋，缺乏经学根柢，"《伪经考》外貌虽极炳烺，足以耸一时之耳目，而内无底蕴，不出史学、目录二派之窠臼，尚未足以洽鄙怀也"②。廖平认为研讨经学，贵在笃守旧说，致力于经传中的微言大义，遇到可疑之处，应当以家法条例予以疏通、解释。《周官》《毛诗》中有后人羼杂的内容，应当就可议之处引申辨析，而不是遍伪群经，一概抹杀。康有为"力排旧说，独逞肊见，皆谬诬之甚，妄诞之尤，不足以言治

---

① 廖平：《尊经书院日课题目》，见舒大刚、杨世文主编：《廖平全集》（2），831~860页。
② 廖平：《四益馆文集·致某人书》，见舒大刚、杨世文主编：《廖平全集》（11），663~664页。

经"①。

廖平对《新学伪经考》的评价牵涉清季学人经与史、义与例观念的异趣。章太炎认为清代经师"明故训者,多说诸子,唯古史亦以度制事状征验,其务观世知化,不欲以经术致用"②。明故训与观世知化可谓史家之能事。廖平研究经学向来注重历史沿革,研究礼学关键在于"辨等威、著沿革"③。《春秋》改制微言当于史事中寻求,治经者当述古以知今,"礼家述古易,知今难,学者判为二派,述古者鄙言晚近,治今者昧厥本源,皆非也"。经学与史学性质不同,史学以断代为准绳,经学乃通行百代之书。史学泛言考订,录其沿革,《禹贡锥指》《春秋大事表》等书皆以史说经,不得视为经学。"读《禹贡》,须知五千里为百世而作,不沾沾为夏禹之一代而言",胡渭"概不详经义,泛泛考证,故以为史学,而不足以言经学"。经书以物、理分为二大门类,"《尚书·禹贡》为物之王,《洪范》为理之本,以《禹贡》为案,而以《洪范》推行之。《禹贡》略如汉学,《洪范》略如宋学。一实一虚,一物一事",根据《禹贡》研讨名物,"乃知汉师破碎支离之不足以为学";考察《洪范》的道理,可知理由事出,"宋人空虚惝恍之不足以为学"④。

康有为撰《教学通义》时,以历史的眼光,考察礼制沿革,辨析经史关系仍以六经大义为第一义。第一次上书未果后,康有为讲学长兴里,以复原孔教为宗旨,囊括中国数千年学术源流,历史政

---

① 廖平:《评新学伪经考》,载《孔学》,第1期,1943。
② 章太炎:《清儒》,见徐亮工编校:《中国近三百年学术史论》,20页,上海:上海古籍出版社,2006。
③ 廖平:《经话甲篇》,见李耀仙主编:《廖平选集》,472页。
④ 廖平:《知圣篇》,见李耀仙主编:《廖平选集》(上),215～216页。

治沿革得失，以万国史事"比例推断"。康有为以孔学、佛学、陆王心学为体，以史学、西学为用。综合列强压迫、世界大势、汉唐政治、两宋政治，"每论一学、论一事，必上下古今，以究其沿革得失，并引欧美事例以作比较证明"①。康有为要求弟子能通四史、四传、四礼，"由董、刘而述《春秋》，因朱、陆而求《论语》，深沉之《四朝学案》，博考之以《通鉴》《通考》，经史大义、圣道统绪，为学本末，亦得其纲领"。朱一新在评述《新学伪经考》时，认为六经切于世用，学术贵在应对时势。当下如何济世，"窃有治经不如治史之谬论"。朱一新主张史学要由源及流，融通经史，"移治经为治史"②。康有为批驳朱一新治史之论未能会通六经之大指，获取长民辅世的良方。清代汉学"繁博而无统，迂远而不切"，遂"积厌生叛，故不惮决然舍去，此其不沟通六经之害"。治史虽然可以从历史事实中获得经验，但若拘泥于陈迹而不求其大义，"岂特三代为述而不可用，即近世汉、唐、宋、明之史，亦岂可用于中西大通之局哉？"③ 只有发挥六经大义，才能应对中西交汇的局面。1894年，康有为在桂林讲学，宣称义理、制度皆出自孔子，将公羊学义理比拟为律例，史书相当于案情。"通其旨义，则已通大孔律例，一切案情皆可断矣"，"日抱案而不知律，则无星之秤尺，无以为断

---

① 梁启勋：《"万木草堂"回忆》，见夏晓虹编：《追忆康有为》（增订本），189页，北京：生活·读书·新知三联书店，2009。
② 於梅舫：《浙粤学人与汉宋兼采——朱一新〈无邪堂答问〉论学旨趣解析》，载《近代史研究》，2010（4）。
③ 康有为：《来书三》，见《论学：朱蓉生侍御与康长素工部往来札》，光绪年间广东刻本。感谢吴仰湘老师惠赠资料，相关研究参见吴仰湘：《朱一新、康有为辩论〈新学伪经考〉若干史实考——基于被人遗忘的康氏两札所作的研究》，载《文史哲》，2010（1）。

案之地；若仅读律而不详览案情，亦无以尽天下之变"。六经是孔子所确立的律例，通经之后，当遍览子史群书，"无志于为官吏者，是甘心于下流；无志于办天下大案者，是甘心为愚人"①。康有为确立公羊义理为律例，遍说群经子史，既确立孔子至圣先师的地位，又为以公羊三世说解释历史埋下伏笔。正如梁启超所论康有为贯通经史，寻求治乱兴衰、制度沿革的原理，"盖先生之学，以历史为根柢，其外貌似急进派，其精神实渐进派"②。

起初，康有为的历史观注重史事流变，以史学印证经义，《新学伪经考》以两汉史事论证经学的真伪。此后，康有为提倡公羊三世说，以进化论类比中国文明进程，上古时期史事茫昧无稽，"六经之前无复书记"，三代文教之盛实由孔子推托，"得一孔子而日月光华"，"夷考旧文，实犹茫昧，虽有美盛，不尽可考"；东周时期，诸子并起创教，自立旗帜，激烈论辩；孔子生于乱世，创立儒教，据乱世而立三世之法，"垂精太平"，"天下归往，大道统一"；康有为宣扬孔子改制意在影射时局，"思立教以范围天下"。梁启超认为康有为、廖平学术异同是义、例之别："康先生之治《公羊》，治今文也，其渊源颇出自井研，不可诬也。……然所治同，而所以治之者不同。畴昔治《公羊》者皆言例，南海则言义。惟牵于例，故还珠而买椟；惟究于义，故藏往以知来。"③ 在梁启超看来，廖平研究《公羊》拘于经例，难以发挥《公羊》致用的功能，恰恰是康有为发挥《公羊》大义，指示未来之路。陆宝千指出廖平以王制为中

---

① 康有为：《桂学答问》，见姜义华、张荣华编校：《康有为全集》(2)，19页。
② 梁启超：《南海康先生传》，见夏晓虹编：《追忆康有为》(增订本)，28页。
③ 梁启超：《论中国学术思想变迁之大势》，载《新民丛报》，第58号，1904。

心,贯穿今文经学;康有为则以礼运为中心,贯穿四书,"公羊本一家之言,至是而泛滥于群经诸传"①。廖平以史事论证经例,张大公羊学"三统"说为重建经学系统的重要环节。康有为因事而阐发改制之义,以三世说解释《春秋》,贯穿三统,三世之义旨在"以进化之理,释经世之志,遍读群书,而无所于阂,而导人以向后之希望,现在之义务"②。三世之义与进化史观标举人类历史的普遍原则,以叙述历史的方式解释当下,描绘未来的希望。廖平致力于重建经学系统,维系六经价值的普遍性与神圣性;康有为以改制学说与大同理想察往知来,为现实政治提供理论指导。二人学术重心的差别预示着今文经学在近代经史转型过程中的不同道路。

康有为的史学观经历了由史事考订、推断经义到以公羊三世说会通历史进化论的历程,这一演变无疑启发后学借助三世之义解释中国历史变迁。在《变法通议》中,梁启超明确提出中西史学存在"君史"和"民史"之别:中国之史,长于言事,所重"在一朝一姓兴亡之所由,谓之君史";西国之史,长于言政,所重"在一城一乡教养之所起,谓之民史"③。梁启超在时务学堂讲求史学,谭嗣同、徐仁铸等维新人士一致反思中国史学注重一家天下的兴亡、维护君主一己之私的缺点;推崇西方史学以天下为公,关注民族进化与人群发达的原理。在《读春秋界说》第九条"春秋立三世之义"中,梁启超明确《春秋》"以明往古来今,天地万物递变递进之理,为孔子范围万世之精意",进而以三世说对应从变形虫到"人"的

---

① 陆宝千:《清代思想史》,259页,上海:华东师范大学出版社,2009。
② 梁启超:《论中国学术思想变迁之大势》,载《新民丛报》,第58号,1904。
③ 梁启超:《变法通议·论译书》,见《饮冰室合集·文集之一》,70页,北京:中华书局,1989。

生物进化论、从石器经铜器到铁器的历史发展说①。1902年,梁启超高举新史学的旗帜——新史学应当叙述人群进化之现象而求得其公理公例。以此为标准,中国无史学,旧史学有四病二蔽三恶果,其重要原因即在于专制制度和群智未开:"中国史家之谬,未有过于言正统者也。言正统者,以为天下不可一日无君也,于是乎有统。""统之云者,殆谓天所立而民所宗也。正之云者,殆谓一为真而余为伪也。"梁氏认为民族进化应基于群力、群智、群德的发达,"统也者,在国非在君也。在众人非在一人也。舍国而求诸君,舍众人而求诸一人,必无统之可言,更无正之可言"②。1904年,夏曾佑刊行《中国古代史》,鲜明提出"本篇亦尊今文者",与清朝经师不同,该书不专在讲经,而是"凡经义之变迁,皆以历史因果之理解之",以公羊三世说与进化论诠释中国古代历史进程③。

康有为提出诸子皆有创教之举,廖平主张只有孔子才有改制立教的资格,诸子创教说"最为谬妄"。自从康有为以《公羊》为变法宗旨,"天下群起而攻《公羊》,直若《公羊》故立此非常可骇之论,为教人叛逆专书,遂云凡治《公羊》皆非端人正士"④。廖平在《经话》开篇就批评:"或以诸子皆欲传教,人思改制,以法孔子,

---

① 参见狭间直树:《东亚近代文明史上的梁启超》,36页,上海:上海人民出版社,2016。
② 梁启超:《新史学》,见《梁启超史学论著四种》,242页,长沙:岳麓书社,1989。
③ 夏曾佑:《中国古代史》,211页,上海:上海人民出版社,2014。
④ 及门公辑:《家学树坊·〈知圣篇〉读法》,见舒大刚、杨世文主编:《廖平全集》(2),766~767页。

此大误也。"① 廖平将朱一新的经史观视之为"奴隶之奴隶",康有为"本讲王阳明学,而熟于廿四史、九通;盖长于史学者,于经学则门外汉"②。廖平始终维系孔子的崇高地位与经学的神圣价值。1899年,章太炎评述廖平学说有以下要点:"一曰经皆完书无缺,以为有缺者刘歆也。一曰六经皆孔子所撰,非当时语,亦非当时事,孔子构造是事而加王心也。一曰四代皆乱世,尧、舜、汤、文之治皆无其事也。一曰《左氏》亦今学,其释经亦自造事迹,而借其语以加王心,故大旨与《公》《穀》同,五十凡无一背《公》《穀》也。一曰诸子九流皆宗孔子也。"总而言之,廖平"欲极崇孔子,而不能批郤导窾,以有此弊。寻其自造六经之说,在彼固以为宗仰素王,无出是语,而不知踵其说者,并可曰孔子事亦后人所造也",其后果导致古代历史"无一语可以征信","欲以尊崇孔子而适为绝灭儒术之渐,可不惧与?"③ 章太炎肯定汉学有古文、今文之别,分别今、古文是治经的前提,自称"廖平之学,与余绝相反,然其分别古今文,确然不易","余见井研廖平说经,善分别今古文,盖惠、戴、凌、刘所不能上"④。廖平说经善于分别今古,但尊孔过甚。廖平门生回应到,经学有微言、大义两派,孔子素王改制的宗旨为微言,群经所载典章制度与伦常教化为大义。西汉以后,微言断绝,两千年来专讲大义。若无微言,大义显然无法自存,

---

① 廖平:《知圣篇》,见舒大刚、杨世文主编:《廖平全集》(1),第203页,第212页。
② 吴虞:《爱智庐随笔》,见赵清、郑城主编:《吴虞集》,90~91页。
③ 章太炎:《今古文辨义》,见汤志钧编:《章太炎政论选集》(上),114~115页,北京:中华书局,1977。
④ 章太炎:《太炎文录初编·程师》,见上海人民出版社编:《章太炎全集》第4卷,138页,上海:上海人民出版社,1985。

"六经道丧,圣道掩蔽",孔子在人们心中,"非三家村之学究,即卖驴之博士"。有鉴于此,廖平"收残拾缺,继绝扶危,以复西汉之旧","合中国学术而论,以孔子为尊,必先审定孔子"①。

廖平学术三变之后,力主经史分流,倡导经学改良,提出旧学"专以史读经为述古",时下应当"以经为新经,为万世立法。非古人陈迹"。旧学以"诵读乃为经学",新经学应当以"社稷人民即为学"②。廖平反对以经为古史,六经并非述古,而是知来,以经为古史,疵病百出。在《阙里大会大成节讲义》中更是系统陈述以经为史的弊端:"凡史事成迹,刍狗糟粕,庄列攻之,不遗余力,孔经新,非旧经,非史","经说若主退化……须知经言退化,实行经意则为进化也","经先文后野,先大同而后小康,其说颠倒"③。经学是哲学,不是历史。民初,廖平致信江瀚,说道:"今则各教林立,彼此互攻,乃逼成一纯粹尊孔之学说。"④ 为了维持儒家的普遍理想,不得不高扬孔子学说的神圣价值。直到1920年代给学生上课,廖平仍说:"什么是'国学'?国学就是以历史为基础。什么是'经学'?'经学'就是以哲学为基础。"⑤

嘉道以降,学者论经多分别今古,陈寿祺父子分别今古,宋翔

---

① 黄镕、胡翼等:《家学树坊·致莿室主人书》,见李耀仙主编:《廖平选集》(下),623页。
② 廖平:《集外文·经学改良表》,见舒大刚、杨世文主编:《廖平全集》(11),第811~821页。
③ 廖平:《四益馆杂著·阙里大会大成节讲义》,见舒大刚、杨世文主编:《廖平全集》(11),469~474页。
④ 廖平:《四益馆杂著,答江叔海论今古学考书》,见舒大刚、杨世文主编:《廖平全集》(11),640页。
⑤ 姜亮夫:《忆成都高师》,见沈善洪、胡廷武主编:《姜亮夫全集(24)·回忆录》,62页,昆明:云南人民出版社,2003。

凤以《公羊》阐释《论语》中孔子的性与天道之说，俞樾倡导"王鲁"学说，开启阐发今文经典微言大义的风气，《今古学考》集其大成，张明两汉师法。蒙文通表示："不有乾嘉诸儒之披荆榛、寻旧诂，以导乎先路，则虽有廖氏，无所致其功。"① 廖平主张"治经以求实用为归，违经则虽古书不可用，合经则即近人新作亦可宝贵"②。廖平为了重构道与六经的关系，一方面讲家法、重条例，重建古代文献的历史层次；一方面将六经放在孔经哲学的框架上重新解释，经例、经义的演变始终围绕重建六经系统，"欲求世界大同，必先于学术中变大同，以《六经》为主，以九流为之辅。此吾中国学术之大同也。能化诸不同以为同，推之治法，乃有大同之效"③。康有为阐发经义主要是为政治实践提供理论指导，梁启超等康门弟子注重以进化的眼光考察中国文明史的演化，并"将中国史的展开本身就等同于中国文明价值的辨证展演"④。

在经史递嬗的洪流中，近代学界研究今文学集中于刘歆造伪、托古改制；自廖平《今古学考》所开启的以家法、礼制考察经今古学的倾向却寥落无闻。顾颉刚认为廖平著述体例散乱，文辞晦涩，阅读其著作如诵读古籍，要花费一番整理的工夫，康有为的著作则清楚显豁，"此康氏之书所以能鼓荡一代思潮，而廖氏终不过涓涓

---

① 蒙文通：《议蜀学》，见廖幼平编《廖季平年谱》，177～178页。
② 廖平：《知圣篇》，见李耀仙主编：《廖平选集》（上），210页。
③ 廖平：《集外文·大同学说》，见舒大刚、杨世文主编：《廖平全集》（11），799页。
④ 张志强：《经、史、儒关系的重构与"批判儒学"之建立——以〈儒学五论〉为中心试论蒙文通"儒学"观念的特质》，111页，载《中国哲学史》，2019（1）。

之流"①。吕思勉注意到廖平、康有为的分别,康长素提倡孔子托古改制,导致"后古胜于今之观念全破,考究古事,乃一无障碍";廖平以礼制分别经今古文,"而后今古文之分野,得以判然分明"。廖平、康有为二人学说是"经学上之两大发明"②。吕思勉还强调"后来人所谓托古改制,多非康长素的本意","所谓疑古者,亦和康长素无甚关系",康有为极大影响后来史学思潮,"古史的不确实,这在今日,是人人会说的,而说起这话来,往往引起'托古改制'四个字"③。康有为破除"后古胜于今之观念",为进化史观开道,古史辨运动扬弃康氏学说。廖平门生蒙文通、李源澄则重塑近代今文学系谱,表彰廖氏《春秋》学,尝试建立儒史相资、义事兼备的学术系统。

---

① 顾颉刚著,王煦华整理:《缦斋藏书题记》(三),27页,上海:上海图书馆历史文献研究所编:《历史文献》第三辑,2000。
② 吕思勉:《论经学今古文之别》,见《吕思勉读史札记》(中),725页,上海:上海古籍出版社,2005。
③ 吕思勉:《从章太炎说到康长素梁任公》,见《吕思勉论学丛稿》,392～406页,上海:海古籍出版社,2006。

第二章
今古之争：四川国学院时期的廖平与刘师培

近代学人中，刘师培、廖平二人素以多变著称，廖平的"六变"不待多说，刘师培的三次政治转向也常为世人诟病。虽说刘师培秉承家学，但稍加考察，不难发现，1908年入端方幕府之后，其学术有较大转变：由原来颇具意气之争意味，与今文学立异、格义中西甚至中西附会，转向回归朴学。辛亥入川，刘师培的政治立场有危及其性命之虞，使他不得不暂时远离政治。相反，廖平是时正处于"四变"时期，清朝覆灭后不仅重获被赵启霖剥夺的教育权，而且由于在四川保路风潮中的积极表现，被四川军政府任命为枢密院院长。一入民国，廖平的政治形象可谓相当正面。刘师培、廖平二人在1910年代初，学术上，一回归朴学，一神化孔子；政治上，一损一荣。截然相反的学术旨趣与人生境遇，或使两位今古文大师即使并没有正面交锋，但在同时执教四川国学院时，隐然形成一种"争辩今古"的氛围。

一、"有东西无南北"

1912年2月，川省在清末四川存古学堂的基址上，以存古学堂的学生与经费组成国学馆,用"存古学堂国学馆"的名义继续开办。国学馆分为三部:教科部、印刷部、杂志及讲会部,而原有存古学堂学生概为旧班(又称本班),并新招预备班,办学宗旨及学科设置多沿袭存古旧制。辛亥革命时期,"大汉四川军政府"沿袭唐宋旧制,设枢密院为咨询机关,聘请廖平为院长,下设院士数人。尹昌衡任四川都督之后,为了整理四川文献,搜集国史文征、编修光复史,将枢密院改组为国学院。刘师培入川时的尴尬身份与险恶遭遇,令他身心困顿。但或许正因为"川人到南人程度,尚待十年之后"①,故对兼有清代汉学殿军、新学巨子美誉的刘师培礼遇有加。政治风潮过后,国学院聘请名宿十人负责各项事务,以吴之英为院正,刘师培为院副,下设院员八人。国学院以研究国学,发扬国粹,沟通古今,切于实用为宗旨。所办事宜主要有:编辑杂志、审定乡土志、搜访乡贤遗书、续修通志、编纂本省光复史、校定重要书籍、附设国学专修科。1912年11月,四川省议会以国学院、国学馆性质相近,为节省经费,将国学院与国学馆合并,院址迁至存古学堂旧址。院正由吴之英担任,原存古学堂监督谢无量与刘师培同任院副。国学学校附设于国学院,刘师培以院副兼任校长。可以想见,巴蜀学人对刘氏汉学殿军、新学巨子的双重身份十分认同,吴虞更是亟不可待向刘师培请益研习汉学的方法。

"国学"一词,古已有之,特指国家一级的学校。20世纪初,近代意义的"国学"概念开始普遍使用,相对于新学多指旧学,相

---

① 中国革命博物馆整理:《吴虞日记》(上),49页,成都:四川人民出版社,1984。

比西学多指中学。统而言之,即中国传统学术①。这一模糊而笼统的界定使得"国学"一名的含义随世迁转,屡变不定。清末民初的"国学"观,呈现出一种超越儒学的有意倾向②。章太炎于1906年曾言:"为甚提倡国粹?不是要人尊信孔教,只是要人爱惜我们汉种的历史。这个历史,是就广义说的,其中可以分为三项:一是语言文字,二是典章制度,三是人物事迹。"③孙叔谦亦认为国学必须汇聚立国以来历代思想学术,局限于一家的思想学术只能称为一家之学,而不能视为国学:"朕即国家之妄语,久为天下所弃。思想学术,犹有同情。一家之学,不称国学,即渺渺之躬,不可命名国家也。"若仅以儒术为国学,"则若道,若墨,若法,若阴阳,若兵,若农,与邹鲁荐绅,势类水火,将屏诸国学之外乎?指为夷狄之学,盗贼之学乎?"以儒术为国学,"名不称实之举也,朕即国家之学也"④。

相形之下,四川国学院为全省推广国学,发扬国粹,编纂《四川国学杂志》以尊孔研经为主旨,"以资发扬弘义,鼓吹群伦,事基重也。忆昔大地犾榛,东方先旦,神州建国,圣哲笃生,撰合乾坤而伦理出焉,天精地粹,会其极于我孔子"。《四川国学杂志》志在"博文约礼,温故知新,下学上达,自有夷途,近收丽泽之益,远征心理之同"⑤。在"国粹以孔子为正宗"的义例下,四川国学会

---

① 桑兵:《晚清民国时期的国学研究与西学》,载《历史研究》,1996(5)。
② 参见罗志田:《国家与学术:清季民初关于"国学"的思想论争》,北京:生活·读书·新知三联书店,2003。
③ 章太炎:《东京留学生欢迎会演说辞》,见汤志钧编:《章太炎政论选集》(上),276页。
④ 孙叔谦:《国学:致甲寅杂志记者》,载《甲寅》,第1卷,第4期,1914。
⑤ 曾学传:《国学杂志义例》,载《四川国学杂志》,第1期,1912。

内部对如何发扬国学存在分歧。刘师培曾于20世纪初指出中国不保存国粹："世之称中国者,孰不曰'守旧之国哉'?虽然守旧者,必有旧可守者也,必能保存国粹者也。乃吾即今日之中国观之,觉一物一事之微,无一与古代相同者。吾得以一语而断之曰:中国并不保存国粹"。究其原因,"按之中国之制,则非合进化之公理者也",那么,今日中国"岂犹有国粹之存耶?"①入端方幕府后,刘师培上书称:"守礼即所以保邦。为学首基于植本",主张兴办国学专门学校,"至学生毕业之期,限以三载,俾得各出其所习,施教于其乡,以膺国学教员之任,庶尊孔爱国之词,克以实践。即正人心、息邪说之功,胥于是乎在"②。任教四川国学院,在为《国学杂志》作序时,刘师培更是提出"夫为人之学,非徒接衔赖赢已也,诎伸偶变,用学混同。即志佛时,亦攸为己。何则,用世之术,卑迩斯周","治学之方,弟隆求是,秉执品科,以稽为决"③。国学院院正吴之英非常认可刘师培的主张,吴之英宗主郑学,"创通大义,发疑正读,与二戴、高密未知孰为后先,贾公彦以下弗及也"④。其论学主张专精求是,"古论学问,唯专乃精。约礼未能,博文无当","要所以成此专执,荟精一家,固无害其通才,乃有补于雅教,不然涉猎失御,枉媚心目,泛滥忘归,犹矜口耳"⑤。

另一方面,四川国学院中,廖平、曾学传倡言尊孔,组织与参

---

① 刘师培:《论中国并不保存国粹》,载《警钟日报》,1904—06—22。
② 刘师培:《第三次上端方书》,见万仕国编著:《刘师培年谱》,174~176页,扬州:广陵书社,2003。
③ 刘师培:《国学会序》,见万仕国编著:《刘师培年谱》,220页。
④ 黄崇麟:《寿栎庐丛书叙》,见《寿栎庐丛书》,名山吴氏刻本,1920。
⑤ 吴之英:《答人问博学书》,见吴洪武等校注:《吴之英诗文集》,285页,成都:四川大学出版社,2008。

与过多种尊孔团体。曾学传主张"学当致用","君子之学,岂有殊端,令民生惑,惟革变之秋,群言蜂起,众流竞进,不为钩元,曷瞻大道,懿维孔学,群伦之宗,万流之极,不可不察也。"孔子之学是性理学,"其为道也,经纬弘博,不名一家";老学是生理学,"隆古治化旁流,吾民不识不知顺帝之责";管墨之学是生计学,"古者六府之修,五土之宜,食货百工之治";佛学是灵魂学,"非吾儒性理经世之学","可为权法,特非若董子所谓天地之常经,古今之通谊也"。在孔、老、管墨、佛四学中,孔学为"吾国学之粹也",且"吾道固自足也,夫若佛老之去欲返本,管墨之为民谋生,良有足多者,故论之,俾学者知吾儒之粹,众美悉备而无其失,岿然为伦理宗主,本末大小精粗一贯也"①。在梳理历代儒学源流时,曾学传批评章太炎"以为儒术惟文学著作而止,不及德行",告诫学者应当"立天下之大本而后渐达于圣人经世之用",切忌"谫谫以文学自大,张己伐人,钓名贾利以欺天下之耳目"②。与曾学传偏于尊孔的国学相比较,廖平有过之而无不及,"今欲尊孔保教,必先舍去制义讲章之腐语,与夫心性道妙之悬言,而专就日用伦常研究其利害坚脆"③,"至圣生知俟后诸名义,久失其传,诸儒不得其解,遂以古文考据义理八比为孔子,欲明经学,必先知圣与制作六经之本旨。近有《知圣编》《制作考》等书。今拟掇其精华,分门别类,更加推阐,学者必先知圣而后可以治学,必先知经而后可以

---

① 曾学传:《国学钩元》,载《四川国学杂志》,第1期,1912。
② 曾学传:《历代儒学概论》,《世界观杂志》第1卷第4期,1915年11月,57—58页。
③ 廖平:《四益馆文集·中外比较改良编序》,见舒大刚、杨世文主编:《廖平全集》(11),679页。

治中西各学"①。南方有学人称"廖说若行,南方经学,罕能立足"②。朱昌时认为"廖氏其人厄于当道","但岿然独存",曾极力向邓实表彰四益馆诸书③。

刘师培曾作《南北考证学》,认为"近代之儒所长者,固不仅考证之学。然戴东原有云:有义理之学,有词章之学,有考证之学。则训诂、典章之学,皆可以考证一字该之",且"著作必原于考据,则亦可以考据该近代之学"。若就地域而言,"虽学术交通,北学或由北而输南,南学亦由南而输北,此学派起源,夫故彰彰可证者也,黄、惠、江、庄,谓非儒术之导师欤?且南、北学派虽殊,然研覃古训,咸为有功于群经"。刘氏由此慨叹,"近儒考据之精所由,非汉、魏以下所能及也"④。刘师培将近代考据学视作清儒学术精进的代表,以南北言考据学,东部学人习以为常。但历经晚清近四十年的"蜀学"复兴之路,巴蜀学人的自信心可谓空前高涨,杨赞襄质疑刘师培"南北考证学"的划分,为"蜀学"争名分:

> 杨赞襄曰:震旦山河,古今两戒,流域分而流派异。南北学派之不同,实地理上之关系也。顾刘子之论此也。有诸子学派,有经学派,有理学派,有考证学派,诸子萃于周秦,经师衍于汉魏。性理盛于宋明。兹不具论,论考证学。考证之兴,

---

① 廖平:《四益馆杂著·治学大纲》,见舒大刚、杨世文主编:《廖平全集》(11),628~630页。
② 吴虞:《爱智庐随笔》,见《吴虞集》,第91页。
③ 朱昌时:《致邓枚子书》,载《蜀报》,第5期,1910。
④ 刘师培:《南北学派不同论·南北考证学不同论》,载《国粹学报》,第1卷,第4期,1905。

近今为盛,维新以前之学派,均考证学派也。惟是泰西文明,近输远东。旧新接触,虚实互形。考古之勤,奚裨实用?抑考证学者,国粹之阶钥也。中国国粹,以经学为本源,自余皆其支流也。清朝考证以经学为中坚,自余皆其芽蘖也。派中巨子类博而精,既足附骥不朽,前任其劳,后享其逸,前说其博,后反其约,今治国学,实受其赐矣。抑此学者,又进化之影响也。西学进步,始自培根,首创归纳论理学,嗣是专科成立,学者复分科研讨,遂成今日之文明。清朝诸大师,固憭于致用。然为伯厚杨焦所弗逮,何则?南方学派三,北方学派二,皆由演绎而进于归纳者也。治一器而工聚焉者车为多,经学其考证家之车乎?解经必先训诂也,于是有小学。读经必求善本也,于是有校勘学。谭经必详形势也,于是有地理学。说经必考文物也,于是有制度学。而小学又分音韵学及金石学,校勘学又辅以辑佚学。经之内界,又分为今古文学,经之外界,又辅以史学、子学,学愈进则剖析愈精,近于生计家之分业矣。近人以东樵、百诗譬宋孙、胡,定宇、东原譬宋濂洛,王伯申父子譬宋紫阳,与此论不无出入,而皆有南北吴皖之见存。至于休宁戴氏,实集大成,以比阳明,毋宁以比晦叔。盖皆皖产,据南北之陲际,有江淮之沟通,其吸收也易,其分布也亦无难。故乾嘉以降,皆其附庸,即郑子尹、俞荫甫诸人,何莫非戴之支别哉?今汽船云集沪上,铁道辐辏汉口,沪汉者天下之枢也。故地气自西徂东,则钟于吴越,自东至西,则钟于楚蜀。旧邦既焕新猷,旧学亦开新派。吴则刘子,越则太炎,其考证用古文法式,而理论则近于今文,又湛于佛。昔宋学藉玄理而昌明，二子其有意乎？楚南则湘绮提倡今文家说，及主讲尊经书院，其道乃大行于吾蜀。吾师富顺宋先生于微言大义，独有会心，其宗旨在以教养致富强，夫然后通经乃能致用。襄及中江刘退溪，资州郭景南，拳拳服膺焉，资州饶焱之则得其小学，此富顺学派也。井研廖氏亦别有会心，其宗旨以皇帝王霸循环逆数为归宿，或咎其符命，不尽然也。其门人之笃信好学者，唯青帅王佐。廖学又逾岭而南，康、梁实为巨子，与章、刘旗鼓中原，遂影响于革命、保皇二党，此井研学派也。夫章、刘、王、宋、廖、康皆思以其道易天下，太史公所谓此务为治者也，岂从前考证家所能及耶？湘绮门下蜀士，尚有华阳吕雪堂，以朴学鸣，又有新宁傅晋卿，亦湘潭学派也。楚北则吴华峰，墨守古文家说，刘幼丹长于金石学，襄尝问字焉，是亦旧考证家也。畴昔读《汉书·儒林传》，至田何《易》东之叹，窃疑两汉经学有东西无南北，今之新考证家亦复如是。无山脉河流之扞格，而有船舶汽车之交通，理论渐趋统一而事实随之，汉代所以咸震华夷也。愿以质之刘子。①

杨赞襄是宋育仁的高徒，时任国学院史学教员，他极力主张，学术之分在晚清以降当以"东西"代"南北"，"东"自然是汉学大

---

① 杨赞襄：《书刘申叔南北考证学不同论后》，载《四川国学杂志》，第3期，1912。此文后有跋语："此丙午旧作也，维时首夏清和，与陈衡山先生阅《国粹学报》，至仪征刘申叔所撰《南北学派不同论》，未尝不叹息，想见其为人。因昉康成忧《诗》之意，作《考证学书后》，以志景仰。驹光过隙，欸已七年，广州、成都发难于前，武昌、金陵成功于后，匪独改换数千年政局，即发难地域，亦不在皖。是不幸多言而中也。所幸申叔入川，常相过从，商量邃密，今也其时，检付手民，聊以志鸿雪因缘尔。民国元年九月中旬南公自跋。"

本营"吴越","西"则是以今文学开辟新考证学的"楚蜀",甚至就"理论"而言,吴越也要纳入今文的范围,所谓"理论渐趋统一而事实随之"。这言外之意自然是要以巴蜀为代表的今文学为学术正统、为主流,而"吴越巨儒"仅为附庸而已。此篇原属旧作,此时发表一定意有所指,就文中所提及的蜀学巨子宋育仁、廖平而言,宋育仁长期在川外游历,那么"东""西"之争落实在国学院中便是"古文学"大师刘师培与"今文学"大师廖平之间的角力。

今古观念的分歧造成了国学会内部的人际分殊。国学院院正吴之英善说礼制,对廖平创分今古、发挥孔经哲学的主张颇不以为然,"礼制何必说古今,历代损益圣贤心","每思君法我欲去,又憾我法君不与。拟革君法用我法,古人心情在何许?"① 因此,吴氏希望刘师培能扭转国学院中"肆挥今文"的学风。吴之英就此曾致信胡文澜:"院士彬彬,颇尽西南之美。况廖季平,一廛近市,绛帐垂门。近与刘申叔清语,便如忘食忘寝。令我同治院事,尤为身臂相伏。"② 吴、刘二人学风相近,相互之间多有赞誉。对廖平之学,二人则多持异议。国学会内部对今古相争的情况有着清楚的认识,《国学杂志》发刊义例中对此有所调和:"即或汉宋交攻,朱陆互辨,要在明理,非关争斗,折衷至当,道有攸归,庶几匡时之万一。"③ 可以说,刘师培入川在某种程度上改变了四川的学术格局,对"汉学"在蜀地的推广大有帮助,时人认为刘师培"手订《左庵

---

① 吴之英:《寄廖平》,见吴洪武等校注:《吴之英诗文集》,67~72页。
② 吴之英:《与胡文澜书》,见吴洪武等校注:《吴之英诗文集》,261页。
③ 曾学传:《国学杂志义例》,载《四川国学杂志》,第1期,1912。

集》雕版行之,蜀学丕变"①。然廖平之学为"蜀学"大宗,弟子遍及川省,今古文大师廖平、刘师培于国学院角力,为民初国学院讲学授徒之主线。二人争辩今古,渊源有自,可谓清末"蜀学"与江浙学术争锋的缩影,"今古之辨"集于一校,更是近代学术史上少见的文化现象。

二、天人性命与礼制之别

当时,廖平在国学院内发挥今文学,高谈"天人之际"。不过今文学与天人之学的讲学对象存在差别。廖平在《尊孔篇》中提到:"此乃私家撰著,不必引为学堂课本。盖宗旨虽极正义,人理至为深邃,恐程度不合,反生疑怪。为中外提倡微言,发明哲理,阅者以哲学视之可也。"② 因此,廖平多在国学会定期讲论微言之学,而在国学学校课堂讲授群经大义则多以《经话》为依据,"其说经之书,初谓之《经话》,如《今古学考》诸作,皆自《经话》中录出,遂成卷帙。所自著书,学人有持以问者,见辄改,数十年中著书百余种,早年所定稿,亦时以晚说入之,数行之间,每有同异。刊定旧稿,于说之已变者时存而不改,曰以存入门之迹,故读其书、听其言,不易得其一是之书"③。刘师培主讲音韵训诂与《春秋左氏学》,"诸生六十人,人习一经,习《春秋左氏传》者计十有一人",有萧定国、向华国、皮应熊、唐棣农、魏继仁、李燮、李

---

① 尹炎武:《刘师培外传》,见《刘申叔遗书》,17 页,南京:江苏古籍出版社,1997。
② 廖平:《尊孔篇》,载《国学荟编》,第 2 期,1914。
③ 蒙文通:《廖季平先生传》,见《经史抉原》,143 页。

茵、华焘、杨斌、鄢焕章、马玺滋等。刘师培主张治汉学唯在谛古言、审国故,"讲授之余,课以札记。有以疑义相质者,亦援据汉师遗说,随方晓答"①。廖平、刘师培在辨明经史关系、天人性命之说、经今古文起源等重大问题上,"持各有故,言各成理"。

作为清代汉学的殿军人物,廖平与刘师培皆批评清代汉学以《说文》与两《经解》为主流、陷入小学家窠臼。廖平认为两《经解》卷帙虽繁,但皆《五礼通考》《经籍纂诂》之子孙,清代各经新疏与某经正义稿,大都不能摆脱小学家的窠臼。刘师培认为前世为类书者(如《太平御览》《艺文类聚》),散群书于各类之中;清世为义疏者(正义之类),又散各类书于经句之下。不过,刘师培仍坚持"读书从识字始","先识字,次字义,次成句,次成文。习为本国文字也,训诂为中国文字之本。习洋文不知训诂,必取洋字以眩奇,滔滔不返,中国文字之亡无日矣。以许氏《说文解字》为本,辅以王氏说文句读,亦不至繁博而无实用"②。刘师培在国学院为诸生讲解《说文解字》,现存《答四川国学学校诸生问〈说文〉书》一文,应当是讲课之后,回答学生关于《说文》的若干疑义,如"音近谊通之说"、"古字通用定例","同部之字均从部首得形,所从之形亦或谊殊部首","许书读若例","大徐新附得失","重编许书以六书为纲"等,此时刘师培一改前期音近义通与同音通用之字为伪迹的说法,对于新增事物,主张于《说文》中取义训相当的古字命名,而反对添造新字新词,这与之前刘氏提倡减省汉字,改

---

① 刘师培:《春秋左氏传答问·序》,见《刘申叔遗书》,311页。
② 刘师培:《刘申叔集外佚文》,见梅鹤孙著,梅英超整理:《清溪旧屋仪征刘氏五世小记》,106页,上海:上海古籍出版社,2004。

用拼音字，统一国语的主张，判若云泥①。现存一份蒙文通于1913年四川国学院考试"经学"的试卷。考题为院长刘师培所命："大徐本会意之字，段本据他本改为形声，试条考其得失。"蒙文通答卷3000余字，工笔正楷，一笔不苟，得分98。刘师培批语："首篇精熟许书，与段、徐得失融会贯通，区别条例，即昭且明。案语简约，尤合著书之体。次亦简明，后幅所得各例，均能详人所略。"②刘师培的赞赏对蒙文通而言无疑是莫大的激励，但廖平却在此时责骂他："郝、邵、桂、王之书，枉汝一生有余，何曾能解秦汉人一二句，读《说文》三月，粗足用可也。"③ 因为在廖平看来，"经学自小学始，不当以小学止"，"小学既通，则当习经，盖小学为经学梯航。自来治经家未有不通小学者，但声音训诂，亦非旦夕可以毕功。若沉浸于中，则终身以小道自域，殊嫌狭隘。"④

中西学术竞争，文字为一大枢纽。为了尊孔与学术大同，廖平着力考察文字源流，于1912年写成《中国文字问题三十题》，认为文字是孔子所创造，"将来四海统一，折衷一是，于地球中择善而徒，必仍仿秦始，尽焚字母各书，独尊孔氏古文"。在1913年出席北京全国读音统一会上，廖平提出此说，有学者当即认为"非有古用字母之实迹，不足以厌服人心"⑤。廖平当时无以应答，遂与二三

---

① 刘师培：《答四川国学学校诸生问〈说文〉书》，见《刘申叔遗书》，1732~1736页。钱玄同：《刘申叔遗书·序》，见《刘申叔遗书》，29页。
② 李有明：《经史学家蒙文通》，见政协四川省文史资料研究委员会、四川省文史馆编：《四川近现代文化人物》，157页，成都：四川人民出版社，1989。
③ 蒙文通：《廖季平先生传》，见《经史抉原》，139页。
④ 廖平、吴之英：《经学初程》，见舒大刚、杨世文主编：《廖平全集》（1），460页。
⑤ 廖平：《文字源流考·叙二》，见李耀仙主编：《廖平选集》（下），577页。

同学研究，得证十六条，考察文字起源问题，支持天人学说以及经史分流说。既然文字为孔子创设，那么所谓古史记载自然在孔子之后，"古史不传，今所诵习六书文字之说，统出孔后，全属经说"。哲学与历史事实或相反对，"惟孔子空言垂教，俟圣知天，全属思想，并无成事"。旧史在孔子之前所胪列的帝王周公，全都属于经学范畴。六艺为旧史，六经为新经，孔前旧史为骈音书写，六书文字专属于孔氏古文。"六经立言非述旧，空文非古史"，"其论孔学大要，在经史之分，语、文之别"。廖平反对把经学当成古史来研究，批驳"六经皆史说"，"龚定庵、章实斋之流，以经为古史最谬"①。经书记载上古以前的政治、社会越完美，史实却是越古越荒蛮而未开化。这种矛盾现象恰恰被廖平作为经史分流的明证。六经与历史时间的序列是颠倒的，经学以哲学为基础②。

廖平此时主张天人之学、"经史分流"，主讲孔经哲学，宣扬孔子制作。而出自《左传》世家的刘师培向来倾向于"六经皆史"，去除经典的神秘性与神圣性，将经当作一般的史料文献，将经典"文献化"③。他虽在 20 世纪初激烈的抨击过今文家的改制说，不过，此时对于廖平"经史分流"的观念刘师培给予了充分理解，并未予以正面批评。在为《中国文字问题》作序时，刘师培指出廖平"或贸更前籍，赘附骈辨"④，但却支持廖平简化文字，务反俗词的主张。另外，为了给《左传》传经正名，刘师培在一定范围内对

---

① 廖平：《孔经哲学发微》，见李耀仙主编：《廖平选集》（上），299～305 页。
② 王汎森：《从经学向史学的过渡——廖平与蒙文通的例子》，载《历史研究》，2005（5）。
③ 许惠琪：《刘师培论"六经皆史"》，载《中国文学研究》，2006（22）。
④ 刘师培：《中国文字问题·序》，《左盦外集》，见《刘申叔遗书》，1771 页。

"六经皆史"说有所修正:主张《春秋》"非从史","《春秋》名一书二,前史后经,史出鲁臣所录,经为孔子所修"。《左氏春秋》乃传主弼经而作,"经者,制作之微言;传者,经文之通释"①。可见,有学者称"在近代著名的经学家中,只有刘师培曾和廖平相处过一段时间,相互之间有一定的了解,因而他对廖平在经学上的贡献所作的评价,比较客观、全面、具体"②,确为的论。南桂馨也认为刘师培落入四川,与廖平、宋育仁等相往还,"稍渝其夙昔意见,于今文师说,多宽假之辞,曰:季平虽附会周章太甚,然能使群经连环固结,首尾相衔,成一科学,未易可轻"③。

或许正是出于了解,刘师培才肯定廖平学说"缄中绂外,持至有故,非蹩跬骈辩之方也",而认为时人对廖平的轻慢乃"率彼蔓附,支引诸谊耳,顾于本端则弗审"④。世人对廖平之学只知末节而不明根本。章太炎对廖平亦持类似态度,虽批评廖氏"欲极崇孔子,而不能批郤导窾",流弊甚大;但亦认可其"精勤虚受,非卤莽狂仞者比"。针对有人轻薄廖平学说,章太炎申明:"廖季平的经学,荒谬处非常多,独得也很不少。在兄弟可以批评他,别人恐怕没有批评他的资格。"⑤ 有鉴于此,刘师培抓住廖平四变时的核心问题——天人性命学说,接连撰文与廖平讨论"天人之学"与"性命之说"。廖平在《四益馆经学四变记》里以《大学》为人学,《中

---

① 刘师培:《春秋左氏传古例诠微》,见《刘申叔遗书》,323~326页。
② 李耀仙:《〈廖平选集〉(下册)内容评介》,见《梅堂述儒》,381页,成都:四川大学出版社,2005。
③ 南桂馨:《刘申叔遗书·序》,见《刘申叔遗书》,32页。
④ 刘师培:《左盦外集·非古虚(下篇)》,《刘申叔遗书》,1415页。
⑤ 章太炎:《留学的目的和方法》,见马勇编:《章太炎讲演集》,23页,石家庄:河北人民出版社,2004。

庸》为天学，人学为六合以内，天学为六合以外。孔子自称不言鬼神，是为学次第问题，廖平创立"天人之学"，遂可通于天地、鬼神、生死等玄妙问题。儒释道三家会通可使《素问》《灵枢》《楚辞》《山海经》《庄子》《列子》《穆天子传》及佛典等原本被指摘为"诡怪不经"的言论，都得到合理的解释，并证明为真①。1913年，廖平刊行《孔经哲学发微》，专节论述"天学神游说"，强调"人事为学，天道为思"，孔子可"知天知人，观志观行"②。刘师培在入川之前少有文字直接论述天人性命学说，但当廖平将《四变记》相赠时，他随即作《与廖季平论天人书》，对"天人之学"提出质疑：

  夫经论繁广，条流夼散，仰研玄旨，理无二适。盖业资意造，生灭所以相轮；觉本无明，形名所以俱寂。势必物我皆谢，心形同泯，理绝应感，照极机初，超永劫之延路，拔幽根于始造，非徒经纬地天，明光上下，逞形变之奇，知生类之众已也。至于《诗》《易》明天，耽周抱一，邹书极喻于无垠，屈赋沉思于轻举，虽理隔常照，实谭造宿业，使飞鸢之喻有征，迓龙之灵弗爽。然巫咸升降，终属寰中；穆满神游，非超系表。何则？轻清为天，重浊为地，清升浊降，轮转实均，是知宙为迁流，宇为方位，宙兼今古，宇彻人天。内典以道超天，前籍以天为道，玄家所云方外，仍内典所谓域中耳。以天统佛，未见其可。③

---

① 参见谢桃坊：《批评今文经学派——刘师培在四川国学院》，载《成都大学学报（社科版）》，2008（2）。
② 廖平：《孔经哲学发微》，见李耀仙主编：《廖平选集》（上），374～377页。
③ 刘师培：《左盦外集·与廖季平论天人书》，见《刘申叔遗书》，1731页。

刘师培力图表明古代典籍繁多，学术源流杂乱，但孔学之真唯一。儒、释、道各有其所应对的"宇""宙"范围，以《诗》《易》之"天"的观念去包涵佛理，使之同一，自是不通。二者"部居既别，内外有归"，若是"引为同法"，不但"无资崇孔"，反而"括囊空寂，转蠹孔真"，陷入夷夏化胡的怪论之中。廖平复信则重申"孔子制作，生民未有，六经五纬，道澈天人，墨列老庄，咸承派别"，"大义所揭，止于圣人，而微言之好，则极六合"，倡天人学说乃"例以进化"，"敢言先觉"①。廖平又发表《孔子天学上达说》申明："昔者方士糅合道释于六艺，识者莫不非之，今乃拾其余唾者，以前为野蛮之牵合，今则为文明之变通。"廖平倡天人学说，旨在驳斥"偏经废经之言"："讲时务者，方求切效于数年数十年内，今为此说，亦可谓迂阔不近事情，然分知行，辨大小。先师之说详矣，并行不悖，无所取舍，或近或远，各择善从之可也。"②

至于天命学说，廖平在《知圣篇》中认为孔子五十知天命，"实有受命之瑞，故动引天为说。使非实有证据，则不能如此。受命之说，惟孔子一人得言之"③。正是基于孔子受命之说，廖平才会将孔学进一步放大至"天人之际"。刘师培在国学学校专门撰《定命论》，根据上古典籍，明儒墨"命"说之别，与廖平商榷：

> 人无智愚，咸有趋福避祸之心，顾成败祸福或出于不可知。中国古说计三家：一为墨家，以为鬼神福善祸淫；一为阴

---

① 廖平：《复刘申叔书》，载《中国学报（洪宪）》，第2期，1916。
② 廖平：《孔子天学上达说》，载《四川国学杂志》，第8号，1913。
③ 廖平：《知圣篇》，见李耀仙主编：《廖平选集》（上），187页。

阳家,谓吉凶可依术数趋避。以今观之,人世祸福,恒与积行不相应。墨说之乖,不攻自破。阴阳家之说,《论衡》所驳,颇中其微。以事有前知证之,则孔子惟命之说,迥较二家为长。孔言惟命,于命所自来,书缺有间。释教以积因说命,说至纤悉。孔子之说,似弗与同。又深稽孔说,似以命由天畀,且畀赋出自无心。天道悠远,诚非浅学所窥。然果如孔说,则牴牾似稀,非若墨家之破也。

实际上,刘师培也承认惟命之说发自孔子,"古说不言命,言命乃孔子新说",但后世歧说频出:"后儒说无命,有鬼神,是主持《诗》《书》旧说;说有命,无鬼神,是主持孔子新说。廖井研说六经皆孔子作,何孔子一口两舌耶?"廖、刘二人的分歧在于廖平志在倡言孔子以应付世变,故言"受命""天命",刘师培则本于汉学求真求是之传,为中国学术前途考虑,故以世法言孔学:"惟命之说为孔学真宗之一,并非浅近科学家所能道破,命与宇宙相始终,惟出世法,言孔学惟命之说当依据世法言之。"① 在四川国学院,他特意向学生提出六个值得思考的问题:命当研究之原因、孔子论命与古说不同、命之有无、命所由来、命可改不可改、儒者论命之误,并略抒己见,启发后学的思考。

刘师培和廖平在诸多问题上的各持己见,重点集中在经今古文问题,廖平专就礼制之别考察经今古文学,主张今学礼制在《王制》,古学礼制在《周礼》,著为《今古学考》,纲举目张,"然后二

---

① 刘师培:《左盦外集·定命论》,见《刘申叔遗书》,1701~1702页。

家所以异同之故,灿若列眉",今古文分歧纠葛,得以缕析区分,各归部居,不相杂厕。一开始,刘师培坚信"所谓今古文者,以其由古文易今文有先后之殊,非以其义例有不同也",但后来逐渐接受了廖平以礼制分今古的观念,并称赞廖平"长于《春秋》,善说礼制",通贯汉师义例,寻源竟委,泾渭分明;廖平批驳郑玄、杜林、范宁等人之谬说,击中要害,如泥墙崩塌,实乃深知经学家法义例之杰出人材,"魏晋已来未之有也"。不过,通过考察两周礼制之殊,刘师培也批评廖氏"以一王之制所以设规矩,备使用,弗容殊形异势",若依据前制,考察两周史事,推迹行事,可证廖平之说"匪谌"[①]。正是出于对东周、西周礼制的不同认识,廖、刘二人在汉代经今古文学起源问题上,解释各异且各自屡变不定,这让国学院诸生感觉"朝夕所闻,无非矛盾,惊骇无已"。蒙文通对此便记忆犹新:

> 时廖、刘两师及名山吴师并在讲席,或崇今,或尊古,或会而通之。持各有故,言各成理。[②]
>
> 经学胡因而成此今古两家,其说礼制又胡因而致今古之参错,初则以为孔子晚年、初年之说不同也,说不安,则又以为孔氏之学与刘歆之伪说不同也,而《大戴》《管子》乃有为古学作证者,则又以为大统、小统之异,《小戴》为小统,《大戴》为大统,欢然以为昔之说一林二虎,今之说若套杯之相成,此廖师说之累变而益幽眇者也。左庵师于此亦有二说:其

---

① 刘师培:《左盦外集·非古虚(下篇)》,见《刘申叔遗书》,1415页。
② 蒙文通:《经史抉原·序》,见《经史抉原》,46页。

以明堂有今古两说者，盖一为鄝鄏之制，一为雒邑之制；其以疆里有今古两说之异者，一为西周疆里，一为东周疆里。皆欲究此两家不同之故。①

关于廖平对经今古文起源解释，随着其学术思想的变化，都会做出相应的调整，学界论之尤详。而依循蒙文通的叙述可以梳理四川国学院时期刘师培建构古文学"理论"的尝试②。

《白虎通义》集汉代经今古文学说之大成，是以礼制辨今古的必备要籍。刘师培早在1911年1月就在《国粹学报》发表《白虎通义源流考》，刘咸炘称赞该文论述《白虎通义》体例"最为详确，无俟再说"③。在四川国学院期间，刘师培朝夕与廖平讨教，专心于《白虎通义》《五经异义》等书，深究今古文师说。《白虎通义源流考》一文重新刊布于《四川国学杂志》第7期，之后又载于川人康宝恕创办的《雅言》杂志第1卷第4期，足见刘师培对此文的重视。《白虎通义》在历代史书中还有《白虎通》《白虎通德论》以及《白虎议奏》诸多名称，其中《白虎议奏》早佚，唐代李贤和清人朱彝尊均把《白虎议奏》与《白虎通义》混为一谈。清人庄述祖《白虎通义考》首先指出它们是不同的二书，刘师培进一步认为《通义》是在《议奏》的基础上"撰集"而成，"体宜于旧，谓之撰，会合众家谓之集"，"嗣则《议奏》泯湮，唯存《通义》，而歧名孽生"。

---

① 蒙文通：《井研廖师与汉代今古文学》，见《经史抉原》，121页。
② 关于刘师培学术思想的系统研究，可参见李帆：《刘师培与中西学术：以其中西交融之学和学术史研究为核心》，北京：北京师范大学出版社，2003。
③ 刘咸炘：《评〈白虎通义〉》，见《推十书》（增补全本）甲辑，160页，上海：上海科学技术文献出版社，2009。

《白虎通》则为《白虎通义》"文从省约",去"义"而存"通"。至于《后汉书·班固传》所见《白虎通德论》一名,他认为是《白虎通》和《功德论》二书,"德论"之上,脱"功"字。刘师培从版本源流上认定"以礼名为纲,不以经义为区,此则《通义》异于《奏议》者"①。之后,刘师培又于1913年3月完成《白虎通义(定本)》。钱玄同曾称:"《白虎通》全书有十卷,若次羽所藏为全璧,则真获得拱璧矣。缘此书在汉代经学书籍中为硕果仅存之唯一要籍,而左庵于此书,用功又极深,其每节下所记'案此节用今文说'云云,分析极为精当,虽寥寥数语,实是一字千金,于经学上有极大之功绩。"② 这为刘师培以礼制治经古文奠定了良好的基础,在国学院时期集中考察了明堂之制与西汉周官师说。

1913年,刘师培作《周明堂考》,考察周代明堂之制镐洛本来不同,典籍备载,但自郑玄以镐京明堂之事移为洛邑明堂之事,"说与明堂解背",蔡邕又"以镐京明堂之制说洛邑明堂之事,又与《作雒解》文违,由是明堂之说解者益棼"。刘师培详考史事,以史证经,因事证明今古二说各有所本,明堂之制本有今古两说者,盖一为鄗鄩之制,一为雒邑之制,"左氏先师自据镐京为说,奚得以洛制相诘乎?"③ 这也就暗示今古二家解经的歧说可以用上古史事来解释,甚至今古之别在于所依据的上古制度不同,而并非刘歆伪造、大统小统之分。《周官》是学者解经歧义相争的焦点,更是经今古文无法会通调和的症结。刘师培认为王莽、刘歆解释《周官》,

---

① 刘师培:《白虎通义源流考》,载《四川国学杂志》,第7期,1913年。
② 钱玄同:《致郑裕孚》,见《钱玄同文集》(6),210页,北京:中国人民大学出版社,1999。
③ 刘师培:《周明堂考》,载《四川国学杂志》,第10期,1913年。

"旁推《王制》,互相证明",而贾逵、马融、郑玄注解《周官》,疏漏颇多。郑玄秉承马融的余绪,"参综今学,附比移并,同事相违,疑炫难一,今古之樊,致斯亦抶。……六代暨唐,惟宗郑说,随文阐义,鲜关旨要。西京逸绪,蕴奥难见,顾鲜寻绎,莫能原察"。1913年,刘师培撰《西汉周官师说考》,依据《汉书·王莽传》,引申王莽、刘歆之说,辨正郑玄得失。如《王莽传》记居摄三年王莽列爵分土之事,《王制》《周官》说法的差别是时代不同、区域广狭所致,"疆理既殊,礼文宜泮,各抒所知,著造传记","方舆广狭,经说骈歧,举大举小,孟荀疏原,荀主《周官》,与圣同契,孟符《王制》,宜肇后师"。原本由两周疆域之殊而导致的经说分歧,历经两汉"同事相违,疑炫难一,今古之樊,至斯亦抶"①。《西汉周官师说考》以疆域礼文之殊,比次班书,甄录贾、马诸说,兼采《春秋》传记、《大戴礼记》《周书》之属,以证《周官》师说同制,"橐杙古学,立异今文"②。

三、"古文流派至此确然卓立"

刘师培在四川国学院时期正视了廖平以礼制辨别今古的说法,在评价《今古学考》时称:"廖季平以前治汉学者,率昧师法。廖书断古文学为伪,诚非定论(今亦不主此说)。武断穿凿,阙迹尤

---

① 刘师培:《西汉周官师说考序》,见《刘申叔遗书》,166—167页。关于辛亥革命后刘师培的经学研究,可参见陈奇:《刘师培的后期经学》,载《贵州师范大学学报(社科版)》,1999(1)。
② 孙海波:《西汉周官师说考·提要》,见中国科学院图书馆整理:《续修四库全书总目提要》第37册,439页。

多。然区析家法,灼然复汉学之真,则魏晋以来所未有也。"① 在四川国学院与廖平朝夕讨教的经历,使刘师培治学道路逐渐转向以礼制讲经古文,在考证经籍、疏通史迹的基础上为经古文学立家法条例。1930年代,邵瑞彭对此就有见道之论:

> 辛亥入蜀居成都:蜀人为立讲堂,奉廖先为本师,而君贰之,盍戬余段辄相诹讨。时廖先已摒弃今古部分之说,君反倦倦于家法,尤好《白虎通义》。每就汉师古文经说寻绎条贯,溯流穷原以西京为归宿,其所造述体势义例迥异曩日。三百年来古文流派至此确然卓立,呜呼!岂不盛哉?②

乾嘉以还,清儒治经,起初认为训诂明而后义理明,并无不妥。戴震治学无所不通,最精熟者三:小学、测算、制度。至于《原善》《孟子字义疏证》,由古训而明义理,可谓其明道之书。但正如钱穆所论:"极其所至,训诂小学日明,经学大义日晦,精熟《说文》《尔雅》,岂遂通得《语》《孟》义理乎?"③ 这确实是清儒治学的困境,代有学者力图突破,晚清经今文学自然是清代汉学应时而变的产物,但经古文学自然不能依旧走老路,刘师培以礼制、疆域来解释经今古文正是在为清代汉学建构"理论",这也是刘师培晚年学术研究殚精竭虑之处。国学院院长吴之英亦执意挽留刘师培与廖平相抗:

---

① 万仕国编著:《刘师培年谱》,217页。
② 邵瑞彭:《礼经旧说题记》,见《刘申叔遗书》,第99页。
③ 未学斋主(钱穆):《略论治史方法(中)》,《中央日报·文史副刊》,第1期,1936—11—08。

盖王骀鼓舌论道之日，正支离攘臂分米之年。不意张生肆挥今文，竟与通校《五经》之刘骃骎，同此玄解，美夫造物者之于我拘拘也。

唯幼舆断谋东归，意将长寄丘壑，方谈天人之际，胡叟宁何远适邪？正赖惠施，深契庄子。傥违支老，更愁谢公。足下肯曲此达情，浼之暂驻否？望深望切。①

1913年6月，刘师培与南下寻夫的何震沿江北上山西，二人均任友人南桂馨的家庭教师。后由南氏介绍，刘师培任阎锡山的高等顾问；又由阎锡山推荐给袁世凯，任参政、上大夫。1915年8月，刘师培与杨度、严复等发起成立筹安会，作《君政复古论》《联邦驳议》，为袁世凯称帝鼓吹，刘师培再度被世人诟病。虽说刘师培入川不到两年便北游晋、燕，在川时间虽短，却促使其学术重心有所转移，"入蜀之役"是刘师培学术道路上的重要转折点。章士钊更是认为"申叔固有家学，然太炎先生实在把他捧得太高"，"以彼1903年至上海参加革命，至1908年而叛变，为端方侦探，至1911年而辛亥革命起，其间安得暇晷读书？在成都、太原三年，是为其读书时间"②。刘师培向来以治"春秋左氏之学"为学术界所称道，而他本人晚年并不完全认同此点，反倒认为自己最得意的学问，全在"三礼"上。1914年致廖平书信，称：

---

① 吴之英：《答刘师培书》，见吴洪武等校注：《吴之英诗文集》，268页。
② 顾颉刚：《〈刘申叔遗书〉卷帙之富》，见印永清辑，魏得良校：《顾颉刚书话》，169页，杭州：浙江人民出版社，1998。

> 某不敏，进思黄发之询，而退怀索居之耻，常恐陨殁，犬马齿穷，既竭吾才，仰钻官礼，深惟大义，欲罢不能。每用悼心，坐以待旦。①

"仰钻官礼，深惟大义"正是其晚年学术研究的重心所在。1936年冬，弟子陈中凡作《刘师培〈周礼古注集疏〉跋》一文，讲到1919年秋刘师培临死前曾在北平家中谈起自己的生平学问，感慨良深地说：

> 余平生述造，无虑数百卷；清末旅沪为《国粹学报》撰稿，率意为文，说多未莹；民元以还，西入成都，北届北平，所至任教国学、纂辑讲稿外，精力所萃，实在三礼；既广征两汉经师之说，成《礼经旧说考略》四卷，又援据《五经异谊》所引古《周礼》说、古《左氏春秋》说及先郑、杜子春诸家之注，为《周礼古注集疏》四十卷，堪称信心之作，尝移写净本，交季刚制序待梓。②

《礼经旧说考略》就《仪礼》十七篇章句，广泛征引两汉经师之说，加以辨析，提出自己的见解，或申说经义，或驳斥他说，或补经义不足。少量内容为勘正误字、脱文、衍文，范围不限于经本自身，延伸到后世注本、疏本及其他典籍。不拘今、古，不守一家。所引典籍，既有古文《左传》《尚书》《毛诗》，也有今文三家

---

① 刘师培：《左盦外集·与廖平书》，见《刘申叔先生遗书》，1731页。
② 陈钟凡：《周礼古注集疏跋》，见《刘申叔先生遗书》，274页。

《诗》《公羊传》《穀梁传》;所引传注,既有古文家郑兴、郑玄、马融、许慎的说解,亦有今文的《公羊解诂》《春秋繁露》《白虎通义》。对于郑玄、马融之说多有笺正,于《春秋繁露》《白虎通义》多有采录,特别是《白虎通义》,大部条目均申其说,致有论者有"以两京为归宿"之语①。《周礼古注集疏》全书据其自述为40卷,《刘申叔先生遗书》仅收录13卷。该书逐句疏解《周礼》中《天官》《地官》《春官》三篇,广泛征引郑众、贾逵、马融、郑玄、杜子春的注说,综合比较辨析,断以己见。《周礼古注集疏》立意在申论古文家说,但并未排斥廖平视为今文学的《穀梁传》《礼记》说②。刘师培将《周礼古注集疏》视为"信心之作",谓"世有论予书者,斯其嚆矢矣"③。

1937年,钱玄同编纂《刘申叔遗书》之后,将刘师培学术生涯分为前后观念不同的两个时期:"癸卯至戊申(1903—1908)凡六年为前期,己酉至己未(1909—1919)凡十一年为后期","前期以实事求是为鹄,近于戴学,后期以笃信古义为鹄,近于惠学。"刘师培前期解经以实事求是为宗,趋于革新,阐发经中粹言,"故虽偏重古文,偏重《左氏》,偏重汉儒经说,实亦不专以此自限也",后期趋于循旧,"笃信汉儒经说甚坚"。刘师培认为惠栋之学"确宗汉诂,所学以掇拾为主,扶植微学,笃信而不疑",钱玄同认为以此评价刘师培《礼经旧说》《西汉周官师说考》《周礼古注集疏》《春秋古经笺》《春秋左氏传时月日古例考》《春秋左氏传例略》等

---

① 参见缪敦闵:《刘师培〈礼经旧说〉研究》,硕士论文,台湾暨南国际大学,2000。
② 陈奇:《刘师培的后期经学》,23页。
③ 陈钟凡:《周礼古注集疏跋》,见《刘申叔遗书》,274页。

后期经学著作"最为恰当"①。钱玄同从求是与信古、革新与循旧的角度，将1909年作为刘师培学术生涯的转折点。从钱玄同所列举的后期经学代表作而言，入蜀讲学"为刘氏学问转变关键，其在川所出，《国学杂志》而外，其它关于《左传》之作不少，俱可以见其为学之概"，刘师培晚年殚心三礼，《礼经旧说考略》《周礼古注集疏》二书尤为精粹，自许"二书之成，古学庶有根柢，不可以动摇也"②。蒙文通认为当世真正能知晓廖平学问者，"与其谓康南海，不如谓刘申叔"。侯堮也指出廖平虽主张今文，但也谈《周礼》，主张《春秋》三传折中，刘师培以"《左传》世其家，或于先生有最深之了解"③。刘师培所称"古学庶有根柢"之根柢，实即廖氏以礼制分辨今古之说，其用意也许在于拯汉学"支离破碎、不识大体"之弊，以建构"古学"新体系来回应今文学，希冀整合经今古文学，开汉学之新路。

---

① 钱玄同：《刘申叔先生遗书序》，见《钱玄同国学文稿》，230～237页，北京：中国画报出版社，2010。该文手稿见北京鲁迅博物馆、湖州市博物馆编：《疑古玄同——钱玄同文物图录》，159～164页，郑州：大象出版社，2016。
② 明：《刘师培遗著之发刊》，见《大公报·图书副刊》，第13期，1934—02—10。
③ 侯堮：《廖季平先生评传》，载《中国新书月报》，第8期，1932。

第三章
政学纠葛：近代今文学系谱的演化与生成

戊戌维新以后，今文学复兴及其引发一系列学术文化思潮，牵涉晚清民国政治、社会、思想、学术等诸多层面。经今古文问题为清学汉宋之争的子题，后演化为清末民初政教、学术转型的枢纽。学界相关研究侧重以康有为公羊改制为中心，发掘其经世内涵，近代今文学谱系自然以公羊学为中心，海内外学者大多认同从常州学人至康有为公羊改制为主轴的近代今文学谱系：庄存与开先河，刘逢禄继承，经由魏源、龚自珍发扬光大，康有为戊戌维新达到高潮，孔广森、凌曙、陈立等学者各有贡献，但并非清代今文学的主流①。蔡长林就认为庄存与从未强调今文经说的特殊性，更未提炼"今文经学"此一概念②。蔡长林注意到以公羊学为中心难以包容近代今文学的整体脉络，遂以考证与义理分别近代今文学与公羊学两种脉络，强调二者主旨与功能的差异性。不过，此种划分割裂义理

---

① 陈其泰以进化论为视角勾勒出清代公羊学"有序的合乎逻辑的展开"系谱，见氏著《清代公羊学》，北京：东方出版社，1997。
② 蔡长林：《常州学派略论》，见彭林主编：《清代学术讲论》，57页，桂林：广西师范大学出版社，2005。

与方法,忽视学者自身的学术脉络与本意①。王鸳嘉指出晚清时期,从庄存与到刘逢禄的今文公羊学的学术传承已为大多数学者所接受,但"刘逢禄的自我认定乃至于庄、刘学术取向的差异被选择性忽略",提出"身处于时代风潮之中的当事人的感受也许能提供更为直观甚至真实的叙述"②。

就学术流派而言,有自称、他指与后认三类。晚近学界往往"后认"学术流派,在综述学术流变或撰写学术史著作时,从后来的观念逆推,追根溯源,建立代际清晰的系谱。学术谱系往往不是固定的历史实体,而是反映后学与其先辈建立联系的要求③。然而,后学编订的学术系谱不仅与先辈学人的自我定位不尽相符,更会误导今人以后起的学派观念出发去梳理近代学术流变,看似系统的论述,却无意间忽视历史的复杂性与学术的多样性。近年来关于廖平、康有为学术纠葛的争论与此不无关系。如若在晚清以来政治与学术的互动中,历时性考察近代学人关于今文学派分的叙述,当能在近代学术发展变化的来龙去脉中考察学人本意,把握近代今文学系谱的演化与生成,展现政学纠葛与学术流变的外源因素与内在理路。

---

① 蔡长林:《清代今文学派发展的两条路向》,75~76页。
② 王鸳嘉:《学术史中的话语演变与谱系构建——清代公羊学史与庄存与》,139~150页。
③ 艾尔曼著,赵刚译:《经学、政治与宗族——中华帝国晚期常州今文学派研究》,2~3页。桑兵:《近代中国的新史学及其流变》,载《史学月刊》,2007(11)。

一、"复原孔教"与"康学大兴"

汤用彤曾总结世界文明演进中的回归原典现象:"大凡世界圣教演进,如至于繁琐失真,则常生复古之要求。耶稣新教,倡言反求圣经(return to the Bible)。佛教经量部称以庆喜(阿难)为师。均斥后世经师失教祖之原旨,而重寻求其最初之根据也。夫不囿于成说,自由之解释乃可以兴。思想自由,则离拘守经师而进入启明时代矣。"① 回溯经典贯穿了中国历代学术发展,儒学正是通过"复古"运动,在具体历史语境中重组与重建,不断更生。清代学术发展的内在理路本有研究对象越来越古的趋势存在,"以复古为解放"成为清季民初学术界的某种共识。魏源曾说:"今日复古之要,由诂训、声音以进于东京典章制度,此齐一变至鲁也;由典章制度以进于西汉微言大义,贯经术、故事、文章于一,此鲁一变至道也。"② 李慈铭认为自道光以来,经学著述汗牛充栋,诸儒考订繁密,无以复加。魏源等心思才智之士,"苦其繁富,又自知必不能过之,乃创为西汉之说",进而指出微言大义隐没于东汉以后,遂"攻击康成,土苴冲远,力诋乾隆诸大儒,以为章句饾订名物繁碎,敝精神于无用,甚至谓内外祸乱,酿成于汉学"③。李慈铭对魏源创发西汉之说不无讥讽,然而,讲求西汉微言大义已然成为道咸新学谋求经世的重要渠道。廖平认为清代经学超越汉唐,"为一代绝

---

① 汤用彤:《魏晋玄学论稿》,71页,上海:上海人民出版社,2015。
② 魏源:《两汉经师今古文家法考叙》,见《魏源集》,152页,北京:中华书局,1976。
③ 李慈铭:《越缦堂读书记》,1046页,沈阳:辽宁教育出版社,2001。

业",由东汉上溯西汉,由西汉以追先秦,更由先秦以追邹鲁,"群力所趋,数十年风气一遍。每况愈上,灿然明备,与荀邹争富美,一扫支离破碎之积习"①。廖平判分今古,以成蜀学意在重塑经学系统以期经世,而非建立今文学派,"言新则无义不新,言旧则无义非旧"②。

康有为一生秉持"治"与"教"双行的路线,"前乎我者数千年之治教,吾辨考而求之,存其是非得失焉;后乎我者数千年之治教,吾揣测而量之,听其是非得失焉"③。1880 年代,康有为先后编写《教学通义》《康子内外篇》《实理公法全书》,意图在人类普遍法则与中国特殊国情之间寻求共通性。1888 年,康有为第一次上书未果,"既绌于国,乃讲之于乡"。面对西力东侵,西教借势而行的局面,康有为担忧"必将毁吾学宫而为拜堂",其后果甚于秦始皇坑儒之举。在此国势之下,孔子之教"非宣扬则亦不能",今日最重要的便是"敷教之义","宣扬布护,可使混一地球"④。敷教的第一要义便是复原孔教,弘扬仁义之旨,以宋学义理之体,西学政艺之用,结合中外历史,探寻救中国之法。康有为自述"读刘、陈、魏、邵诸儒书",推阐诸家旨义,编纂《新学伪经考》,"发古文经之伪,明今学之正"。康有为在序言中称:"始作伪乱圣制者自刘歆,布行伪经篡孔统者成于郑玄。……凡后世所指目为'汉学'

---

① 廖平:《知圣篇》,见李耀仙主编:《廖平选集》(上),203 页。
② 廖平:《集外文·与康有为书》,见舒大刚、杨世文主编:《廖平全集》(11),832~833 页。
③ 康有为:《康有为内外篇》,见姜义华、张荣华编校:《康有为全集》(1),第 103 页,北京:中国人民大学出版社,2007。
④ 康有为:《答朱蓉生》,见姜义华、张荣华编校:《康有为全集》(1),第 325 页。

者,皆贾、马、许、郑之学,乃'新学',非'汉学'也;即宋人所尊述之经,乃多伪经,非孔子之经也。"①《新学伪经考》引发朝野上下广泛的批评,陈廷瑛以随文批注的形式,驳斥新学伪经说,自称"与康某素未识面,绝无嫌怨","实因其说悖谬,不禁发指,顺笔批抹,朱墨并下,非故意与争也"。康有为之学说兼有杨墨无君无父之弊,而且"目无儒先,是又无师,以此波荡后生"②。

  朱一新或许是《新学伪经考》第一位读者与品评者,条分缕析康有为的学理逻辑:以刘歆遍伪群经为依据,建立同条共贯的今文、古文派分,进而以公羊学统辖群经,将《公羊》的素王改制义推阐为群经的微言大义,"以董生正宋儒"③。朱一新对康有为"以己意治经"的取法一再加以规劝,认为公羊家多非常可怪之论,"要非心知其意,鲜不以为悖理伤教。故为此学者,稍不谨慎,流弊滋多"。近儒陈立研究《公羊》,深明家法,"亦不过为穿凿"。刘申受、宋于庭、龚定庵、戴子高等更是"蔓衍支离,不可穷诘。凡群经略与公羊相类者,无不旁通而曲畅之。即绝不相类者,亦无不锻炼而傅合之"。以公羊学统摄群经可谓"舍康庄大道而盘旋于蚁封之上,凭臆造妄,以诬圣人,二千年来经学之厄,盖未有甚于此

---

① 康有为:《新学伪经考》,见姜义华、张荣华编校:《康有为全集》(1),355~356页。
② 陈廷瑛:《驳斥康祖诒逆书》,哥伦比亚图书馆藏稿本,感谢韦胤宗博士惠赠该史料。
③ 於梅舫:《以董生正宋儒:朱一新品析〈新学伪经考〉旨趣》,载《广东社会科学》,2014(1)。

者也"①。朱一新与康有为往复论辩,颇为明悉康有为著述的运思历程与学术系统。不过,康有为深感朱一新对其复原孔教与敷教抱负缺乏同情,一再申辩道咸以来公羊学大盛,发明伪学乃时运使然。乾嘉训诂之学"使学者碎义逃难穷老尽气于小学,童年执艺,白首无成"。时下必先釜底抽薪,扫除刘歆伪学,"使知孔子大义之学,而后学乃有用"。敷教的次第首先是"先辟伪经,以著孔子之真面目";其次是阐发"孔子之改制,以见生民未有";再辅以礼学、字学,以成孔学之一统;随后整理七十子后学与西汉以前五经注疏,以见孔学大宗。在此基础上,发扬孔子微言大义,内可改革时政,外则宣扬孔教于域外②。孔子大义存于今学,中西古今之学皆"本之孔子之大义以为断"③。康有为并未以公羊家自限,"复原孔教"阐发孔学之真,旨在会通中西之学,明实理而后定公法。

1895年,甲午战败是近代思想中西转化的关键节点,趋新趋西的风气渐成压倒性优势,向西转的改革成为知识阶层的共识④。谭嗣同自称:"三十以后,新学洒然一变,前后判若两人。三十之年,适在甲午,地球全势忽变,嗣同学术更大变,境能生心,心实造

---

① 朱一新:《无邪堂答问卷一》,见《朱一新全集》整理小组整理:《朱一新全集》(上),31页,上海:上海人民出版社,2017。张尔田则批评朱一新论学多汉宋骑墙之见,"其箴砭常州庄刘公羊之学,所谓强不知以为知者"。张尔田:《遯守斋日记》,载《史学年报》,第2卷,第5期,1935。
② 康有为:《答朱蓉生书》,见姜义华、张荣华编校:《康有为全集》(1),325页。
③ 康有为:《致朱蓉生书》,见姜义华、张荣华编校:《康有为全集》(1),317页。
④ 罗志田:《新的崇拜:西潮冲击下近代中国思想权势的转移》,见《权势转移——近代中国的思想、社会与学术》,18~81页,武汉:湖北人民出版社,1999。葛兆光:《中国思想史》(下),530~550页,上海:复旦大学出版社,2009。

境。天谋鬼谋,偶而不奇。故旧学之刻,亦三界中一大收束也。"①虽然康有为与公车上书的相关史事,学界存在不小的分歧,但不可否认的是无论康有为发起的公车上书是否成功,此事过后,康有为被视作开启改革风气的要角,时人称"风气之开,不可谓非彼力"②,"公车第一书,更生以此得赫赫之名"③。谭嗣同自述"见康而议论一变",阅读《新学伪经考》之后,大为叹服,"以为扫除乾嘉以来愚谬之士习,厥功伟;而发明二千年幽蔀之经学,其德宏",然而对于康有为所谓"微言大义,悉未有闻也"④。

  康有为提倡自强与保国,复原孔教既能推陈出新,又可接引西学,改革时政,成为保国与保种有效途径。宋恕认为中国自汉初以来,儒教早已名存实亡,儒学沦为"阳儒阴法之学","阳尊孔孟,阴祖鞅斯,务在锢民聪明,拂民天性,驱民入于狂榛之域、奴仆之区,严防其界,使民救死不暇,以是迎合世主"⑤。叔孙通、董仲舒、韩愈、程颐四人是"以法乱儒"的"四大魔"。如今拯救神州,"不必改教也,复教而已",欧洲与日本日臻于文明,可谓"复教之明效"⑥。今日复原孔教应当"排洛闽之伪教,以复洙泗之真教"。夏曾佑致函宋恕,辨析各家复原孔教的异同:"鄙人归狱兰陵,长

---

① 谭嗣同:《与唐绂丞书》,见《谭嗣同集》整理组整理:《谭嗣同集》,203 页,杭州:浙江古籍出版社,2018。
② 张元济:《致汪康年》,见上海图书馆编:《汪康年师友书札》(2),1574 页,上海:上海书店出版社,2017。
③ 宋恕:《致饮冰子书》,见胡珠生编:《宋恕集》(上),602 页,北京:中华书局,1993。
④ 谭嗣同:《壮飞楼治事十篇:治事篇第十·湘粤》,见《谭嗣同集》整理组整理:《谭嗣同集》,524 页。
⑤ 宋恕:《致冈鹿门书》,见胡珠生编:《宋恕集》(上),556 页。
⑥ 宋恕:《致夏曾佑书》,见胡珠生编:《宋恕集》(上),528 页。

素归狱新师,公则归狱叔、董、韩、程,似乎所见不同,各行其是,然实则无不同。"先秦为中国政教的一大关键,"先秦以前,所传五帝三王之道与事,但有教门之书,绝无国家之史"。战国时期,列国相争,经世之教分为孔、墨二途。孔子之教以三科九旨为宗,儒教素王之道淆于荀子,荀子之学淆于刘歆,刘歆之学淆于伪学,"剥极于有明,其变已穷,于是而有顾、阎、戴、惠诸君讲东京之学,而于是又有庄、刘、龚、戴诸君讲西京之学,昔之往而益远者,今且返而益近,而大道之行、三代之英,将在此百年间矣"。复原孔教视为清代学术复古明道的流变,以此经世"则道之何以通?何以穷?何以周而复始?一以贯之,而无所疑于心目之间矣。盖经世之教通于出世之教矣"①。宋恕、夏曾佑对康有为复原孔教的途径虽有保留,但复原孔教,发明经学,阐发变法大义成为调和中西新旧的重要选项②。

梁启超总结康有为孔教复原存在"排斥宋学""排斥歆学""排斥荀学"的递进关系:宋学仅言孔子修己之学,"不明孔子救世之学;刘歆作伪,"诬孔子误后世";荀学仅传孔子小康之统,"不传孔子大同之统"③。1897 年,康有为著《礼运注》,批评孔子学说"始误于荀学之拘陋,中乱于刘歆之伪谬,末割于朱子之偏安,于是素王之大道,暗而不明,郁而不发,令二千年之中国,安于小康,不得蒙大同之泽"④,时下应以素王改制之旨,发挥大同之道。梁启超将"《新学伪经考》《大义述》《微言考》《孔子改制考》"誉

---

① 夏曾佑:《答宋燕生书》,见胡珠生编:《宋恕集》(上),530~531 页。
② 欧榘甲:《论中国变法必自发明经学始》,载《知新报》,第 38 期,1897。
③ 梁启超:《南海康先生传》,见夏晓虹编:《追忆康有为》(增订本),10 页。
④ 康有为:《礼运注·叙》,见姜义华、张荣华编校:《康有为全集》(5),553 页。

为康有为"演孔四书"①。康有为撰写《孟子公羊同义证传》，令梁启超校刻时，梁启超视此为考据家旧习，督促康有为揭示孔子改制的微言大义，期望其早日完成《孔子改制考》《大义记》《微言记》等"言教精焉之书"。在康门弟子的推动下，康有为于1897年冬刊刻《春秋董氏学》与《孔子改制考》，完成戊戌时期"康学"的核心拼图。《春秋董氏学》指出董仲舒以《春秋繁露》发挥公羊学的非常异可怪之论，传承孔子制法，经由董仲舒、何休的口说方可发明孔子改制之法。《孔子改制考》恢复孔子以托古改制的教主身份，发明"公羊"学、"三世"说等微言大义，"改制为第一要义，三世为解经宏纲"②。

1895年以后，新式学堂、学会与报刊的出现，改革思潮在转型时代迅速传播。康有为应时撰述，由复原孔教推演孔子改制之义，建构特色鲜明的"康学"系统。正如康有为注重口说、微言解释孔子改制说在孔门后学中流传，康有为与其弟子梁启超等人正是通过讲学口传改制微言，以学会和办报"广联人才，创开风气"。康门一度成为士林的中心，康有为的"教主"的形象跃然而出，"南海先生传孔门不传之正学，阐五洲大同之公理，三代以还一人，孔子之外无偶"③。尊今文、讲《公羊》成为康门鲜明的特色。宋恕曾称："（康有为）其学专主今文，攻古文，说《公羊》，排《周礼》，从其学者，人人宗旨如是，虽小有异同，而其旨不背，故一聆议

---

① 梁启超：《新学伪经考·叙》，载《知新报》，第32期，1897年。
② 贾小叶：《戊戌时期学术政治纷争研究：以"康党"为视角》，北京：社会科学文献出版社，2017。茅海建：《中学或西学？——戊戌时期康有为、梁启超学术思想与政治思想的底色》，载《广东社会科学》，2019（4）。
③ 谭嗣同：《致欧阳中鹄》，见《谭嗣同集》整理组整理：《谭嗣同集》，560页。

论，不问而知为康门弟子也。"①章太炎致信谭献时，自道与梁启超等论及学派，"辄如冰炭"，"康党诸大贤，以长素为教皇，又目为南海圣人，谓不足十年，当有符命"②。梁启超在时务学堂宣扬康学，以《春秋公羊传》为核心，讲授"孔子改制""新学伪经"，贯穿康氏公理学③。叶德辉指出自梁启超主讲时务学堂，"以《公羊》《孟子》教授湘中弟子，数月之间，三尺童子皆知言改制，言民权，言秦始皇不焚书，言王安石能变法。千百年之事（是），一旦得而非之；千百年之非，一旦反而是之"④。叶尔恺批评康、梁阅历见识有限，学术乖僻，世人以康学即西学，新学反为人诟病，刘古愚"其人尚气节，颇有伉直之概"，但其学术"惟服膺康学甚至"，恰可见刘氏无识之处⑤。无论是服膺，抑或批驳，"康学"成为朝野上下概括康门师徒学术的特定概念。康学蔚然成风，提倡维新变法，势必落入康学窠臼，"除非不引经书，专讲史事，复汉、唐之旧制，改宋、明之陋风"⑥。

戊戌维新时期，康门以"康学"为旗帜，"新学伪经"与素王改制说确引发朝野上下的诸多争议，不过朝野各界舆论都围绕着"康学""康教""康党"，尚未有派系分明的经今古文学派分野。

---

① 宋恕：《与刘绍宽谈话》，见胡珠生编：《东瓯三先生集补编》，124页。
② 谭献：《复堂日记》，415页，石家庄：河北教育出版社，2001。
③ 茅海建：《京师大学堂的初建：论康有为派与孙家鼐派之争》，《北大史学》(13)，234～302页，北京：北京大学出版社，2005。
④ 叶德辉：《明辨录序》，转引自邝兆江：《湖南新旧党争浅论并简介〈明辨录〉》附《〈明辨录〉序编目及书信按语〈西医论〉》，载《历史档案》，1997（2）。
⑤ 叶尔恺：《与汪康年书》，见上海图书馆编：《汪康年师友书札》(3)，2267页。
⑥ 皮锡瑞：《师伏堂日记》，戊戌年七月十八日，见吴仰湘编：《皮锡瑞全集》(10)，949页，北京：中华书局，2015。

1895年底，强学会解散，康有为归因"今古学意见不同"，关键在于"孔子改制"学说①。叶德辉指出康有为以《周礼》为刘歆伪撰，作为"新学""伪经"的佐证，其目的仅在于"黜君权、伸民力，以快其恣睢之志，以发摅其偞侘不遇之悲"②。张之洞非常警惕素王改制说的流弊，批评公羊家新说创始于廖平，大盛于康有为，"其说过奇，甚骇人听"，"廖、康之说，乃竟谓六经皆孔子所自造，唐虞夏商周一切制度事实，皆孔子所定治世之法，托名于二帝三王，此所谓素王改制也。是圣人僭妄而又作伪，似不近理"③。张之洞指责康有为主张素王改制，"自谓尊孔，适足诬圣。平等、平权，一万年做不到，一味呓语"④。面对"康学"盛行的局面，张之洞感叹："康学大兴，可谓狂悍。如何，如何！"梁鼎芬认为："贼猖悍，则讨之，不当云如何也。"⑤ 此时，张之洞既以"风疾马良"规劝弟子廖平改易学说，又组织幕僚与门生著述批判"康学"。陈衍作《驳新学伪经考》、陈庆年拟编纂《卫经答问》《卫教答问》，皆将矛头指向新学伪经与孔子改制学说。张之洞撰写《劝学篇》，以中体西用说维持名教，暗攻康学，"绝康、梁并以谢天下耳"⑥。陈寅恪曾追述戊戌维新的两条思想线索："南海康先生治今文公羊之学，

---

① 康有为：《致何树龄徐勤书》，见姜义华、张荣华编校：《康有为全集》(2)，100页。
② 叶德辉：《叶吏部〈輶轩今语〉评》，见苏舆编：《翼教丛编》，77页，上海：上海书店出版社，2002。
③ 张之洞：《致长沙江学台》，见赵德馨主编，吴剑杰、周秀鸾等点校：《张之洞全集》(9)，244页，武汉：武汉出版社，2008。
④ 陈庆年：《横山乡人日记》(选摘)，载《近代史资料》，1989 (76)。
⑤ 陈庆年：《戊戌己亥见闻录》，《近代史资料》，1992 (81)。
⑥ 辜鸿铭：《张文襄幕府纪闻·清流党》，见黄兴涛等译：《辜鸿铭文集》(上)，418~419页，海口：海南出版社，1996。

附会孔子改制以言变法,其与历验世务欲借镜西国以变神州之法者,本自不同。"① 陈宝箴对朱一新驳斥康有为公羊春秋之说,深以为然,鉴于素王改制说可能带来的政治隐患,陈宝箴认为《孔子改制考》"据一端之异说,征引西汉以前诸子百家,旁搜曲证,济之以才辩,以自成其一家之言,其失尚不过穿凿附会",此说在时下或将流为偏宕之辞,伤理而害道。康门弟子嚣然自命,号为"康学",而"民权、平等之说炽矣。甚或逞其横议,几若不知有君臣父子之大防"②。孙家鼐上折严厉指责康有为学术思想的后果,是使"人人存改制之心,人人谓素王可作",设置学堂本以教育人才,若以康学为教学指导,势必"转以蛊惑民志,是导天下于乱也"③。

相形之下,维新同道对康有为"素王改制"学说多有同情。章太炎、宋恕、孙宝瑄三人学术宗主不同,章太炎"从许、郑入",宋恕"从三王入仲任、文中、阳明",孙宝瑄"从洛、闽入"④,三人对"康学"均持有保留态度,但对于康有为的事功均予以赞赏。章太炎指出"经说之是非,与其行事,固不必同"⑤。宋恕认为康有为"非立言之人,乃立功之人",自中日战后,能转移天下人心风俗者,非康有为莫属,"长素考古虽疏,然有大功于世,未可厚非

---

① 陈寅恪:《读吴其昌〈梁启超传〉书后》,见《寒柳堂集》,167 页,北京:生活·读书·新知三联书店,2001。
② 陈宝箴:《请厘正学术造就人材折》,见汪叔子、张求会编:《陈宝箴集》(上),780 页,北京:中华书局,2003。
③ 《协办大学士孙家鼐奏为译书局编纂各书宜进呈御览折》,见北京大学、中国第一历史档案馆编:《京师大学堂档案选编》,46 页,北京:北京大学出版社,2001。
④ 宋恕:《致饮冰子书》,见胡珠生编:《宋恕集》(上),603 页。
⑤ 诸祖耿:《记本师章公自述治学之功夫及志向》,《制言》,第 25 期,1936。

也"①。《孔子改制考》出版后,宋恕开始信服康有为能传承孔圣之学,"能行污身救世之行",对康学的疑义,焕然冰释,"见《开制度局、十二局、民政局》一长折,则益信更生真刻不忘民,确为尼山嫡派"②。孙诒让常斥责康有为"学术之谬",但对于康有为上清帝书,"深钦佩其洞中土之症结。于卓如则甚佩服其《变法通议》之剀切详明,不敢以其主张康学之执拗而薄之。此薄海之公论,非不佞之臆论也"③。维新同道对康有为事功的认可,充分体现今学与古学皆被视作经世的资源,昌言公羊改制学说并未局限于后认的经今古文派分。

各方的褒贬不难窥见"康学"已然成为维新变法的有力指导,由"复原孔教"进而引申变法之说不得不发挥孔子改制说:"中国重君权,尊国制,猝言变革,人必骇怪,故必先言孔子改制,以为大圣人有此微言大义,然后能持其说。"④ 从《春秋》公羊家据乱、升平、太平三世之说,可知古人学术之苦衷,"各因其时,不得已也",这既是公羊学的可贵之处,更是时会使然⑤。康有为提倡孔子改制,意在为时下改革铺平道路,"布衣改制,事大骇人,故不如与之先王,既不惊人,且可避祸"⑥。孔子改制说的可贵之处正在于既可以孔子改制的形象推动维新变法思想,又可以圣人的微言大义引入西方民主制度,"康学"在戊戌前后一度成为时人眼中沟通中

---

① 中华书局编辑部:《孙宝瑄日记》,241页。
② 宋恕:《致饮冰子书》,见胡珠生编:《宋恕集》(上),602页。
③ 孙诒让:《与汪康年书》,见上海图书馆编:《汪康年师友书札》(2),1332页。
④ 皮锡瑞:《师伏堂日记》,戊戌年四月初七日,见吴仰湘编:《皮锡瑞全集》(10),883页。
⑤ 中华书局编辑部:《孙宝瑄日记》,174页。
⑥ 康有为:《孔子改制考》,267页,北京:中华书局,1958。

西的典范。

戊戌维新前后，清季学界争论的重心已渐渐从"汉宋"转向"新旧（中西）"。"十年以来，汉宋既息，新旧代兴"，面对儒术危殆之局，如何"存中学""固中体"？张之洞强调"今欲强中国，存中学，则不能不讲西学"，故高度关注"西学为用"。①康有为自道学术宗旨为"合经子之奥言，采儒佛之微旨，参中西之新理，穷天人之赜变；搜合诸教，披析大地，剖析古今，穷察后来"，融通经子、儒佛，合会中西新旧，通古今之变，察往知来，以成就"不中不西，即中即西"的新学派。"不中不西"意味着新学派不拘泥于中西与新旧的对立立场，西学中学合二为一；"即中即西"表明新学派力图以中学统摄西学，中学通过西学得以拓展，西学经由中学而发挥其用。梁启超应门人要求，编撰《西学书目表》，主张中西会通，"舍西学而言中学者，其中学必为无用，舍中学而言西学者，其西学必为无本，皆不足以治天下"。西方学术应以公理、公法为经，以希腊、罗马古史为纬，以近政、近事为用。在《变法通议》中，梁启超提出变法主张与纲领，撰《西学书目表》确立政治思想的学术根据与基础，提倡孔教，主张改制，"发明南海之说"②。宾凤阳批判康梁以民权、平等"惑世"，梁启超自命擅长西学，贯通中西，"究其所以立说者，非西学，实康学耳"③。

朱一新曾批评康有为"欲嬗宋学而兴西学"，不无"阳尊孔子，

---

① 张之洞：《劝学篇》，见苑书义、孙华峰、李秉新主编：《张之洞全集》第12册，9724页。
② 清华大学国学院、中华书局编辑部合编：《梁任公先生年谱长编稿本》，344页，北京：中华书局，2015。
③ 宾凤阳：《宾凤阳等上王益吾院长书》，见苏舆编：《翼教丛编》，144～145页。

阴祖耶稣"的嫌疑。戊戌政变后，苏舆辑录批康言论，刊行《翼教丛编》。该书一方面批评新学伪经与孔子改制说的悖谬，康学貌孔心夷，有动摇孔学根本的危险。叶德辉认为康有为复兴今文，皆为假托之词，"隐以改复原教之路得自命，欲删定六经，而先作《伪经考》，欲搅乱朝政，而又作《改制考》，其貌则孔也，其心则夷"①。文悌指责康有为谈治术专主西学，"欲将中国数千年相承大经大法一扫刮绝，事事时时以师法日本为长策"②。一方面揭发康学并非西学正宗，不能将"康学"与"西学"混为一谈。王先谦区分西学与西教，认为"朝廷之所采者西学也，非命人从西教"，"康梁谬托西教，以行其邪说，真中国之巨蠹，不意光天化日之中，有此鬼蜮。今若谓趋重西学，则其势必至行康梁之学，似觉远于事情"③。叶德辉批判"康梁之说不中不西，学使之书非今非，庶二千年之正学，不得淆乱于异端"④，"今之公羊学，又非汉之公羊学也。汉之公羊学尊汉，今之公羊学尊夷"⑤。章太炎认为《翼教丛编》"驳康氏经说，未尝不中窾要，而必牵涉政变以为言，则自成其瘢疣而已"⑥。然而，《翼教丛编》的过激反应恰恰说明朝野上下存在将"康学"作为复原孔教、引入西学的标杆。戊戌政变之后，穗石闲人驳斥康有为时，仍一再强调"康学是一事，西学是一事，采西学可行者行之，可以致富致强；行康学则适以致乱世，人不分别，

---

① 叶德辉：《叶吏部与刘先瑞、黄郁文两生书》，见苏舆编：《翼教丛编》，165页。
② 文悌：《文仲恭侍御严劾康有为折》，见苏舆编：《翼教丛编》，30页。
③ 王先谦：《王祭酒与吴生学兢书》，见苏舆编：《翼教丛编》，160页。
④ 叶德辉：《叶吏部〈长兴学记〉驳义》，见苏舆编：《翼教丛编》，97页。
⑤ 叶德辉：《叶吏部与石醉六书》，见苏舆编：《翼教丛编》，163页。
⑥ 章太炎：《翼教丛编书后》，见汤志钧编：《章太炎政论选集》（上册），96页。

以康学混西学，故有千里毫厘之失"①。

甲午战后的改革思潮有着浓厚的群体意识，向往一个未来的中国能把中国解放出来，并不断追寻通向目标的途径，危机意识、瞩望的目标及其途径构成有机的三重结构②。戊戌前后，康有为师徒广联人才而成"康党"，又以"康学"创开风气，"复原孔教"与大兴"康学"成为内化此三重结构的有效方式。政界、学界虽有学派不同的意识，但尚未形成鲜明的今文学派，更没有势同冰炭的经今古文派分。谭嗣同在洋务经世的立场上，将廖平、康有为视为与湘学派合流，"吾湘魏默深本之以谈洋务。今四川廖季平、广东康长素及其门人弥宏斯旨，蔚为大国，皆与湘学派合者也"③。围绕"康学"的争议，集中于"素王改制说"引发的改革方式的分歧，既非《公羊》《左传》的经今古文之争，更不能囿于中体西用视野下的中西新旧之争④。不过，戊戌时期"康学"引发政教与学术层面的整体效应，章太炎等学者对康有为以教主自况言行的批驳，为后续构建以康有为为中心的近代今文学系谱以及近代今古文学的派分埋下伏笔。

---

① 穗石闲人手稿：《读梁节庵太史驳叛犯康有为逆书后》，《申报》，1898—11—01。
② 张灏：《群体意识的三重结构》，见《思想与时代》，379～380页，上海：上海文艺出版社，2002。
③ 谭嗣同：《与唐绂丞书》，见《谭嗣同集》整理组整理：《谭嗣同集》，209页。
④ 於梅舫：《〈新学伪经考〉的论说逻辑与多歧反响》，载《社会科学战线》，2019(5)。

二、"古学复兴"视野中的今文学叙述

清末民初学人的国学观念呈现出一种超越儒学、以史代经的有意倾向,势必走向斩断宗纲、质疑儒学正统的历史叙述与价值系统。庚子国难之后,在经世应变的刺激下,以学派突破道统,以国学对抗君学,成为清末学人救亡图存、维持种性的有效途径,"有学与无学"、"国学与君学"、汉宋与今古等论辩揭开清季重建学术传统的序幕。邓实强调国无学无以立,"国学不明,大义终塞,将有国破种亡之惨,学其乌可一日已乎"①。天下学术分为君学、国学与群学,一国有一国之学,国学为一国兴亡之本,"而一种人心灵之所开也",礼乐为大经,人伦为大本,夷夏为大防,"夫是之谓中国,夫是之谓中国之学"②。焚书导致国学亡佚,国学亡而君学兴,专制政体由此而出。周秦时期,经师传经,儒家传道,"尚能以所学匡正时君之失,裁抑君权,申明大义,无所于畏"。焚书之后,以吏为师,"君学之统以成,国学之统以绝",混国学于君学之内,以事君为爱国,功令利禄之学盛行,"真儒之学,只知有国,伪儒之学,只知有君"。华夏之所以绵延至今,"实赖在周有伯夷,在秦有仲连,在汉有两生,在东汉有郑康成,而在晚明有黄梨洲、顾亭林、王船山、颜习斋、孙夏峰、李二曲诸先生之学为一线之系也"③。

---

① 邓实:《国粹学》,载《政艺通报》,第13号,1904。
② 邓实:《国学保存论》,载《政艺通报》,第3号,1904。
③ 邓实:《国学真论》,载《国粹学报》,第27期,1907。

依照邓实君学与国学的分法，秦汉以降，君主窃国窃学，伪儒卖国卖学，中国腐儒学说以道统为最为悖谬。时人指出道统说源自唐宋诸儒标榜与君主愚民，至今未绝，其流弊有"不合论理""重诬圣贤""缩圣导之范围""遏人民之思想"。中国学术日益衰落的根源是"宗师之一统"，即学术专制。"统一故无竞争，无竞争故无进步"，宋儒确立道统后，"始也排斥周末之子书，继也排斥汉儒之考证，又继也排斥魏晋之词章，是则道统未立之先，仅为孔教统一，道统既立之后，更为宋学之专制"。宋学专制，"凡立说之稍异宋学者，悉斥为事杂言庞，于是更缘饰经传一二语曰'攻乎异端，斯害也已'，曰'道不同不相为谋'"。上古以来，"有学派，无道统。学派贵分，道统贵合；学派尚竞争，道统尚统一；学派主日新，道统主保守；学派则求胜前人，道统则尊尚古人；宗教家有道统，学术家无道统也"。宋儒与理学并非无足取信，不过应当"发明宋儒之学为学派，而不欲尊宋儒之学为道统"①。

君学与国学、道统与学派，前者将中国固有学术传统中断的原因归结于秦汉之际的人君与伪儒，后者进一步明确为宋学专制，秦汉以来的学术专制直接导致君学一统，学派凋零，国学一线相系。以学派重建国学，复兴古学顺理成章成为清末民初学人突破君学与道统的抉择。其一，超越儒学，复兴古学。君学专制，不能包容异说。清代学术，有汉学、宋学、今文学，"其范围仍不外儒学与六经而已，未有能出乎孔子六艺之外而更立一学派也。有之自今日之周秦学派始"②。"学术至大，岂出一途，古学虽微，实吾国粹。孔

---

① 《道统辨》，载《国民日日报汇编》，第3集，1904。
② 邓实：《国学今论》，载《国粹学报》，第5期，1905。

子之学，其为吾旧社会所信仰者，固当发挥而光大之；诸子之学，湮殁既千余年，其有新理实用者，亦当勤求而搜讨之。"① 其二，梳理中国学术流变，突破道统。作为道统的宋学，"论治多疏，不足以应当世之变（如论封建井田之必可行，既于事实不合，又过斥功利之学，邻于消极主义）；制行过隘无以策中智之流"，因此道学尊崇近千年，其效果"仅藉以粉饰治具，张惶幽眇而不足为庇民强国之券"②。

康有为讲学的一大特点是从学术源流辨析学派得失与分合。从1902年起，梁启超撰写《论中国学术思想变迁之大势》，重新书写中国历代学术变迁，以西方文化为参照，总结中国固有学术思想的得失，划定国族精神③。梁启超反对学术一统，主张思想言论自由，以派分的视角描述中国历代学术变迁。1904年，梁启超方才续写"近世学术"，其中关于清代汉学的派别传授，采自章太炎《訄书》，并加以增补，"且自下断案"。周予同也认为"梁氏论述近三百年学术史，实在是从章太炎《清儒》那里来的"④。关于清代学术的派分，章太炎的老师俞樾认为清代经学超越元明，可分为毗陵、新安、高邮三派："毗陵一派，主微言大义，流弊最多，康氏之学亦出于此；新安一派，主名物制度，此其用力最勤，而实无益于当世，即如戴东原考古时车制，岂能制一车以行陆乎？高邮一派，主

---

① 邓实：《古学复兴论》，载《国粹学报》，第9期，1905。
② 希如：《宋学论》，载《文史杂志》，第4期，1913。
③ 潘光哲：《"画定'国族精神'的疆界：关于梁启超〈论中国学术思想变迁之大势〉的思考》，《"中央研究院"近代史研究所集刊》，2006（53）。
④ 周予同：《中国经学史讲义》，见朱维铮编：《周予同经学史论著选集》（增订本），837页，上海：上海人民出版社，1983。

声音训诂,其事至纤细,然正句读、辨文字,宜有前人所未发者。"① 章太炎立足"以小学明经史,以经史致实用"的学术理念,勾勒清代三百年的学术流变与派分。乾嘉时期"吴始惠栋,其学好博而尊闻;皖南始戴震,综形名,任裁断",惠栋与戴震开创清代汉学的两大流派。桐城派与乾嘉汉学争锋,开启文士与经儒交恶的风气。"文士既已熙荡自喜,又耻不习经典,于是有常州今文之学,务为瑰意眇辞,以便文士。"在革命与改良之争的背景下,章太炎一改戊戌时期对公羊经世的认可,对今文学展开激烈批判。在国粹与欧化论争中,章太炎批评今文经学以学术附会政治,提倡经术专主古文,"鄙意提倡国学,在朴说而不在华辞,文学诚优,亦足疏录。然壮言自肆者,宜归洮汰。经术则专主古文,无取齐学"②。

在章太炎眼中,今文学派皆以公羊为宗,庄存与、刘逢禄尚守清代朴学的正轨,宋翔凤"最善傅会,牵引饰说,或采翼奉诸家,而杂以谶纬神秘之辞","其义瑰玮,而文特华妙,与治朴学者异术,故文士尤利之"。魏源"素不知师法略例,又不识字",然"夸诞好言经世",以今文为名高;龚自珍治《公羊》与魏源相称誉,邵懿辰为《尚书通义》《礼经通论》提出《逸书》十六篇、《逸礼》三十九篇为刘歆矫造,三人"皆好为姚易卓荦之辞,欲以前汉经术助其文采,不素习绳墨,故所论支离自陷,乃往往如评语"。研究《公羊》的学人,仅戴望"述《公羊》以赞《论语》,为有师法"。王闿运弟子廖平传王氏之学,"时有新义,以庄周为儒术,说虽不根,

---

① 俞樾:《致瞿鸿禨》,汪少华整理:《俞樾书信集》,402页。
② 章太炎:《与刘师培书》,见马勇编:《章太炎书信集》,77页,石家庄:河北人民出版社,2003。

然犹愈魏源辈绝无伦类者"。章太炎认为清世经儒"自今文而外，大体与汉儒绝异。不以经术明治乱，故短于风议；不以阴阳断人事，故长于求是。短长虽异，要之皆征其文明"①。章太炎以"求是观化"总结清代学术，视之为中国学术思想发展的基本价值与发展方向②。

梁启超将清代学术命名为"古学复兴时代"，第一期顺康年间为程朱陆王问题，第二期雍乾嘉年间为汉宋问题，第三期道咸同年间为今古文问题，第四期光绪年间为孟荀问题、孔老墨问题。叶德辉从学术争论的角度预测说："学既有变，争亦无已，由实入虚易，由虚入实难，有汉学之攘宋，必有西汉之攘东汉。吾恐异日必更有以战国诸子之学攘西汉者矣。"③清代学术"实取前此二千年之学术，倒影而缫演之，如剥春笋，愈剥而愈近里，如啖甘蔗，愈啖而愈有味，不可谓非一奇异之现象也"。在清末西哲实用之学的刺激下，梁启超批评旧学派在学界的位置不过承袭宋明理学，"不坠其绪，未足为新时代放一异彩"，有近代学术的特色，必推顾炎武、黄宗羲、王夫之、颜元、刘继庄，"五先生之学，应用的而非理想的"，五先生皆为时势所造，卓然成一家言。乾嘉以来，惠栋、戴震一派为纯正经学，龚自珍、魏源一派为应用经学，"虽似戏言，实确论也"。同光年间，世变日亟，域外交通大开。在世变与新知

---

① 章太炎：《清儒》，见徐亮工编校：《中国近三百年学术史论》，8~9页。
② 孟琢：《清代学术的历史总结与思想突破：章太炎〈清儒〉的四重解读》，载《北京师范大学学报》（社会科学版），2017（1）。
③ 叶德辉：《与戴宣翘书》，见苏舆编：《翼教丛编》，174页。清季"古学复兴"问题可参见罗志田：《中国文艺复兴之梦：从清季的古学复兴到民国的新潮》，见《裂变中的传承：20世纪前期的中国文化与学术》，53~90页，北京：中华书局，2003。

的双重刺激下,"康、谭一派,所由起也"①。

有学者指出时下有关晚清今文学或今文学运动的知识,"其源头不能不溯及梁启超"②。在古学复兴的视野中,梁启超建构近代今文学的谱系:最近数十年来,西汉今文之学崛起,与惠、戴争席,"骎骎相胜"。首倡者为庄存与,与东原友善,"然其学不相师"。戴震弟子孔广森著《公羊通义》,"然不达今文家法,肤浅无条理,不足道"。刘逢禄专主董仲舒、李育,著《公羊释例》,"实为治今文学者不桃之祖"。道光年间,今文学日盛,龚自珍、魏源为其中翘楚。龚自珍于《春秋》素有心得,"能以恢诡渊眇之理想,证衍古谊",并发明民权与社会主义之义,"能知治本",可谓"近世思想自由之向导"。此前治今文学,限于《春秋》,魏源推及他经,"排斥毛、郑,不遗余力"。晚近新思想发端的因缘"不得不远溯龚、魏",质疑乾嘉学术的中坚,思想界为之一变。经由李兆洛、宋翔凤、邵懿辰等学人,"群经今文说皆出"。王闿运以《公羊》说六经,其弟子廖平集其大成。廖氏学说屡变,早年开拓千古、推倒一时,晚近虽然以六经支言碎语比附西学,进退失据,牵合附会,然其"集数十年来今学之大成者,好学深思之誉,不能没也"。康有为研究《公羊》、治今文,渊源于廖平。不过,廖平重于例,康有为究于义,藏往而知来,"以改制言《春秋》,以三世言《春秋》",改制之义意在"绌君威而申人权,夷贵族而尚平等,去内竞而归统一,革习惯而尊法治"。三世之义旨在"以进化之理,释经世之志,

---

① 梁启超:《论中国学术思想变迁之大势》,《新民丛报》,第58号,1904。
② 张勇:《知识的源流:梁启超与晚清"今文学"运动》,见《梁启超与晚清"今文学"运动:以梁著清学史三种为中心的研究》,1页。

遍读群书，而无所于阂，而导人以向后之希望，现在之义务"。康有为之功在于"解二千年来人心之缚，使之敢于怀疑，而导之以入思想自由之途径"。受此启发，谭嗣同著《仁学》，"举其冥想所得、实验所得、听受所得者，尽发之而无余，而思想界遂起一大革命"。清代学术述而无作，学而不思，可视之为"思想最衰时代"。不过，"剥与复相倚，其更化之机，章章然次第进行"，今文学正是学术思想更化的枢纽①。

　　章太炎从"学"与"文"、"学者"与"文人"分野的视角，以"文士"的标签轻视常州学派之学术；梁启超将今文学誉为"思想先锋"，注重梳理今文学的学术传承，辨析廖平与康有为的宗旨异趣。梁启超与章太炎对今文学的评价可谓判若云泥，清末学人大体在这二人的框架下评价晚清今文学。高旭认为近世经世之学有典章制度与微言大义两条道路。治典章制度之学以三礼为前驱，治微言大义之学以《公羊》为先导，希望"发明先圣之心传，表彰前代之法制"，然"局促于蜗角之中，沾沾自喜"。康有为、梁启超虽不免"私心妄断，附会滋多"，但其能"力张新说，开他人不开之口，发前人未发之谈"②。相形之下，邓实认为明末清初以来，学术由不分汉宋演化为汉学、宋学，再由汉宋之争变为西汉今文学。道咸以降，公羊家以三世改制说与维新变法相互配合，"外托今文以自尊，而实则思假其术以干贵人、觊权位而已"。今文学兴起之后，国势愈发难以挽回，"今文学者，学术之末流，而今文学盛行之世，亦世运之末流也"。邓实详细分析了常州今文学，风动一时的原因：

---

① 梁启超：《论中国学术思想变迁之大势》，载《新民丛报》，第58号，1904。
② 高旭：《学术沿革之概论》，载《醒狮》，第1期，1905。

其一，惠、戴之学，治经必先识字，需要毕生精力的积累方能得其要领，今文微言大义之学，则可"涉猎口耳而得"；其二，清代汉学朴质无文采，今文学则"词义瑰玮，荡逸华妙，为文士所喜"，刘逢禄、宋翔凤、龚自珍、魏源等人无不工于文辞；其三，道咸之际，汉学因破碎无用被时人所批判，今文学效仿西汉诸儒，通经致用，学者凭借今文自诩经世；其四，清代学风，以说经为最高尚，文士不习经典被视为大耻，今文学上溯先秦，探寻微言大义，"视许、郑之学尤高，依附其说，足以自矜"。上述原因促成常州今文"能以后起之学派，骎骎越惠、戴而上之，其势力乃以掩被本朝下半期之学界，以至于今也"①。刘师培赞同章太炎所言，常州士人以文人治今文经，"虑择术之不高也，乃杂治西汉今文学"，杂采谶纬之学以为新奇，意在"与惠、戴竞长"②。刘师培又将清代汉学变迁分为怀疑派、征实派、丛缀派、虚诬派："怀疑学派由思而学，征实学派则好学继以深思，及其末流，学有余而思不足，故丛缀学派易学而不思，若虚诬学派则又思而不学。"所言虚诬学派，特指南方学者承常州学派之余绪，明显针对康有为及其门生，此派学人对学术合于今文者，"莫不穿凿其词，曲说附会"；对学术异于今文者，"莫不巧加诋毁，以诬前儒，甚至颠倒群经以伸己见"；其学术方法"择术则至高而成书则至易，外托致用之名，中蹈揣摩之习，经术支离，以兹为甚"③。

---

① 邓实：《国学今论》，载《国粹学报》，第4期，1905。
② 刘师培：《南北学派不同论·南北考证学不同论》，见徐亮工编校：《中国近三百年学术史论》，204页。
③ 刘师培：《近代汉学变迁论》，见徐亮工编校：《中国近三百年学术史论》，165～167页。

在复兴古学、重建国学系统的过程中,近代经今文学与古文学的派分意识日渐清晰。正如章太炎所言清代汉学初兴之时,尚无古今文之分别。因为今文家首先推崇今文,排斥古文,后有古文家反戈一击,以古文排斥今文。不过廖平、康有为等时人眼中的"今文家"并未有意建构今文学派,恰恰是章太炎、刘师培在批驳今文学时,将常州学派至廖平、康有为一系视为今文学派,乾嘉以降汉学正宗视为古文学派,梁启超进而回应"古文学派"的质疑。在双方的往复辩论中,经今古文之争被视作清末民初学界的主流,以今文学派与古文学派来划分学术阵营。针对梁启超清代考据学乃荀学遗毒之说,张尔田在《新学商兑》中认为饾饤考据不足以代表清代学术的全体,即便是考据学,仍是"于千载宋学封蔀之后独开门径",梁氏"欲蔽罪古人,巧为附会,真驾言污蔑之尤者"①;不过,张尔田接受以今古派分反思晚清学术,"乾嘉诸儒治经学,今古文多不甚区别",道咸以来,今古两派渐有角立之势,廖平辈出而今文弊,章太炎辈出而古文弊,"今文之弊易见,古文之弊难见;易见其患浅,难见其患深。患浅者不过亡国而已,患深者且将灭种。道之兴废,岂不在人哉!"② 宋恕在悼念孙诒让时,认定孙诒让为古文经学大师,精治《周礼》,"今文经学领袖岭表某氏攻许、郑甚力,于《周礼》直斥为刘子骏伪作"③。民国初年,钱玄同在编订北京大学预科国文教材《中国学术论著集要》时,便以章太炎《清儒》与梁启超《论中国学术思想变迁之大势》中《最近世之学术》两篇为清

---

① 张尔田、孙德谦:《新学商兑》,见张京华编:《张尔田著作集》,45页,上海:上海大学出版社,2018年。
② 张尔田:《屠守斋日记》,载《史学年报》,第2卷,第5期,1935。
③ 宋恕:《又寄挽籀庼先生》,见胡珠生:《宋恕集》(上),477页。

代学术盖棺论定①。

至于近代今文学派孰为正宗、孰为支流,各方学人意见不一。辛亥鼎革之际,钱玄同注重今文大义,却反对附会西学,遂将清代今文家分为三派:庄存与、刘逢禄、凌曙、陈立、宋翔凤、戴子高谨守董仲舒、何休家法,"不杂其他夸词";廖平、康有为以西人学说强相比附,"不辨家法,不遵师说",立说无据,"无怪乎治古文者欲屏斥之";夏曾佑以纬解经,经纬并视,可谓今文学首要任务,孔子"微言大义,悉在于是"。时下研究今文,应当综合庄存与、夏曾佑二家之法,"庶几素王制作之精义可得"②。钱玄同认为皮锡瑞的《经学历史》在今古文经学的分别上很有见解:"融会全经,分别今古,的是治经必备之书,以之为治经学先导尤佳,不致误入歧途也。"③皮锡瑞梳理两千年经学发展历程,认为经学自两汉之后千余年,至清朝方才贞下起元,经学昌明,"学愈进而愈古,义愈推而愈高;屡迁而返其初,一变而至于道。学者不特知汉、宋之别,且皆知今、古之分"。嘉道之后讲求今文大义微言,逐渐摆脱清代汉学琐碎之弊,时下今文学犹有待于后人推阐,"有志之士,其更加之意乎!"④

---

① 章太炎、梁启超编辑:《中国学术论著集要》,北平:华北书局,1931。该书署名为章、梁二人,实则为1920年前后北京大学国文预科讲义,由钱玄同、沈尹默、马裕藻等编纂。
② 杨天石主编:《钱玄同日记》(整理本),1910年1月11日,208页。
③ 杨天石主编:《钱玄同日记》(整理本),1910年2月6日,215页。
④ 皮锡瑞:《经学历史》,250~253页,北京:中华书局,2004。

三、中国的文艺复兴：今文学运动

正如陈柱所言："吾国学术莫盛于周末。自秦以后，忽焉就衰。盖周末为创作时期，其所著书，虽称古先王，而实皆各有己意，唯以吾国民族，雅尚经验，故以古言为重，非真复古。""以古学为重"仅是表达"己意"的途径，而非真为复古，"有清一代之学术，言古学则可谓总前代之大成，论思想则可谓开今后之先河"①。不过，民初接续此"先河"者，言古学的旨趣却大不相同，不同的学术化旨趣也决定了各派学人对清代学术不同的认知。1918 年，梁启超曾为子女讲授"学术流别"，其中就有"前清一代学术"②。欧游期间，梁启超在伦敦演讲《中国的文艺复兴》，提到"余今日之根本观念，与十八年前无大异同。惟局部的观察，今视昔似较为精密"。1920 年，主张整理国故的胡适与梁启超谈到晚清今文学运动对思想界影响极大，梁启超作为"实躬与其役者"，应当著述为之纪念。恰逢应蒋百里之邀为《欧洲文艺复兴时代史》作序，梁启超遂撰写《清代学术概论》，将清学比作中国的"文艺复兴"，强调清代学术的考据方法所具有的科学性，通过"古学复兴"体现近代启蒙精神与科学方法的传承。清代学术卓然成一潮流，具有时代运动色彩者，"在前半期为考证学，后半期为今文学"，清代考证学"对

---

① 陈柱：《清儒学术讨论集序》，见《清儒学术讨论集》，1～2 页，上海：商务印书馆，1930。
② 丁文江、赵丰田编：《梁启超年谱长编》，865 页，上海：上海人民出版社，1983。

于宋明理学之一大反动","一言蔽之,曰'以复古为解放'"①。"以复古为解放"成为解释清代学术流变的典范,这一解释模式可过渡到梁启超一直所宣扬的清代思潮"其动机及其内容,皆与欧洲之文艺复兴绝相类"。蒋方震认为清代学术"惟由复古而得解放,由主观之演绎而为客观之归纳,清学之精神与欧洲文艺复兴,实有同调者焉"②。

梁启超认为学问的价值与研究的精神在于善疑、求真和创获,清代考证学的遗传实为科学成立的根本要素。清代晚出的今文派拓展经世致用传统,学问应当改良社会,增进生民之幸福。一时代学术的兴替,不必问研究的种类,仅当问其研究的精神。清学正统派的精神,"轻主观而重客观,贱演绎而尊归纳",虽有矫枉过正之处,但存续治学的正轨。今文学作为晚出之别派,因大胆怀疑而得解放,可谓创作的先驱与清学分裂的导火索。梁启超在书中大大渲染了公羊学与康有为在近代今文学谱系中的地位,"今文学之中心在《公羊》,而《公羊》家言,则真所谓'其中多非常异义可怪之论'"。庄存与为今文学启蒙大师,著《春秋正辞》,"刊落训诂名物之末",专求微言大义。刘逢禄撰述《春秋公羊经传何氏释例》,"用科学的归纳研究法,有条贯,有断制",发明"张三世""通三统""绌周王鲁""受命改制"学说,"在清人著述中,实最有价值之创作"。龚自珍"既受训诂学于段,而好今文,说经宗庄、刘",时常引述《公羊》大义议论时政,有功于晚清思想解放,"今文学

---

① 梁启超:《清代学术概论》,见朱维铮校注:《梁启超论清学史二种》,2~6页,1985。
② 蒋方震:《序》,见《清代学术概论》,92页,上海:上海古籍出版社,2005。

派之开拓,实自龚氏"。夏氏讨论"今文学"的渊源最为分明,赠诗梁启超,称:"瑟人(龚)申受(刘)出方耕(庄),孤绪微茫接董生(仲舒)。"今文学初期专言《公羊》,冯登府、陈寿祺、陈乔枞、迮鹤寿搜集今文遗说,"皆不过言家法同异而已,未及真伪问题"。自刘逢禄出而《左传》真伪成问题,自魏源《诗古微》出而《毛诗》真伪成问题,自邵懿辰《礼经通论》出而《逸礼》真伪成问题。上述诸家仍是各取一书为局部的研究,进而寻求其系统,"古文诸经传者,皆有连带关系,真则俱真,伪则俱伪",康有为遂将两汉今古文全案重提覆勘,可谓"今文学运动之中心"①。

梁启超认为治今文学喜以经术作政论是龚、魏的遗风。之前梁启超详细辨析康有为与廖平学术的异同,此时仅提及康有为学术思想受到廖平的影响,但新学伪经学说堪称新文化运动的思想源头:"第一,清学正统派之立脚点,根本摇动;第二,一切古书,皆须从新检查估价。此实思想界之一大飓风也。"崔适在此基础上,著《史记探原》《春秋复始》,为今文派的后劲。《孔子改制考》扬弃汉宋学,"为学界别辟一新殖民地";弘扬孔子建设新学派的精神,鼓舞时人;神圣经典被根本质疑,学界定一尊的观念全然解放,开启比较研究的风尚。《大同书》被视作社会主义的先驱。梁启超自誉为今文学派"猛烈的宣传运动者",谭嗣同为晚清思想界的彗星。在清代学术的蜕分与衰落期中,章太炎应用正统派的研究法,"廓大其内容,延辟其新径",为正统派大张其军。在思想解放层面,章太炎或不逮今文家。章太炎谨守家法,门户之见,时不能免,

---

① 梁启超:《清代学术概论》,见朱维铮校注:《梁启超论清学史二种》,61~63页。

"治经学排斥'今文派',其言常不免过当"①。在此后的《中国近三百年学术史》中,梁启超认为"有清一代学术,初期为程朱陆王之争,次期为汉宋之争,末期为新旧之争"(后者亦有今古文之争之说)。最近三十年思想界的变迁,其原动力是"残明遗献思想之复活",近代今文学运动以公羊学为中心,康有为从常州派经学出身,以"经世致用"为标帜,堪称新思想的急先锋②。

正如朱维铮先生所言,《清代学术概论》"并不是一部单纯的论述清代'思想界之蜕变'的专门史著作,同时也是梁启超个人的一部学术回忆录"③。梁启超以康有为公羊改制与大同理想为主线论近代今文学,晚近今文学的毁誉褒贬多系于此。温丹铭批评梁启超论述清代学术"任意评讥,徒资口耳"④。胡朴安则将今文学兴起视作清代汉学之衰落,廖平"著书颇多,时有怪诞之说",康有为乃"窃廖氏之论,好为放言,不足道矣"⑤。1922年,章太炎在国学演讲中即宣称:"今文学家的后起,王闿运、廖平、康有为辈一无足取,今文学家因此大衰。"⑥ 周予同认为梁启超在《清代学术概论》中自称是今文学派猛烈的宣传运动者,实在是有所误导,梁启超是史学家,实在不能成为今文学者⑦。不过,周予同向来注重以学派

---

① 梁启超:《清代学术概论》,见朱维铮校注:《梁启超论清学史二种》,64~69页。
② 梁启超著,俞国林校:《中国近三百年学术史》,51、195页,北京:中华书局,2020。
③ 朱维铮:《导读》,见《清代学术概论》,第3~4页。
④ 温丹铭:《题梁启超清代学术概论后》,载《铎报》,第1期,1924。
⑤ 胡朴安:《历代研究群经者之派别》,见上海国学研究社编:《国学汇编》第3集,上海:国学研究社,1924。
⑥ 章太炎演讲,曹聚仁述编:《国学概论》,38页,重庆:中国文化服务社,1943。
⑦ 周予同:《经今古文学》,上海:商务印书馆,1926年。

论述学术史，认为民初纯粹的今文学者，除了康有为、廖平之外，当推北京大学教授崔适，将从庄存与、刘逢禄一直到廖平、康有为、崔适称为清代复兴的今文学派，或者通俗地称为常州学派或公羊学派①。在总结近代新史学发展历程时，周予同将清代今文学派分为前后两期：前期今文学派崛起于庄存与，"成立于刘逢禄，而下终于戴望"；后期今文学派"创始于龚自珍，发展于康有为，而下迄于崔适"。前期分经研究，"对于古文经典加以个别的打击，对于今文经典予以个别的发挥"；后期综合研究、发挥大义，"对于古文学派的学统与体系加以整个的攻击，对于今文学派的'微言大义'加以高度的发挥"②。

作为今文学运动亲历者，梁启超敏锐的抓住了学术思潮与政治变迁、社会改良之间的有机关联，晚近学人大多接受了梁启超关于今文学的论述，言晚清学术者"多以今文学派为主流，其说始自梁启超之《清代学术概论》"③。蒋维乔在《中国近三百年哲学史》中，将近三百年学术思潮分为"复演古来学术"与"吸收外来思想"两大时期，前者以考证派为代表，"重训诂、凭实证，用科学的精神整理古籍"。乾嘉以后考证学穷途末路，道咸之际乃为文艺复兴运动，公羊学派因时而生，"此派庄存与与刘逢禄倡之于前，龚自珍、魏源继之于后，而大振于康有为"；公羊学派推倒清代考证家的古文学，复兴西汉今文学④。康门弟子更是不断宣扬康有为学兼汉宋，

---

① 周予同：《〈大学〉和〈礼运〉》，载《中学生》，第65号，1936。
② 周予同：《五十年来中国之史学》，见朱维铮编：《周予同经学史论著选集》（增订本），518～520页。
③ 齐思和：《魏源与晚清学风》，载《燕京学报》，第39期，1950年。
④ 蒋维乔：《中国近三百年哲学史》，1～5页，台北：台湾中华书局，1978。

集今文派之大成,"最近二十年来,在中国思想界发生影响最钜者,首推康、梁之学。戊戌变法,其第一主要人物,则康南海也。南海之学,虽从陆王心学入手;其研究范围,则甚广博。远承龚、魏之遗风,而为今文学运动之中心。讲学万木草堂,得其传者,梁任公也"①。

20世纪三四十年代,科学学术与民族精神之间的张力日趋显现,中国思想界兴起以认同民族文化为中心的中国化思潮,学界开始质疑整理国故运动导致中国文化丧失本位,围绕近代启蒙思潮与学术中国化运动展开新一轮新旧之争,进一步强化了康有为在近代学术思想史中的位置。郭湛波认定康有为是近五十年来思想史上第一个思想家,反映了中国农业社会与工业社会的矛盾时代,一方面尊孔崇经,另一方面将孔子学说和经典根本推翻②。1941年9月,范文澜在中央党校讲授《中国经学史的演变》,毛泽东特意致信范文澜:"第三次讲演因病没有听到,不知对康、梁、章、胡的错误一面有所批判否,不知涉及廖平、吴虞、叶德辉等人否?越对这些近人有所批判,越能在学术界发生影响。"③范文澜用马克思主义清算经学,将中国经学史分为汉学系、宋学系与新汉学系三个部分,清代学术是新汉学推倒宋学,独霸经学界,但本身又发生今古文的分化,戴震弟子孔广森开始研究公羊学,庄存与继续研究公羊义例,今文学规模粗备,刘逢禄、龚自珍、邵懿辰、魏源等人,正式

---

① 甘蛰仙:《最近二十年来中国学术蠡测:为〈东方杂志〉二十周年纪念作》,载《东方杂志》,第21卷,第1期,1924。
② 郭湛波:《近五十年中国思想史》,19~20页,济南:山东人民出版社,1997。
③ 毛泽东:《致范文澜》,见中共中央文献研究室编:《毛泽东书信选集》,149页,北京:人民出版社,1983。

向古文学攻击,经学开启今古两派的斗争。今古两派都以经学附会西洋文化,标榜"沟通中西""以古证今"等口号,古文派主张保守旧秩序,今文派主张改革制度,晚清今文运动以康有为、梁启超、谭嗣同为领袖。康有为等人的今文学因政治上视为失败而一度沉寂,廖平则始终专心讲论,堪称今文学大师①。侯外庐在《近代中国思想学说史》中,将龚自珍、康有为、谭嗣同、章太炎视为19世纪中叶至20世纪初叶的文艺再次复兴的代表性人物②。

  谢扶雅认为清代学术只是"中国的"与"中国性的"文艺复兴,是一场纯粹复古运动,绝不是西洋那种人本主义或自然主义的文艺复兴,以清代学术比附文艺复兴并不恰当③。不过,梁启超将清代学术与文艺复兴相类比,并非要引入西方文艺复兴的精神,而是将清代学术作为引入科学方法的历史依据与学理基础。作为新文化运动的重要环节,胡适、顾颉刚倡导的整理国故和古史辨运动在今文学的影响下,力图以严肃的学术运动参与和支持反孔非儒的新思潮,其起点正是回归原典,在继承乾嘉汉学的基础上更上一层楼。今文学复兴虽是"以复古为解放"过程中的关键步骤,但新文化派与启蒙思想家眼中解放的目标不再是复古代经典大义,而是西来的"德先生""赛先生"与启蒙精神。然而,在坚守中国传统文化本位的学者眼中,以公羊学为中心的近代今文学确实另一番景象。钟泰批评"定庵后,习《公羊》之学者,有蜀人廖平,然支离怪诞,有识之儒所不道"④。罗振玉认为离开训诂,高谈微言大义为晚近讲公羊学的流毒,康有为为

---

① 范文澜:《中国经学史的演变》,载《中国文化》,第2卷,第3期,1940。
② 侯外庐:《近代中国思想学说史》,重庆:三友书店,1944。
③ 谢扶雅:《文艺复兴与清代学术》,载《知难》,第100期,1929。
④ 钟泰:《中国哲学史》,362页,北京:东方出版社,2008。

使诸经不危及自身的政治主张,诽谤古文出于刘歆伪造,可谓"惑众诬民"①。

四、真伪今文学之辨:《公羊》与《穀梁》

清季民初,复兴蜀学成为川省学人的群体诉求,廖平著《今古学考》,以礼制平分今古,旨在扬弃乾嘉汉学传统,在复古求解放的道路上更进一步。此后,巴蜀学人主张晚近学术当以"东西"代"南北",廖平门生对以康有为公羊学为中心的近代今文学系谱提出质疑。蒙文通对近三百年学术也勾勒出近似"以复古为解放"的系谱:"近三百年来的学术,可以说全是复古运动,愈讲愈精,也愈复愈古,恰似拾级而登的样子。这三百年间的进步和结果,真是可惊。"近二十年的主流自然是今古文两派,两派领袖分别是康有为、章太炎,但此二人仅为廖平《今古学考》的修正派,不曾出离廖平学说的范畴,蒙文通要脱离《今古学考》而独立。与梁启超、胡适等人"解放"的目标不同,蒙文通不以"通经折传"为满足,而是紧接着追问:"现在讲经,是不能再守着两汉今古文那样讲,是要追向先秦去讲",力图在经学上"博极群书、剖析毫芒",发明泰州王学业已"阐发尽致"的"孟子之道"②。乾嘉以降,经典考证蔚成风尚,清儒群趋"道问学"一途,他们笔下虽仍不时出现"尊德性"的字样,但在多数都是一种空泛的门面语,无所指涉③。蒙文

---

① 罗振玉:《清朝学术源流概略》,72 页,北京:商务印书馆,2018。
② 蒙文通:《经学导言》,见《经史抉原》,10~12 页。
③ 余英时:《清代学术思想史重要观念通释》,见《中国思想传统的现代诠释》,232 页,南京:江苏人民出版社,1998。

通的抱负却不仅仅只是道问学而已,他要通经明道,或者说由考据而明义理、因道问学而尊德性。1923年,蒙文通求学吴越,与江浙整理国故者深入论辩,返川之后,倡议蜀学,重建近代今文学系谱。

蒙文通认为,考据学最适合研究《诗》《尚书》,"要在声韵","详在名物",兴蜀学立足于《礼经》《春秋》"济道术之穷",阐发儒学新义。刘咸炘也批评晚清民国学界"以么小考证易于安立,少引驳难,乃来名之捷径"①。蒙文通扬誉廖平以礼制剖析汉代今、古家法,提倡廖氏春秋学:"廖氏之学,其要在《礼经》,其精在《春秋》","廖氏之说礼,诚魏、晋以来未之有也,至其考论《春秋》,则秦汉而下,无其偶也"②。蒙文通认为当下最紧要是清理门户:"《议蜀学》一篇,则拟质之同志者,盖昔儒多宗古文,其究心今文者,往往徒骋浮辞,不精礼学,或至比附谶纬,为世诟病,不祛此惑,学何由明,此则通之所为发愤忼慨者也。"③ 民初学界纷纷批评今文运动,连廖平也指出:"王(闿运)怪属于旧,章(太炎)怪属于新,要皆有以自成其学而独立,与夫近来口谈名教,依草附木,毫无新旧学之可言者,诚有凤凰鸡鹜之别矣!"④ 因此,蒙文通意图摒除今文学浮辞,以礼制为本,祛除世人对今文学的诟病和疑惑。

基于此,蒙文通此后屡次梳理近代今文学之谱系。在《古史甄

---

① 刘咸炘:《推十文集·复蒙文通书》,见《推十书》,2209页,成都:成都古籍书店影印,1996。
② 蒙文通:《议蜀学》,见《经史抉原》,101~103页。
③ 蒙文通:《在昔》,载《甲寅周刊》,第1卷,第21期,1925。
④ 吴虞:《爱智庐随笔》,见赵清、郑城编:《吴虞集》,94页。

微·后序》中，蒙文通认为："两汉言学，严守师法，各有义类统宗，于同道则交午旁通，于异家则不相杂越，笃信谨守，说不厌详。而晚近言学者则异是。"宋翔凤、魏源、龚自珍、康有为"肆为险怪之辩，不探师法之原，徒讥讪康成，诋诟子骏，即以是为今文"，"谓之能讪郑学则可，谓之今文学则不可"；惠士奇、金锷、陈奂、邹汉勋，"陈说礼数，亦何尝不征之先秦、以易后郑，途径岂出龚、魏下。彼固不自命为今文，此则张愍纬以自表"，"张惠言、陈寿祺之述论，则庶近之也。"所谓"前代之今文学惟一，而近代之今文学有二，鱼目浑珠，已非一日"①。《古史甄微·后序》在1933年被改作成《古史甄微·自序》，在"伪今文学"的行列中增加了刘逢禄和崔适。

1932年，蒙文通作《井研廖季平师与近代今文学》，仍持"前代之今文学惟一，而近代之今文学有二"的看法，更系统地论述了清代今文的传承。蒙文通褒奖孔广森、张惠言研讨六经传记，"倡家法，明条例，钩深抉微，实能阐二千年来不传之坠绪"，是有清三百年"复古求解放"的上乘之作。但若以经今文学而言，张惠言、刘逢禄之流皆是未成熟之今文学，前者懂得依据家法条例，明一经之意，但"一经之义明，而各经相互间之关系尚未窥其全，是则所知者各家一隅之今文说，尚无综合各家以成整个之今文学派"，此乃"有见一隅而不窥全体之今文学"；后者虽能从整体上联系各经与古文学划清界限，但"徒以立学官与否为断，是则知表而仍不知其里"，此乃"知其大概而不得其重心之今文学"。在这两派之外

---

① 蒙文通：《古史甄微·后序》，载《史学杂志》，第2卷，第2期，1930。

便是"本师"廖平"综合群言而建其枢极",此乃"成熟之今文学","廖师推本清代经术,常称二陈著论,渐别今古。廖师之今文学固出自王湘绮之门,然实接近二陈一派之今文学"①。廖平曾言:"国朝经学,顾、阎杂事汉宋,惠、戴专申训诂,二陈(左海、卓人)渐及今古,由粗而精,其势然也。鄙人继二陈而述两汉学派,撰《今古学考》。"②蒙文通也认为陈寿祺、乔枞父子的《五经异义疏证》专门区分今古家法,陈立的《白虎通义疏证》致力疏通汉代今文经说,"义例谨严",实为依家法条例治汉学的代表作,只是因为"不以诡词异论高自标诩",才为人所忽视,不附于今文学之列③。蒙文通的今文学系谱将廖氏上接二陈,而排斥王闿运,正是认定善说礼制、家法条例之学才是正宗的今文学。

钱基博便批评"梁氏叙考证学极盛之反响,为公羊今文学",乃"知其一而不知其二之论",至于公羊今文学,"梁氏自以学所自出,着意叙述,不知公羊今文学之张设门户,当以江都凌曙晓楼管其枢。"钱氏推凌氏为别子之祖,"以礼言《公羊》,著有《公羊礼疏》十一卷,《公羊礼说》一卷,开湘学王闿运、蜀学廖平之途径。又以《春秋繁露》明何休,为《繁露注》十七卷,以开康有为《春秋董氏学》之先河"④。被蒙文通誉为齐学巨擘的邵瑞彭也强调以《公羊》讲今文学与以家法条例治今文经二派有别,"庄、刘诸子,好言《公羊春秋》,则为今文之学,由是学者,始言门户"。陈寿

---

① 蒙文通:《井研廖季平师与近代今文学》,见《经史抉原》,104~105页。
② 廖平:《四译馆杂著·与宋芸子论学书》,见舒大刚、杨世文主编:《廖平全集》(11),659页。
③ 蒙文通:《廖季平先生传》,载《新四川月刊》,第1卷,第1期,1939。
④ 钱基博:《后东塾读书记》,载《青鹤》,第1卷,第5期,1933。

祺、陈乔枞、陈硕甫、陈立,"接踵而作,大氏以寻绎师法,辩章条贯为主"。二派"趣舍不尽同,要之各能自名其家。咸同以降,风气益变矣"。龚自珍、魏源传庄、刘之学,皮锡瑞与廖平谨守四陈之法,"以董理旧义,区分家法为己任"①。张尔田批评梁启超"无端分河饮水,别出今文一派,以与古文角力,为位置其师张本。彼两汉博士争立学官,故有今古水火之异,此谚所谓'饭碗问题'"②。张尔田反对梁启超的今文学系谱,刘逢禄之学传至凌曙,再传至陈立,"无不义据通深,已不尊用其师之说",陈立之学已与庄氏无涉。此后皮锡瑞"本之以治他经,疏通西汉坠谊",将陈、皮二人排斥于今文学系谱之外,"殆非笃论"③。蒙文通更进一步,认为廖平集"成熟今文学"之大成,"至廖师而后今文之说乃大明,道以渐推而渐备"。皮锡瑞则是近代经师中唯一能"远绍二陈,近取廖师以治今文者"。"伪今文学"一派,蒙文通点出了龚自珍、魏源二人:"他若魏源、龚自珍之流,亦以今文之学自诩,然《诗书古微》之作,固不必求之师说,究其家法,汉宋杂陈,又出以新奇臆说,徒以攻郑为事,究不知郑氏之学已今古并取,异郑不必即为今文……故龚、魏之学别为一派,别为伪今文学,去道已远。"④

蒙文通提出"汉代之今文学惟一,今世之今文学有二",晚清今文学分为成熟今文学与伪今文学。成熟今文学善说礼制、通晓家

---

① 邵次公:《重刊皮氏〈驳五经异义疏证〉序》,载《进德月刊》,第2卷,第5期,1937。
② 张尔田:《致李审言札》,见苏晨主编:《学士》卷一,43页,广州:广东高等教育出版社,1996。
③ 王钟翰:《张孟劬先生遁堪书题》,载《史学年报》,第5期,1938。
④ 蒙文通:《井研廖季平师与近代今文学》,见《经史抉原》,105页。

法条例；伪今文学不懂师说，不明家法，汉宋杂陈，高标新奇臆说，特别是伪今文学将"今文之义悉在《公羊》"，"言无检束"，"书无汉宋"。简言之，"伪今文学"者治今文学以公羊为中心，刘逢禄、宋翔凤重公羊微言大义，龚自珍、魏源进而"阐发公羊三世、三统之义，论及时政，以为致用之方"，康有为更以公羊学倡言变法改制。刘逢禄、宋翔凤尚且能立今文学之门户，龚自珍和魏源不仅重微言大义，"由公羊而推至群经"，貌似经术，其实政论，此风气一开，使得晚清今文学流于政论一派①。顾实指摘"康有为更拾廖平之唾余，倡为一切古文，皆刘歆伪造"，"康氏何必以己之所能，责人以必然，康又倡为六经本无须文字，一切惟口说可凭。其弟子梁启超，至今稍变师说，而又主张今文，排斥古文。总之，康梁之今文云云，不过借为弋取名利之具也"②。齐思和就认定"晚清今文运动，本为一政治运动"③。蒙文通早年一直认定此脉络为伪今文学。李源澄认为康有为"以改制为利禄之阶"，廖平不谈政治；"近世公羊学者，刘、宋不善师学，其失也愚，犹未至于叛道"，康有为"所谓大义微言者，直董、何污垢秽浊之物"；"世方有懵懵然以今古学家自表异者，更有不治经术而斤斤于今古之争以为名高者"，此乃"井研之旨不明，而流毒至是"④。

这里，自然会遇到一个绕不过的问题：晚清以降，《左传》《公

---

① 钱穆：《中国近三百年学术史》，见《中国现代学术经典·钱宾四卷》，453～492页，石家庄：河北教育出版社，1999。
② 顾实：《常州文学之回顾》，见上海国学研究社编：《国学汇编》第1集，上海：国学研究社，1924。
③ 齐思和：《魏源与晚清学风》，载《燕京学报》，第39期，1950。
④ 李源澄：《上章先生书》，载《学术世界》，第1卷，第2期，1935。

羊》《穀梁》三传优劣,与《穀梁》的今古派分。《春秋》三传皆有家法,"今古相诋,迄于晚近,初争乎文字,末判以制度"。平心而论,三传各有短长,不外乎范宁所言:"《左氏》艳而富,其失也诬;《公羊》辨而裁,其失也俗;《穀梁》清而婉,其失也短。"《左传》长在记事,不可以视为断烂朝报;《公羊》能传微言,"三科九旨,五始六辅,二类七缺之说,有变通之美";《穀梁》独得大义,善于说理,又非《左传》《公羊》可以比拟。① 崔适遵照康有为的思路研究今文学,根据《汉书·梅福传》《汉书·儒林传》《后汉书·章帝纪》等书判定刘歆伪造《穀梁》,进而以《穀梁》学为古文学。张西堂于崔氏之说,更近一步考订《穀梁》不传《春秋》,认为《穀梁》非真传,乃杂取传记编纂,"崔氏所论,固可征信"②。戴增元视之为捕风捉影之谈,"特以今古文之分,重在学说之歧异,与其礼制之区别"③,以今文学而言,传《春秋》者,惟《公羊》《穀梁》二家。如俞樾所言:"本朝经学昌明,超越前代,而治《春秋》者喜言《公羊》,谓孔子立素王之制,托王于鲁,变文从质,新周故宋,陈义甚高,立说甚辨……数十年来学术之大变即伏于此。"然而,《公羊》多非常异义可怪之论,《穀梁》则"体例甚精而义理甚正,无非常异义可怪之论",是故"《公羊》有弊而《穀梁》无弊",而"方今学术之弊皆误于《公羊》者,积而成之,欲救其弊,非治《穀梁》不可"④。柯劭忞认为《春秋》为中国经世之学,"公

---

① 段生珍:《正续经解所收穀梁著述提要》,载《斯文半月刊》,第3卷,第7期,1943。
② 张西堂:《序》,见《穀梁真伪考》,1页,北平:和记印书馆,1931。
③ 戴增元:《穀梁学通论》,载《苏中校刊》第3卷,第105期,1935。
④ 俞樾:《春秋穀梁传条例十卷·叙》,载《国粹学报》,第68期,1910。

法之模型,外交之鼻祖",时人之弊端在于"据《左传》之事迹疑《公》《穀》二传",而未精研笔削之义,"以求有补实用"①。《穀梁》"文省而理密","义尤精深"②,如孔子故宋之说,《公羊》无明文,《穀梁》有之。《穀梁》所讲尊周、亲鲁、故宋之说可谓独得大义,以此可将何休等公羊家所谓"非常异义"一扫而空③。

若如蒙文通所言研究公羊学乃伪今文学,何以廖平反被蒙文通视为成熟今文学的集大成者?蒙文通首先申明廖平虽出自王湘绮之门,然实接近二陈一派,廖平学术的根荄在于以礼制言《穀梁》。他仅是以余力说《公羊》,因为举世治《公羊》学者皆未能领会《公羊》之义,廖平便以《公羊》大师著称于世。廖平治《穀梁》而兼治《公羊》,是以鲁学而兼治齐学,公羊学并非其学术根本。廖平并非是齐学大师,而是鲁学巨擘,所以在其他学者多将廖平归于公羊学一派时,蒙文通认为廖平以礼制讲穀梁学,乃成熟今文学(即经生派)的集大成者。在蒙文通看来,"近代今文有二"不仅是因为有治汉学方法的区别,更因为有治《公羊》与治《穀梁》之别,晚清公羊学近乎伪今文学,所谓"清世言今学者皆主于《公羊》,遂以支庶而继大统,若言学脉,则固不如此"④。李源澄也认为"近世治《公羊》者,往往失之附会,遂为世诟病,或者竟谓无大谊微言",故主张"治《春秋》者,如能先以《穀梁》立其本,

---

① 柯劭忞:《春秋学·穀梁》,载《国立历史博物馆丛刊》,第1卷,第3期,1927。
② 柯劭忞:《春秋穀梁传注序》,载《学衡》,第64期,1928。
③ 牟润孙:《蓼园问学记》,见《注史斋丛稿》,539页,北京:中华书局,1987。
④ 蒙文通:《井研廖季平师与近代今文学》,见《经史抉原》,第106页。

再求之于《公羊》，于董、何之说，分别去取，亦可以弗叛矣"①。只有以礼制为本，按家法条例治《穀梁》才是真今文学，而论定《穀梁》为今文正宗的途径，旨在证明《穀梁》符合孔门原意，为孔子嫡传。蒙文通遂"作《经学抉原》，深信齐鲁学外，而古文为三晋之学，则经术亦以地域而分"②，以地域解释今古文经学的形成及其差异，今文学是糅合鲁学与齐学而成，鲁学最纯，是儒学正宗，齐学驳杂，出入诸子，古文学则是孔氏之学传于三晋、杂以旧法世传之史。

不过，刘咸炘、钱穆等学友对蒙文通重构的今文学系谱均持有异议。刘咸炘认为"今文学之极，若廖季平"，其说疏漏太多，其今文学说多"弃旧说"而从康有为。廖氏论述"古书、孔子、孔经、刘歆、世间事理、为学方法"语多"滑稽"，欲"尊经于古史之上"，"反使经等于诸子"③。钱穆撰《国学概论》时，大体沿袭《清代学术概论》中关于晚清今文学的论述，后来虽称康有为"言《公羊》改制，终不脱廖季平牢笼"，但钱氏梳理近三百年学术流变，依旧附廖平学说于康有为，批评"学人之以戏论自炫为实见，未有如季平之尤也"④。钱穆进而批评晚清今文学家走的是"一条夹缝中之死路，既非乾嘉学派所理想，亦非浙东史学派之意见。考据义理，两俱无当。心性身世，内外落空。既不能说是实事求是，亦

---

① 李源澄：《与陈柱尊教授论公羊学书》，载《学术世界》，第1卷，第11期，1936。
② 蒙文通：《古史甄微》，见《蒙文通文集》第5卷，14页，成都：巴蜀书社，1999。
③ 刘咸炘：《经今文学论》，见《推十书》，109～112页。
④ 钱穆：《中国近三百年学术史》，见《中国现代学术经典·钱宾四卷》，第604、562页。

不能说是经世致用。清儒到道咸以下，学术走入歧道，早无前程"①。范文澜指出廖平学术"愈变愈离奇，牵强附会，不知所云"，虽然他还想"再变一下（第六变），虽然有十四年的时间，但终于没有变出来"，这充分证明了今文学的"末路"，"末路"之后便仅剩下"死路"②。蒙文通恰恰认为新起之学"未得正途"在于今文学流入公羊改制一派。那么，救弊的关键在重新阐释今文学，蒙氏对今文学系谱的重构为其以史证经，由今古上溯齐鲁埋下伏笔③。

民国以降，学界勾勒近代经今文学系谱以康有为为轴心展开，渊源有自。贺麟曾言："学术和政治的关系，也可以说是'体'与'用'的关系。学术是'体'，政治是'用'。学术不能够推动政治，学术就无'用'，政治不能够植基于学术，政治就无'体'。"④胡朴安认为："政治与学术相表里，政治表也，学术里也。自来政治之良否，无不由于学术。"道咸以来，"西汉之今文学派代古文学派而兴，方耕、申受开其先，定庵、默深继之"，然"仅影响于思想而已，未能影响于政治"；直至廖平"今文之学独深，本《礼运》而为'三世'之说，本《论语》而为'先进''后进'之说，其说多奇而可喜。南海康氏承之，更张大其词，以召学者，号为维新，公车上书，为今文学派影响于政治之始，慷慨之言论，风靡于一时"，"今文学派有发扬宏肆之才，而无刚毅木讷之度，所以能促清廷之

---

① 钱穆：《前期清儒思想之新天地》，见《中国学术思想史论丛》（8），397页，合肥：安徽教育出版社，2004。
② 范文澜：《中国经学史的演变》，见《范文澜历史论文选集》，296页，北京：中国社会科学出版社，1979。
③ 张凯：《〈经学抉原〉与民初经学之走向》，载《学术研究》，2014（4）。
④ 贺麟：《学术与政治》，见《文化与人生》，248页，北京：商务印书馆，1988。

新,而不能绵清廷之祚"。章太炎立足古文学派,"深于历史,其于种族学说持之弥坚",种族学派"有一往直前之勇,而无周密缜静之思,所以能开民国之始,而不能定民国之基"①。康有为以公羊言改制,通经致用,经今文学由此影响清末民初政治、学术的走向,廖平学术成为康有为公羊变法学说的注脚。在学术与政治的纠葛之中,对近代今古文学的探讨集中于公羊改制;在经史递嬗的洪流中,今文学之重心被归结于刘歆造伪;相反,自廖平《今古学考》所开启的讨论两汉今古学之争的经义、学理倾向却寥落无闻。

顾颉刚自道:"战国、秦、汉之世化古史料为经典,今日使命则复化经典为古史料","我辈生于今日,其所担之任务,乃经学之结束者而古史学之开创者,此非吾人之故意立异,乃自宋至清八百年中积微成著之一洪流,加之西洋科学之助力,遂成一必然之趋势"②。清代今文学的疑古思潮、康有为孔子托古改制说为整理国故与古史辨运动变经学为古史学,以史代经提供思想资源。顾颉刚指明清代今文学之中,"廖平之学由分析《五经异义》而来,康有为之学由比较《史记》《汉书》而来"③。廖平批评康有为落入史学与目录学的窠臼,未能通晓经学大义。廖平以礼制分野今古文,旨在"复古求解放",寻孔孟大义。蒙文通重构近代今文学系谱,表彰廖氏《春秋》之学,志在复古求解放,由廖平以今古讲两汉,进而以

---

① 胡朴安:《二十年学术与政治之关系》,载《东方杂志》,第21卷,纪念号,1924。
② 顾颉刚:《致吴康函》,见顾潮编著:《顾颉刚年谱》,337页,北京:中华书局,1993。
③ 顾颉刚:《顾颉刚读书笔记》(5),2411、1205页,台北:联经出版事业公司,1990。

《春秋》论先秦。20世纪30年代,蒙文通由经今文学入史,以经御史,以《春秋》之义区分"撰述"与"记注",弘扬儒学义理史学。

  以龚自珍、魏源为代表的道咸新学极大影响到后人对清代学术的认知,乾嘉汉学一线的观念反受到忽视,因此有学人主张"写出更具有包容性的清代学术史论著"①。此论诚为真知灼见。其实,在道咸新学之内,学人对清代学术脉络的认知本有异议,今文学内部的分歧丝毫不逊于经今古文之争。以康有为或者廖平为核心构建的两条近代今文学系谱,实开启了传统学术近代转型的两种路径。康有为引领的今文学运动以公羊学为中心,开辟晚清思想界革命,为传统学术的外在转向拓宽道路;廖平弟子对近代今文学系谱的重构,不仅丰富了对晚近学术流变的认识,更揭示出传统学术内在深化的可行性路径。

---

① 罗志田:《道咸"新学"与清代学术史研究》,载《四川大学学报》(哲社版),2006(5)。

第四章
"述文化于史"：宋育仁与近代经史学之省思

民国新学制建立后，学术分科化，以经学为主导的传统学术格局最终解体，经学也日渐抽离其原有的学术内涵，在新学科体系中无栖身之所，新文化运动更对经学所蕴含的价值体系施予最有力的抨击。由于胡适等人提倡整理国故，使得国学研究成为时尚。"西学"成为国学的参照物，而"科学"则成为整理国故的关键词。四川学人曾批评新学制乃"一味崇拜欧西，以为缘饰"，成都的高校"尤不遵此轨"，"然功令所限始终有不得不同文共规之势"①。"尤不遵此轨"一语道出川省确实存在许多不同的声音。宋育仁曾在尊经书院师从王闿运学习今文经学，优于文辞，且注重经术。其早年研究《周礼》，自称与廖平宗旨有别，然而二人皆"通经致用，详制度而略训诂同也"②。不过，廖平"于经学功夫甚深，但于经术无得，未见制度"。宋育仁相较同时的尊经院生具有更强的实践性，"以经学作为指导自己政治行为的准则，凡事必于经学中寻找依据

---

① 陶亮生：《先师向仙乔言行忆录》，载《成都文史资料》，1988（19）。
② 宋育仁：《春秋左氏古经说汉义补证·序》，舒大刚、杨世文主编：《廖平全集》（8），1521页。

而后行动"①。

宋育仁认为学术是世运与政教兴替的根本,"旧政界苦于护短,旧学界苦于未闻;新学界苦于无所适从,新政界苦于无从说起",新旧政学界"同堕苦海之中,致为潮流所荡"②。面对当下时世变迁,新旧两界在中西新旧的文明立场与政教模式中各执一端,难以调和。20世纪20年代初,宋育仁联合廖平等学人发起四川国学会,创办《国学月刊》,再次提倡"复古即维新",旗帜鲜明地批评整理国故运动的流弊③。以宋育仁与胡适等趋新学人的经史分合为线索,揭示尊孔与排孔、杂糅三教与科学学术叙述等新旧中西对立背后,民初学人关于经史关系、孔学谱系、四部与分科等议题的多元认知,当可呈现近代学术流变的丰富内涵,或可为当下谋求沟通中西、融汇新旧的新学术体系提供思想资源。

一、"治经门路"与"史家本色"

1919年,正当五四新文化运动如火如荼开展之时。胡适宣称新

---

① 李晓宇:《尊经·疑古·趋新:四川省城尊经书院及其学术嬗变研究》,155页,博士学位论文,四川大学,2009。
② 《绪言》,载《国学月刊》,第1期,1922。关于宋育仁"复古即维新"思想的初步探讨,参考王东杰:《导言》,《中国近代思想家文库·宋育仁卷》,北京:中国人民大学出版社,2015。
③ 虽有学人评价宋育仁晚年"宣传维新,学术价值不高,在四川国学运动中并无多大影响"(谢桃坊:《四川国学运动述评》,载《西华大学学报》(哲学社会科学版)2008(6)。但桑兵、罗志田、王东杰等学人已注意到宋育仁与新文化派的分歧,及其可能为理解中国文化本意提供有效路径。参见桑兵:《民国学界的老辈》,见《晚清民国的学人与学术》,北京:中华书局,2008。罗志田:《陈寅恪的"不古不今之学"》,载《近代史研究》,2008(6)。

思潮的本质意义是重估一切价值，以评判的态度审视既有的制度风俗、圣贤教训、公共信仰，"对于旧有的学术思想有三种态度：第一，反对盲从，第二，反对调和，第三，主张整理国故"①。不久，胡适更明确提出整理国故的四点要求：历史的观念、疑古的态度、系统的研究和系统的整理②。国学不再被视为不可动摇的学术之本，新文化运动力图斩断宗纲，输入学理，自如地以西学的眼光重新诠释传统学问，创造中国的新文化。四川国学会明确以探求中国内圣外王之道为宗旨，批评时下旧派学者仍欲持理学、史学、词章之学回应新学，"不知新学初起，即为反对理学，因理学自承为孔子之道统。经学又只囿于章句考据，因而毁及孔经，以空疏无据，故新学力诋数千年历史，但为一姓皇帝作贡献之记注，以造成奴隶之性质，实由史学家发其反动"，"词章不过鼓吹学理，等于美术，尚复何说"。今日复兴国学，挽救新学横流的流弊，"必在讲明经学，以通经术"③。如何认知、重构经史之学成为四川国学会与民初整理国故运动的根本分歧。

1923年，当胡适发表《〈国学季刊〉发刊宣言》这份代表北大国学门全体的学术宣言时，宋育仁逐条予以点评。胡适提倡研究国学必须要打破闭关孤立的态度，在方法、材料上与欧美日本学术界展开比较研究。宋育仁认为："通篇只此段统论与前后两段与此段相关处。吾亦表同情，虽有语病，只在太看重汉后两千年史料，未窥经术门径，故忽却秦前两千年史料。"胡适所言方法是"史家本

---

① 胡适：《新思潮的意义》，载《新青年》，第7卷，第1号，1919。
② 胡适：《研究国故的方法》，载《民国日报·觉悟》，1921—08—04。
③ 宋育仁：《学战概括论》，载《国学月刊》，第1期，1922。

色，非治经门路"①。史家本色与治经门路决定双方研究国学的方法、立场与学术本位泾渭分明。毛子水指出必须以科学精神研究国故："对于一种事实，有一个精确的，公平的解析：不盲从他人的说话，不固守自己的意思，择善而从。"②胡适进而强调国故是中立的态度，借镜西学恰似近视者佩戴眼镜。整理国故要用历史的眼光来整理中国一切的历史文化，破除门户之见，还古人以本来面目。以汉还汉，"各还它一个本来面目，然后评判各代各家各人的义理的是非。不还它们的本来面目，则多诬古人。不评判它们的是非，则多误今人"③。宋育仁却认为回到本位必须治眼："原来近视，本光固在，即应由此，循步而进，如治近视，移步插香，还须由本地本光本视线，移远再看再看，不可再觅显微镜，把眼光弄坏就不可医了。今人如是如是，此所谓资料就是觅得西洋显微镜之比。"所谓"择善而从""评判的态度"实为师心自用："各人身上带着一个老师，评断是非，就是西人科学家也评驳得着。所谓主观的，客观的。今人偏要崇拜科学，又偏不从科学的客观，倒不诬古人，却误了自己，又要冤了后人"，"明白了他们的本来面目，何以就配评判得他的是非。"④换言之，胡适倡导以西方逻辑与实验原则为主的科学方法来实现整理国故，中西互释的理念难免以现代进化观念解释、评判中国思想与学术，中国传统文化被客观的科学理念重塑，成为现代学科的知识与材料。宋育仁认为中国文化自有其本位与主体性，所谓"学之为言，效也"，研究经学当知其言，通训诂，以

---

① 宋育仁：《评评胡适国学季刊宣言书》，载《国学月刊》，第17期，1923。
② 毛子水：《国故和科学的精神》，载《新潮》，第1卷，第5号，1919。
③ 胡适：《〈国学季刊〉发刊宣言》，载《国学季刊》，第1卷，第1期，1923。
④ 宋育仁：《评评胡适国学季刊宣言书》，载《国学月刊》，第16期，1923。

家法师承为门径,下学而上达。"学也者,所以学为圣人也……尧舜至孔子皆一脉相承。"① 若已有先入为主之见,"心境已高,不能降心于经学之初程",标榜"依科学方法之门而入",却"不惮改经传以从己意,强不知以为解,所谓点窜尧典舜典字,涂改清庙生民诗"。今之学者"皆欲飞行绝迹而至误于平空理想,无分新旧皆然,皆自师心而起。此无他,皆由以己为主观,学为客观,是以人人皆自贤而皆思出其位"②。为学之道,"宜先以学为主观,身为客观,取科学之法程,为无我之起点"③。此处浓厚的尊孔意识一目了然,不过,以圣人之道为学意在与客观知识对应,强调被视为客体的传统文化中所固有的精神与价值。换言之,科学的客观不应以普遍的方法与原理简单抹杀或忽视研究对象的精神世界与价值关怀,应从文化的内部入手理解、分析其本意,而非以外在的标准剪裁、评判,后者貌似客观,实际容易成为更深的主观偏蔽。

胡适提出研究古学必须扩大研究的范围、注意系统的整理、博采参考比较的资料。宋育仁视此为:"咬文嚼字兜来兜去的圈子,就是在文字材料上盘旋",古学是"书中有学,不是书就是学",胡适是认书作学。今日学人仅能旁搜博采,"不过是类书目录的本领,尚不知学为何物"。学者必须集大义、微言于一身,"立身行道施之于世,则择众教民","今之人不揣其本而齐其末。不过欲逞其自炫之能力以成多,徒祸乱观听,既无益于众人,又无益于自己,凡盘旋于文字脚下者,适有如学道者之耽耽于法术,同是一蛊众炫能的

---

① 《论语次第》,载《国学月刊》,第4期,1923。
② 宋育仁:《辨学》,载《国学月刊》,第12期,1923。
③ 宋育仁:《辨学》(续前),载《国学月刊》,第13期,1923。

思想，乌足以言讲学。学道适足以致未来世之愚盲子孙之无所适从耳"①。胡适所提倡引入新知的新国学是割裂、消解中国文化的义理价值为前提，以学术平等的态度扩大国学的范围要求平视经子，甚至否定经学的意义。朱希祖讨论整理古代典籍的态度与方法时，鲜明提出："经是永远使人不许独立进步的。我们治古书，却不当作教主的经典看待"，"经学之名，亦须捐除"②。不过，仍有学人强调经、史、子、集四部的名称与次序是中国固有学术系统，经学为圣贤所传精理，"一切学术政教之准绳规矩"；史学为人类活动的实践，"经中所言之原理之实例与确证"③。四川国学会同仁更鲜明地指出经学与史学的体用关系："经学者，最优美高尚之学，由修身而上可以通天人尽性命，由修身而下，可以平天下致太平"；史学为经学支流，"知天文，察地理，明人事，宇宙间皆人事所演，人事以政治为枢，故史学即以政治为归宿"。史学分为民生、国计、风俗、学术四端，分门别类，探明历代治乱得失兴衰之故，羽翼经学，方为有用之学④。经学是"研经以求所载之道"，"非即以研经为学"。历代史学惟有《史记》《汉书》用意深远，是书中有学，基于王道经术，"传述孔门经学之绪余，乃发挥孔门之学，而非自辟一途以为学"⑤。柳诒徵赞誉乾嘉诸儒独到之处"实非经学而为考史

---

① 宋育仁：《评〈国学季刊发刊宣言〉》，载《国学月刊》，第16期，1923。
② 朱希祖：《整理中国最古书籍之方法论》，载《北京大学月刊》，第1卷，第3号，1919。
③ 《悼柯凤荪先生》，《大公报·文学副刊》，第297期，1933—09—11。
④ 复庵：《函授社史学讲义》，载《国学月刊》，第1期，1922。
⑤ 宋育仁：《论史学：统释文史校雠源流得失并致章梁》，载《国学月刊》，第20期，1923。

之学","诸儒治经,实皆考史"①。宋育仁认为若以考据为经学,史家考据便沦为"文科美术"的一种。经学门径犹如科学比例,乾嘉经学已入科学范围,为经学初程,"但从此专趋于著书一途,则有害于经术","当由此进而求之伦理、政见、教育、哲理,乃成为经术,成为经术之专门,不当墨守考据,谬许专门,囿于科学而止",经学研究不应与政治、教育、哲学分离,"知经学而局于考据,已为文化之障碍,重考据而平视经史,尤为文化之蟊贼。况以逻辑为治学之方法,又以史学为讲学之重心,不知其所谓史学之重心安在,误苍生者,必此言矣"②。

胡适整理国故的最终目标是要做成中国文化史,用科学实证史学整合中国文化,把国学的一切都用文化史及其子目涵盖与分科,通过整理国故为新文化运动建立学理基础。梁启超的文化史观念与胡适有别,注重文明史的成立与展开,提出科学方法与直觉方法并举,"文献的学问,应该用客观的科学方法去研究","德性的学问,应该用内省的和躬行的方法去研究"③。宋育仁认为胡适所提文化史的系统是开局纂书之法,梁启超所言仍有割裂儒学整体之嫌,文化史的根本在于"述文化于史,非以史为学,是将文化的成迹及其应用载在史上,不是将此史所载的拿来作文化,要文化进化就只要在

---

① 柳诒徵:《中国文化史》,119页,上海:上海书店,1947。
② 宋育仁:《论史学:统释文史校雠源流得失并致章梁》,载《国学月刊》,第20期,1923。
③ 梁启超:《治国学的两条大路》,见东南大学南高师范国学研究会编:《国学研究会演讲录》第1集,94~101页,上海:商务印书馆,1923。关于胡适与梁启超文化史观念的分合,可参见张越:《"最低限度的国学书目"之争与文化史观》,载《史学史研究》,2004(3);张昭军:《梁启超的"新史学"是文化史》,载《史学理论研究》,2010(2)。

经上讨生活",以义理统摄文史①。具体到上古史而言,胡适认为东周以前无史,主张先把古史缩短二三千年,若将来金石学、考古学发达后,再用地底下掘出的史料,慢慢拉长东周以前的古史。东周以下的史料,也必须严密评判,"宁疑古而失之,不可信古而失之"②。胡适"缩短"与"拉长"的两阶段论构成了民初疑古辨伪的基本预设。宋育仁指出:"三代以上之治象在经不在史","夫为法于天下可传于后世者,在三代之政,明王之事也。经孔子修订之经固不得视同后世之史,而求三代史事之迹,则具在六经之中,而且条理细密,纲目完备,非后史或有具文而非事实,或有事实而不完全案证不齐之可比。"③ 近代新史学疑古辨伪仅是在秦汉以下盘旋,"所谓一系不断之历史,亦只自秦以来二千余年耳"。研究中国文化不应止于断代,须贯通上下五千年,三代是一个文化整体,"其前二千余年孔子所传","又其前数千年,孔子存而不论"④。胡适将新文化运动视作中国的文艺复兴,反抗权威和批评精神随之兴起,整理国故运动与古史辨运动旨在破除经学意识与伦理观念的学理基础,以科学实证史学建构中国历史文化的变迁历程,视之为中国内在的文化内层,三代的史事姑且阙疑,更遑论其文化理想。

宋育仁所言文化是指六经承载着三代的人伦政教以及大义微言,文化史应以经驭史,以史证经,通过经史互释展现儒家义理在整个历史长河中的发生、演进及其落实。"文"足以阐明学理,抒

---

① 宋育仁:《评〈国学季刊发刊宣言〉》,载《国学月刊》,第17期,1923。
② 胡适:《自述古史观》,见顾颉刚编:《古史辨》第1册,22〜23页,上海古籍出版社,1982。
③ 宋育仁:《稽古篇上·概括中西史学》,载《国学月刊》,第19期,1923。
④ 宋育仁:《国是揭言》,载《国学月刊》,第15期,1923。

发政见，但不能将其"作文为化"。"通字诂""知字源""识名词"是研究经籍古书的要点①，但考订文史是治学工具，为学初程，并非以考订为学。所谓文化，不仅要学行兼修，更需由"学尚而化为第二根性之性质"，实现为政化民，"孔门立君子之教，即以君子小人为名学之纲要，而以义利之辨举名词名学之例"，使君子小人"各尽其分而各如其量而天下平"，如此方可称为"格物"与"文化"②。秦汉以降，学界通病在"不通章句，而自我作古以意为之"，崔述、庄方耕、廖平、康长素略知章句，难免以"臆说空思，摘句为学"，"此外学者皆在史书脚下盘旋，尚且在晋隋书以下讨生活，以致学说大乱而天下大乱，尚不知所由，而学者毫不自责"③。章太炎与梁启超、胡适都以史学取代经学，更不知文化重心所在："章太炎乃转求之史学，冀扬其澜于子家之流；梁卓如又求之史学，化合于金石考订之学；胡适之亦竞谈史学，并乞灵于委巷词曲小说之家。"学者"日诵经传而不知三代盛时是何景象"，而"汨于秦汉以降四裔并兴之时代，以是为我之文化所在；是文也，乌足以成化？殆所谓食古不化欤！"④

新文化运动反孔非儒，抨击儒家纲常名教，为引入科学与民主铺平道路，经学被看作尚待审定的材料，以兹编纂中国文化史。孙德谦批评民初治国学者或流于好古、风雅与游戏，或以支离破碎之考据，"日出其奇谬之学说，以隳弃纲常，铲灭轨物，世风之愈趋

---

① 宋育仁：《研究经籍古书方法》，探源公司代印，年代不详，台湾大学图书馆藏杨云萍文库，登记号92.11.10。
② 宋育仁：《古今指迷辩惑篇结论》，载《国学月刊》，第10期，1923。
③ 宋育仁：《共和钩沉平议示子书》，载《国学月刊》，第16期，1923。
④ 宋育仁：《国是揭言》，载《国学月刊》，第15期，1923。

而愈下"①。宋育仁视此类观点多持文字、美术命为文化,且沾沾自喜。宋育仁不仅将传统经史之学视为进入、理解中国文化精神的必由之路,更期望重构儒家文化理想挽救世风。今日文化渐趋低落,人格日渐卑下,人民程度每况愈下,不可挽回,更不足言文化。文艺足以奖掖俊贤,理学足以砥砺气节,而皆不可承担为政化民的职能。提高人民程度,必须由尊经而复兴国学②。那么,宋育仁亟待解释何为文、如何成文化性等问题。重塑孔学统系,在共和的语境阐释孔学的人伦与政教成为宋育仁与四川国学会的题中要义。

二、孔学统系:人伦与政教

胡适在《先秦名学史》中,鲜明提出中国哲学复兴有赖于从儒学的道德伦理和理性的枷锁中得以解放。早在戊戌维新时期,宋育仁、廖平、吴之英等人发起蜀学会,"发扬圣道,讲求实学",侧重从伦理与政事方面转化孔学。蜀学会诸人"温故知新"过于偏向"故",依援古籍,重封建伦理,而对西方民权、民主学说抱有疑义,所讲之学皆以孔子经训为本,"会学原为发扬圣道,讲求实学,圣门分科听性之所,近今为分门别类,皆以孔子经训为本,约分伦理、政事、格致为三大门"③。不过,以经学为本,以复古为号召,绝非排斥西学。以中律西,好作比附,根源在于夷夏之辨、文质观念根深蒂固,但无缘采获西学也是不可忽视的外因。廖平五变之学

---

① 孙德谦:《评今之治国学者》,载《学衡》,23期,1923。
② 宋育仁:《释文化》,载《国学月刊》,第20期,1923。
③ 《蜀学会章程》,载《蜀学报》,第1册,1898年。

倡导今文纬书、天人大小之学，阐发孔经哲学。吴之英善说礼制，专精求是，对廖平严辨今古、宣扬孔经哲学的言行均有异议。吴之英认为"六经不分科，百氏不异趣"，并与宋育仁商讨廖平学说"有是亦有非"①。宋育仁也批评廖平过于墨守今文，不通章句，"只能解两字相连，多则二句，如三句以往，即说不通"②。宋育仁向来贯彻复古即维新的思路，"闵学术之不明而人习于秦以后苟且之政，不知求长治久安之道，于是辨章古今学术之源流，历代治乱得失之故而折诸六艺"③。宋育仁认为两汉为儒学持世，魏晋至唐为文学持世，由宋至光绪朝为理学持世，均未合内圣外王之道，如今孔学本义不明则国粹不能保，为回应反孔非儒的思潮，重建孔学统系成为当务之急。

宋育仁指出研究国学必探其源，始知其流，"知国学之源流始能折衷其派别，所谓讲学之津梁"。学者常言文以载道，但误认为"文笔词章之专名，则国文与国学离合难明，莫适为主"。中国国学始于伏羲十言之教，"虽出自后世依托，然当时亦必有遗传著于文字"。何为"古文"，历代争辩不已，其实古文包括篆文"增演复体之若干字义"。两汉经师研讨经学，必通古文，即便"非专治经学者，言周秦诸子、马班二史皆多古文，非通小学不能解也"。汉代之前，求学作文始于识字，归于明经④。有文而后成书，"三代以前书皆掌于官"，天子失官，素王代起，政教分离，学术普及。孔子设教，"学风流播，始有私家传习，古先学术因以有著于竹帛之

---

① 吴之英：《予宋育仁书》，见吴洪武等校注：《吴之英诗文集》，第248~249页。
② 宋育仁：《共和钩沉平议示子书》，载《国学月刊》，第16期，1923。
③ 吕洪年：《宋育仁先生事略》，载《论学》，特大号，1937。
④ 宋育仁：《论中国学源》，载《国学月刊》，第4期，1923。

书",诸子百家分述六艺,本于孔子,"人在孔子之前,其书之出在孔门设教以后"。孔子制作之前,无专门著述之书。若不能始终条理贯通,"则不能识六经之书为何用,圣人制作因何而设,于是学自为学,政自为政,教别为教,而世间乃有无用之学,书橱书簏书库之闻人"。魏晋六朝之时,经术、子家、兵家、术数、方技专门之学均亡佚,"唐修《隋书》,避难就易,后之目录家仍奉为圭臬,陋矣"①。中国国粹在于孔子之道,当由国粹以睿新知,孔子以素王集三代文化之大成,"独发其经纶天下之大经,立天下之大本","三代以前之科学最为发达矣,然夫子之传授,独注重政教两纲而组合为一致"②。六朝以来文学美术,宋明理学宗派,皆不足以代表孔学,欲明孔子之学,"必反而求之六经"。六经"精微难知而迹象可睹,不外政教两门"。孔学政治侧重伦理,落实于执中之政体,祖述尧舜之道,尽人伦以合天道,不出家而成教于国。孔子教育"明有礼乐、幽有鬼神"。孔子哲学"综旧史所掌之惟心惟物两派",其微言"下学而上达","穷理尽性以至于命"③。西汉尊崇孔学,重视儒行,"为孔教实行之小验";东汉更重经术,兴明堂辟雍,"有政教一部分之雏形"。宋学晚兴,学无师承,援佛入儒,专求性道,小学荒废,"学者文人不治训诂,则不解古言,以意说经,望文生义,又以门户之争,迷误学界,而伦理汩于学究之言,政治委于俗吏之手。"清代学术汗漫支离,"学者之所学,非国家之所用,几于政与教各不相涉",官吏贪横、社会不平、家庭依赖均不符合孔学

---

① 宋育仁:《概论孔子以前学术缘起》,载《国学月刊》,第5期,1923。
② 宋育仁:《正论孔学之统系》,载《国学月刊》,第5期,1923。
③ 宋育仁:《正论孔学之统系》(续前),载《国学月刊》第6期,1923。

明伦立政的原则,其反动力导致平权自由、军国民主义学说达于极点①。汉学以小学为专门,唐代古学以能作策论之文为通才,宋明理学高谈性命,乾嘉以降,学界纷扰于汉宋之争。宋育仁视此为"治经学以求通圣人之言别为二道":汉学流为考据,博闻强识;宋学派"悉用平空理想,以心为师"。今之学者或驰骛文词,或趋于考据,若要使经学成为科学,必先由诂训以通经文,后进于制度,"始心通大义,悟入微言,是即下学而上达必由之阶级,而非可以躐等释阶而登天也"②。

清末学人提倡国学,有意与君学相区分。邓实称秦汉以下,儒学与君权合流,中国政体演为君主专制:"夫自汉立五经博士而君学之统开,隋唐以制科取士而君学之统固,及至宋明,士之所读者功令之术,所学者功令之学。遥遥二千年神州之天下,一君学之天下而已,安见有所谓国学者哉?"③ 以儒术为国学甚至流于"朕即国家之学"④。在民初共和的现实语境之下,儒学彻底丧失制度基础,无处依归。康有为阐发儒学,使之与共和政体对话,创立孔教会即希冀以宗教形态为儒学寻求新的载体,其后果促使儒学宗教化与玄虚化。孔教会的各种政治活动以及国教运动更激发新文化运动强烈反弹,对经学所蕴含的价值体系施予最有力的抨击。劳乃宣辩称儒家所言"教",非宗教之教,乃指"教化",上行下效之意⑤。宋育

---

① 宋育仁:《推论孔子以后学术流别》,载《国学月刊》第6期,1923。
② 宋育仁:《国学尊经辨惑》,载《国学月刊》第18期,1923。
③ 邓实:《国学真论》,载《广益丛报》,第13期,1907。
④ 孙叔谦:《国学:致〈甲寅杂志〉记者》,载《甲寅》,第1卷,第4期,1914。
⑤ 劳乃宣:《论孔教》,见《桐乡劳先生遗稿》卷一,46~47页,台北:艺文印书馆,1964。

仁进一步提出"知主教化一方,尚未寻得孔教之纲领统系"①,应当依据学理,创发学说,演成政纲条目,确立国是。中国以人伦立国,立国原则为封建井田之制,宋育仁遂由"君子小人辨义"入手,沟通人伦与政教。

"君子与小人"历来被认定为道德伦理高下之别的反义词。宋育仁重提君子之道,"标孔门之宗,教学者以君子之道仍是顺先王之教"②。在三代的政教模型中,君子为卿大夫的代称,小人为庶民通称。宋育仁首先"立君子之道,别小人之分",指出君子本义是指"有能群之德而出于其群",君子之可贵,因其贤能;小人所指细民,"合其群则大,一分子则小"。君子与小人分界在于"君子学道则爱人,小人学道则易使。君子乐得其道,小人乐得其利;君子贤其贤而亲其亲,小人乐其乐而利其利"。如何融会形上之义理价值与形下之时势是宋明以来的关键议题,宋育仁通过分析君子、小人的职能分别回应此问题。君子穷理尽性,其职能为"皇皇求仁义以化民,其所注意皆形而上之事,故由此上达可以尽人伦而达天德";小人通人情世故,其职能为"求财利以自给,其所注重皆形而下之事","故由此下达周世故而通物情也,即学成而上,艺成而下之理"③。君子居于上位,行事由公而重义;小人居于下,行事从私而重利,二者各居其位,各尽其职④。中华文明的文化理想以公与义为导向,以期进入君子之道。当下谈西学者,重物质与私利,"皆小人道","君子小人之界说不明,为士夫者不知求仁义以化民

---

① 宋育仁:《箴旧砭时》(续前),载《国学月刊》第 6 期,1923。
② 《问琴阁弟子记》,载《国学月刊》第 10 期,1923。
③ 宋育仁:《君子小人界说》,载《国学月刊》第 2 期,1922。
④ 宋育仁:《君子小人决义》,载《国学月刊》第 9 期,1923。

而惟势位富厚荣宠之是务"①。宋育仁推崇贤人政治,是非之公优于众寡之权,君子、小人与礼治等级相对应,以差异的平等实践权利与责任的平衡,"义务为权利之发源,权利为义务之酬报"。君子与小人以能力、德行各居其位,各尽其职而天下平。"旧学持文词美术以当中国文化,寻行数器,考据名物,以为经学,空谈性理,以为道统。混合为三教同源之故,不知内圣外王,君子之教,要在督民之行也。"②

国于天地,必有与立。宋育仁认为中国传统文化并非特异的古董遗存,而是人类文明的公理。"一部六经皆公理","明王政、著天道,知分土而各治其民,为宇宙一定不易之公理,则据公理以治邦交,为宇宙合群之大事"③。中国为政教合一缔造而成的天下国家,《春秋》实为万国万世的公法。天下国家代表了融和天人之际、至善至美的文明价值体系,并以一套礼乐制度落实此价值,建立政教合一的人间秩序。民初,辜鸿铭阐释儒家的王道政治为道德良心的体现,以根深蒂固的道德观念形塑礼乐文明,规范人们的行为,孔教"是指带有行为规范的教育系统"④。梁漱溟认为中国文化以意欲自为、调和、持中为根本精神,世界未来文化就是中国文化的复兴,理想社会应为伦理本位⑤。宋育仁认为辜鸿铭、梁漱溟二人未得根本,贤人政治应辅以选贤任能的机制,孝弟人伦必根植于礼乐

---

① 宋育仁:《君子小人界说与经术政治直接关系》,载《国学月刊》第2期,1922。
② 宋育仁:《原学续名学》,载《国学特刊》,第1种(代《国学月刊第24期》),1924。
③ 宋育仁:《经术公理学》,见《中国近代思想家文库·宋育仁卷》,115页。
④ 辜鸿铭:《中国人的精神》,见黄兴涛等译《辜鸿铭文集》下卷,42页。
⑤ 梁漱溟:《东西文化及其哲学》,见中国文化书院学术委员会编:《梁漱溟全集》第1卷,济南:山东人民出版社,2005。

制度,"要以宗法受采为之枢";推行礼乐,"广孝弟于天下要以建国亲侯为之纽","凡学为士者必以执礼为治学之纲,皇皇求仁义者于此,求之学之不已乃成为君子"①。

宋育仁曾出使西欧,"历观其政俗之善者,与吾意中所存三代之治象,若合符节,乃为记载",并自称本意在取证三代治象,非仅以西制比附古制②。宋育仁认识到中西各有独特的文化、历史传统以及由此塑造的立国基础,欧美为契约国家,中国以宗法为建国之法。家庭为正人伦的基础,以宗法维系,化家成国。落实人伦政教须以封建井田为经,兴学起徒为纬。井田封建的原则在于为政养民,养贤遍及万民,分土而治,分田而食:三代封建制度与分藩割据绝异,前者系立宪制度,后者为集权政策,《周官》为治王朝之宪,《王制》为治列邦之宪。朝聘会盟之礼即各邦共守之宪法,《春秋》因此推广为公法,分治地方,预防割据分崩之患。中央统治外交、军制、海关、刑律,列邦分治境内之民,与欧美联邦制有相通之处。井田主义与农仆部落不同,农仆制度以土地为主体而人民为其附属,田地为酋长私有;井田之法以农户为主体而田里为其附属,井地人民为国家所共有③。范少东在国学会成立之初,就提出:"封建废则国无一是,井田坏则民不聊生",今日倡言国是民生,即应以封建井田之原理为前提④。宋育仁认为数千年礼仪之邦,非徒

---

① 宋育仁:《君子小人界说与经术政治直接关系》(续前),载《国学月刊》,第3期,1922。
② 宋育仁:《经术公理学》,见《中国近代思想家文库·宋育仁卷》,175页。
③ 宋育仁:《国学会演讲经术政治学》,载《国学特刊》,第4种(代《国学月刊》第27期),1924。
④ 范少东:《三代封建井田即中国国是民生之原则论》,载《国学月刊》,第1期,1922。

托空言，皆有事实，封建、井田、宗法就是三代理想的政纲。时下社会崇尚金钱万能主义，演化为一犯罪社会，若要改良，并非空谈性理天道，废除金钱，返朴还淳，而要复兴封建、分田、制禄制度，落实人伦政纲①。封建实属联邦法治，侧重崇德报功，能者在职，且无武人专制；经世之志在于"因国度而建联邦，建联邦以拨乱世，即化割据为封建"。民初共产学说流于盲从与破坏，井田之法暗合人道主义，为有序组合，提倡平均公产，各安其居，却无激进党派的纠纷②。

上述主张与宋育仁戊戌维新时期的复古即维新论一脉相承，维新与复古均为明事理，事理寓于教中。所谓："维新不在惊奇，而在涤然，与民更始不待智者而辨，然则维新为言筌，其中有物，舍复古安归乎？""复古者，正欲启其聪明乃所以维新。"③ 此论在清末被蔡元培誉为"通人之论"④。新文化运动之后，通经致用的论调显得尤其不合时宜，毛子水认为宋育仁著述"凡所征引，东拉西址"，颇有夜郎自大的习气，或是"没有读书"的结果⑤；明伦认为"其说驳杂支离，于经学与时务，所得俱属肤末而好为大言者，不足

---

① 宋育仁：《再宣国教》，载《国学特刊》，第1种（代《国学月刊》第24期），1924。
② 宋育仁：《续宋人格言呻吟语》，载《国学月刊》，第15期，1923。关于民初宋育仁政治思想的初步考察，可参见陈阳：《共和时代的复古与建国——以宋育仁为个案看清遗民政治诉求的思想语境》，硕士论文，四川大学，2014年。
③ 宋育仁：《复古即维新论》，载《渝报》，第1册，1897。
④ 蔡元培：《宋育仁〈采风记〉阅后》，见《蔡元培全集》第1卷，212页，杭州：浙江教育出版社，1997。
⑤ 毛子水：《〈驳《新潮·国故和科学的精神篇》〉订误》，载《新潮》，第2卷，第1号，1919。

观"①。"好为大言"所指应是宋育仁所认同文化自信与王道理想;"没有读书"与昧于时务的指摘恰恰折射出宋育仁学说与时代潮流的疏离。民初中西新旧之争纷纷扰攘,愈演愈烈。刘咸炘指出"中西是地方,新旧是时代,都不是是非的标准",学术若未通达,"自然忘不了新旧中西的界限"②。中西新旧不是判断是非的价值标准,而是提供解决问题的方法与途径。宋育仁批评"旧者所守,非守先王之道;新者所新,非新民之理",新旧二派妄分畛域,均有未通学理之嫌,并援引梁漱溟所言"学西者猥琐卑狭,守旧者荒谬糊涂"③。劳乃宣诠释共和古义,自认恪守共和正解,"维君统而奠民生"。宋育仁视此举未能切中要害,"据史文为说,不知与革党主旨不谋"④。宋育仁认为三代之治与欧美善政有共通之处,"中外古今之政治学,惟三代封建之原则与美德联邦之法治可举而议,起而行"⑤;宋育仁提倡封建与井田制度,并非否定共和,而是针对民初自称共和国体,施政原则却不通学理。民国本应落实人民的选举权与监督机制,社会现实却恰恰与此背道而驰:共和本应以国民为主体,却沦为"新官治"与利益集团;"联省自治"的提法本已不通,且有造成割据的隐患;学校成为利禄之途,以学校之名,行科举之实。宋育仁认为民国政局的此种乱象正源自脱离中国特质,盲目比附西学与新说,造成不伦不类的国体与政治窘境,"日谈欧化,而

---

① 伦明:《经术公理学提要》,见中国科学院图书馆整理:《续修四库全书总目提要·经部》,1424页,北京:中华书局,1993。
② 刘咸炘:《看云》,见《推十书》(增补全书)庚辛合辑,239～241页,上海:上海科学文献技术出版社,2009。
③ 宋育仁:《箴旧砭时结论》,载《国学月刊》,第7期,1923。
④ 宋育仁:《共和钩沉平议示子书》,载《国学月刊》,第16期,1923。
⑤ 宋育仁:《国是原理论》,载《国学月刊》,第2期,1922。

不知欧化之国何以立国"，"事慕民治，而不知民治之其道何从也"①。在王道政治的终极关怀中，宋育仁意图超越中西新旧，强调复古即维新，应当师其义而不囿于其法，期望以人伦与名分确立政治合法性和社会秩序，阐发井田、封建制度的大义逐步落实民本、实现权利的相对平衡。

宋育仁的政治理想与民国政治格局、社会潮流颇有些格格不入，自然缺乏实践的契机与可能，宋育仁被贴上"保守""复古""遗老"的标签。不过，宋育仁倡导的学术与政教体系却在某种程度启发蜀学后劲蒙文通、李源澄以现代学术的方式会通义理、制度、事实，回应汉宋、今古、经史问题。宋育仁认为整理国故运动所提倡"不出读史考据之范畴，是即以讲授读书方法为学，达到逻辑；多书能下考订为成学，似即以此为国学之精华，造成之止境，如此辗转传授则所称国学便是读书。拙见是书中有学，读书以求学而非以读书为学，故期于学者能明教育之原则，与政治之比较"②。沟通义理、制度、考据方才能沟通人伦与政教，落实孔子经术所传内圣外王之道。教育为政治的源泉，无教化则人伦政治无法落实，必须设学造士，"先义而后教，而宗法合教养为一"③。文化进退系于人才盛衰，人才盛衰取决于教育的得失。贤人政治行于今日看似委曲繁重，其关键在于改良学制、振兴学校，从而使贤者在位，能者在职。若欲阐扬孔门人伦与政教，维持国学，守先待后，势必改

---

① 复庵：《国是学校根本解决论》，载《国学月刊》，第19期，1923。
② 宋育仁：《与叶秉诚谈学制书》，载《国学月刊》，第17期，1923。
③ 宋育仁：《经术专门政治讲义》，载《国学特刊》，第4种（代《国学月刊》第27期），1924。

良学制与教科，沟通新旧①。

三、形意之辨：国学与分科

中国传统典籍分类经历由七略向四部的演化，如何以西方近代学科分类统摄、整合四部分类体系，实现传统学术体系与知识系统的转型成为清末民初趋新学人的共识。清末变更学制后，新式学堂经学课程难以维系圣教和支撑中学，"中体"危机日亟，官绅开始思考以专门学堂保存旧学。御史赵炳麟主张在通行学制外，设立国学专门学堂保存传统学问。随后，在张之洞的倡导下，各省纷纷成立存古学堂，分科教学，开设理学、经学、史学、词章、子部等科目。民国新学术体制直接废除经科，经部被分门别类地归入文史哲等现代学科体系中，成为各学科以历史的眼光与科学的标准分析、评判的知识载体。虽有学人主张现代图书分类应维系经学的整体性："一国之所以存立者，实赖文化以维系之。经籍者，吾国文化之源泉也。独标一部，以保存吾国之固有精神，是或一道也。"② 保存的方式仍是视作历史材料的参考。宋育仁批评民初学界舍国学之根本而外求西学，"新学界未出人才，旧学界反日形消灭"，新学"欲用白话以破灭国文，别求哲学以破坏伦理"，旧学视国学为别科，而仅欲保存原有，不知国学当与西学学科相对应，为学校主体。

四部分类是图书分类还是学术分类，近代学界纷争不断。宋育

---

① 宋育仁：《改良学制议》，载《国学月刊》，第17期，1923。
② 洪有丰：《图书馆组织与管理》，121～122页，上海：商务印书馆，1926。

仁坚持经、史、子、集为图书分类并非学术分科，四部分类的流弊在于以书为学，应由《七略》上溯孔门四科，四川国学专修学校拟效仿孔门四科的遗意，以伦理、政治、教育、修辞为主课。叶秉诚反对这种学科分类，认为四部是我国专有国学，亟待研究，孔门四科的遗意可以被普通或专门学校采纳，二者并行不悖。国学专修学校应定位于大学的初阶，研究四部之学必须吸纳现代学科分类，将来或可为四川大学的分科。具体科目分为三类：中国哲学类，包括经学、诸子学、宋元明理学、中国哲学史、宗教学、心理学、伦理学、论理学、西洋哲学概论、认识论、美术学、生物学、人类学、语言学概论；中国史地类，包括史学研究法、中国史、东洋史、西洋史、历史地理学、经济学、法制学、文化史、外交史、宗教史、美术史、中国地理、世界地理、海洋学、博物学、统计学、人类学、地文学、地质学、测量绘画学；中国文学类，包括文学研究法、文字学、训诂学、词章学、中国文学史、西洋文学史、中国史、言语学概论、哲学概论、美术学概论、心理学概论、世界史、教育学、语体文、教授法。叶秉诚所言文史哲三类并非单纯的学理分科，而是文史哲三科系所开设的课程科目，均以国学为主，西学为辅，涵括、贯通中西方各学科，"无论何门之学科，未有不通世界同类之学，而能专精一国一类之学者，且欲使吾国固有之学将来成为世界之学，尤不可［不］兼通西学以为之导也"①。

宋育仁认为改进学制与审定教科为社会进化的起点，教科是学制的核心，关键在于伦理、宪法②。哲学不能囊括经学与诸子学，

---

① 叶秉诚：《复宋芸子论国学学校书》，载《重光》，第2期，1938。
② 宋育仁：《更化篇议学制》，载《国学月刊》，第16期，1923。

无法作为教科主纲,且应称之为"伦理","其性质则属中国伦理为主,而社会教育科目参以外国伦理比较"。中国文学类所列科目应统属于修辞,略有差别在于小学为专课,论理诸科为辅助。教育学应当设为一纲目,"正欲消纳科学文化与非科学文化,俾相比较,有所损益,厘订旧学教法之专而狭,新学校支配教科之纷而杂"。政治即为史学之代名词,以政治替代史学名称,原因在于"旧言史学均断自秦汉,不顾其前尚有三千年史学",先秦以上历史寓于经学之中,"中国地理其原点纲要亦在经学家,《禹贡》注释中为策源地,无如经学家旧习津梁仅达到考订而止,乃所谓抱残守缺之学派,未以科学方式进求三代上二千余年之制度典章、宪法规则",政治学即要通览五千年之历史,若沿习四部分类分段,"其前归之于经学之科,由是史成半段之枪,经为断烂朝报,均成无用之学","合五千年为史,前半段为中国政治、教育两科学之精要所存所由,所由欲打破经史子之部,居而剖分其中要素资料,用科举方程以支配为政治、教育两科之大学预备"。宋育仁自称与叶秉诚宗旨"仅有分合之小差而全体之要素原质无异",二人的分际在于叶秉诚以四部沟通近代学制的分科之学,宋育仁认为"中国四部书中所含有何种资料颇难于剖解,而又不能不用剖解方法以析出其中含质取材而用于科学方式之支配",如此方能打破旧学的专蔽与新学的纷杂①。

1923年11月,国学会组织成立国学学制改进联合会,以"发皇国学,汇通新旧,改良教育,支配学科,广造人才为主旨"。宋

---

① 宋育仁:《与叶秉诚谈学制书》,载《国学月刊》,第17期,1923。

育仁为正会长,廖平、骆成骧为副会长二人,文海云、刘豫波等为会员①。该会认为国学以西学分科的形式寄身于新式学校,国学自然漫无统系,将国学作为副课,无法新旧交融,新式教育不仅未能促进新学,旧学反而日益萎缩。当今学界应在新式教育体制外,建立国学专门学校,以国学为教科主体,"所当先明改进国学者,即系根本改良学制","改进国学学制,建设国学专门大学一种之直接统系,非仅为保持国学之仅存,直是发皇国学之进步"。学制可分为专门与预备两级,厘定适当支配学科:"经史子集乃系书之分类,不得为学之分科,性理、考据、词章为国学必要经历之程,而非人才教育专门学科所主",将性理、考据、词章分为三门人才,则"偏枯而不足",若融合为专门国学的预备,则"增进而有余"。但需要加以研究,"归纳于伦理学、政治学、哲学、教育学四科,分别参合支配为国学某科"②。近代学术分科以现代分类观念部勒中国固有学术,文化的整体性自然被现代科目所分割。梁启超提议将经典拆散,冠之以重要类目,作为国学入门的良法。宋育仁认为经典重在贯通,"拆散便错"③。当后学以梁启超所拟国学书目求教时,宋育仁指出梁氏眼光"不越乾嘉间学问,以赵瓯北为初祖,尚不足称为史学家,更无与于国学之文化",梁启超考察历代史事视之为国家观念、社会思想,"杂考据家之浮烟障墨","不过在历朝公牍文告、官府档册上讨生活,与全体民事无关,即与国学文化无关"。研究史学重在"见一代人民心理生命身家之情状,因以明其治乱之

---

① 《国学改进会成立》,载《国民公报》,1923—11—22。
② 宋育仁:《国学学制改进联合会宣言书》,载《国学月刊》,第17期,1923。
③ 宋育仁:《评梁启超〈国学入门书要目及其读法〉》,载《国学月刊》,第16期,1923。

所在所由",进而以"纪事本末之程式,以王船山《通鉴论》之理绪,统辑而贯穿之"。梁启超、章炳麟等"侈谈国学文化而出尔反尔,自相矛盾如此。平心而论,一部廿一史,何奇不有。治日少而乱日多,大概就是木皮子鼓儿词所说教导坏了多少后人。只有彼善于此,均非国学主要"①。太炎门生朱闇章受章太炎嘱托著《史学书目表》,函请宋育仁刊发于《国学月刊》。宋氏直言此书"本所心得,讲授生徒,详简适宜,绰绰有余",但与国学会所谓讲学仍为两事,"尚在殊途"。近人所承的史学,多限于掌故之学,"且系秦汉以来之掌故",仅属于政治学的预科,汉唐政治得失参半,其他乱世鲜有可观,"其于教化,无所设施,未足称为道揆,即无可奉为法守"。宋育仁自称贬抑史学源自"欲讲学称师,同发世界国家观念,进而求之政治学、教育学之原则,非就己所学与人争坛坫授生徒"②。

明清以来中国历史发展的核心议题是在德性之学与政教体系、社会秩序之间建构能动关联,乾嘉学人意图超越宋明先天预成的形上学,却群趋考证学的知识实践,进一步割裂义理学与经史学的关联,儒家义理学逐渐丧失独立性,未能有效应对时势。现代西方学术分科体系作为现代世界体系和西方启蒙思想的产物,承载传播西方普世价值的功能。清末民初,中国固有学术思想由内部转化过渡到西方学术分科,移植西学,建立现代学术体系,此一过程无形切断了传统文化价值与现实的关联,传统文化衍为客观性知识,逐渐丧失致用的价值与实践的功能。宋育仁在形式上接受学术分科,但

---

① 宋育仁:《复谢子厚问学程书》,载《国学月刊》,第22期,1924年。
② 宋育仁:《问琴阁复朱闇章函》,载《国学月刊》,第23期,1924年。

分科的原理紧扣经术与公理，分科并不意味破坏经学的义理系统，国学专门学科即从中国文化的整体中提炼出伦理、哲学、政治、法律、财政、教育的原理，分门统摄各类典籍。此即"用剖解方法以析出其中含质取材而用于科学方式之支配"，寓孔学精义于分科，述文化于史，以经学为主体，兼摄西学，弘扬孔学人伦与政教。在国学研究社讲习国学专门学科时，宋育仁折衷各派，学科细化为伦理学、哲学、政治学、法律、财政学、教育学、训诂学、文史学、女学各科，组合而成经史政教之学①。伦理学以《诗经》《礼记》《孝经》《孟子》为主课；哲学以四书为主课，理学家著述为辅。法律以《周礼·秋官》《春秋公羊传》《汉书·刑法志》《唐律疏议》、孟德斯鸠《法意》为主课；财政学以《周礼·天官·地官》《史记·平准书》《货殖传》《汉书·食货志》、司密亚丹《原富》《富国策》《续富国策》《各国币制纂要》为主课；教育学以《周礼·地官》《春官》《礼记·王制》《学记》《文王》《世子》《曲礼》《小仪》《内则》、师范讲义为主课。宋育仁视官制为国家枢纽，周官设官分职"绝无平权之理而又有不易之法"，"先复封建，必行周官之制，始能维持封建，故其设官分职必须取法周官，以勘合《王制》，又必建国设官之制定，始能制民之产，以井法授田"②。政治学门类遂以《尚书》《周礼》《礼记·曲礼下》《王制》为主课。国学专门学科在形式上以中学为体，西学为辅；其实质是以国学为主体，以孔子政教系统为核心，将孔学义理与功能作为分科标准，形成一套有

---

① 宋育仁：《国学研究社讲习专门学科》，载《国学月刊》，第17期，1923。
② 宋育仁：《王道真宰·封建政纲》，载《国学特刊》，第3种（代《国学月刊》第26期），1924。

独立价值的分科体系，落实中学的体与用，突破旧学的局限，回应西学。恰如宋育仁所说授徒"以通例教科而治经，兼及子、史、集部，寓有研究实学，融合新旧之意"，讲学则"必欲发明圣门经术之传道，而切切愿与天下共明之"①。

"旧瓶不能装新酒"是新文化运动兴起后，民国知识界流行的口头禅。新文化派以现代学科体系条理经学，经学史学化、史料化必然走向以西学统摄中国传统文化，被主流学界视为革命性的转变，是中国学术现代转型的标志②。宋育仁认为"中国旧学持文艺以自豪，新学派剿袭钞撮欧法条文以自广"，遂以孔门四科兼采现代学术的形式，阐发孔学经义。刘咸炘曾暗示宋育仁之经学"间自下己说，不尽确"③。马一浮认为宋育仁"学通新旧，似不免有好用新名词之失"④。趋新学人对宋育仁的主张更加不以为然，宋育仁曾拟将《政治学讲义》赠与胡适、陈莘农，却被吴虞讥讽为"妖孽"之举⑤。国学与分科问题关系到如何整合中国旧有的知识体系与现代西方知识形态，更牵涉近代儒学解体，政教分离的共和体制确立后，成德之学与教化功能如何落实？整理国故运动与古史辨运动力图建立科学学术体系支撑新文化运动的文明理念，历史的眼光、学

---

① 宋育仁：《讲学与授徒课文之异》，载《国学月刊》，第23期，1924。
② 参见陈以爱：《中国现代学术研究机构的兴起——以北大研究所国学门为中心的探讨（1922～1927）》（修订本），188页，南昌：江西教育出版社，2002。
③ 刘咸炘：《内景楼检书记·经类》，见《推十书》（增补全本）丁辑，463页，上海：上海科学文献技术出版社，2009。
④ 马一浮：《尔雅台问答·答龚君》，见《马一浮集》第一册，521页，杭州：浙江古籍出版社、浙江教育出版社，1996。
⑤ 中国革命博物馆整理：《吴虞日记》下册，1922年11月20日，68页，成都：四川人民出版社，1984。

术的态度、怀疑的精神无一不指向事实与价值的分离，经学不再被视作圣贤王道或哲理真言，而仅是七科分类中的史料与研究对象而已①。叶秉诚、宋育仁均反对抱残守缺的国学，提倡科学化国学。科学化并非囿于"以西律中"，以国学为装饰品，而是提倡有体有用之国学，有别于"一般所标榜之以科学方法整理国学"。宋育仁批评汉代以降兴学取士，"只属造士之抽象，未及教民之全体"②，主张普及教育，寓孔学精义于教科之中，以孔学人伦与政教实践为政化民。中国文化精粹在于礼义，"礼义之教非徒托空言"，若"自认中国为一美术国，已则玩物丧志，而坐中国以无耻，为世界之玩物也"，"保持国粹，提高人格，非为提高人格，即无须保持国粹，国粹乌乎在？何谓之国粹？"③改进国学学制，沟通新旧中西，期望"内而发挥国学之效用以养成东亚伟大文明之国民，外而欲使国学发扬为世界之学"④。

在现代学术注重客观经验知识的基础上，再次从传统出发，突破分科之学，建立方法与宗旨、考据与义理相贯通的整体学术体系，以问题为导向，而非以学科为界限，整合义理学与经史之学，赋予现代史学"撰述"与"明道"之义，或是现代史学走出困境的一种可能。梁启超晚年即注重传统史学的本来面貌，"以史明道的学术之发达及变迁，为研究中国史学史所不可不注重之点，在外国

---

① 王汎森：《民国的新史学及其批评者》，见罗志田主编《20世纪的中国：学术与社会·史学卷》，40～45页，济南：山东人民出版社，2001。
② 宋育仁：《倡兴普及教育暨女学改良学制方法》，载《国学月刊》，第14期，1923。
③ 宋育仁：《论史学》，载《国学月刊》，第20期，1923。
④ 李源澄跋语，转自叶秉诚：《复宋芸子论国学学校书》，载《重光》，第2期，1938。

是没有的"①。以宋育仁等老辈抑或"保守"的学人为媒介,能更真切地理解与转化传统学术体系。宋育仁视中国为天下国家,中国不仅仅是政治实体与族群认同,更是整体的文化精神,儒学承载其义理与礼制体系,经立其本,史宏其用。新文化派与宋育仁一类的老辈学人往往各执己见,因反孔非儒与尊孔崇圣等价值观念与政治立场之别而演化为意气之争。顾颉刚求学时期,新旧之争尚未如冰炭不相容,曾评价宋育仁学说"虽悖暗,较之时髦学人,尚为可意多多"②。抗战时期,傅斯年曾以方法与道理各有所长调和新老学人,现代新学术以分科的方法解读"中国书",视之为"古籍""国故","书"中的"道理"多被束之高阁③。在老辈及其后学眼中,研究古学,若未通晓中国学术贵有一贯之义理,深入堂奥,何谈出新?宋育仁浓厚的尊孔意识不无可商榷之处,但揭示其文化理念、政教系统与学术宗旨,或可反省近代学术转型历程。历代儒学在与他种学说"和会与辩驳"中齐头并进,"能立然后能行,有我而后有同"④。只有确立了文明主体性,既不妄自菲薄,更非固步自封,方能避免在中西对话中沦为文化殖民地。

再次从传统出发,并不意味着忽视、反对近代新学术体系,现代学术转型是近代以来中国文化无法抹杀的实践经验与有益尝试,业已成为当下中国文化中不可或缺的核心成分。在现代社会中,重

---

① 梁启超:《中国历史研究法补编》,200页,北京:中华书局,2010。
② 顾颉刚:《寒假读书记》,《顾颉刚全集·顾颉刚读书笔记(十五)》,7页,北京:中华书局,2011。
③ 黄季陆:《国立四川大学——长校八年的回忆》,《黄季陆先生论学论政文集》第3册,1743页,台北:"国史馆",1986。
④ 钱穆:《中国近代儒学之趋势》,载《思想与时代》,第33期,1944。

构儒学义理的正当性，必须调适价值立场，并以现代学术体系论证与表达其合理性。反思现有学术体系，从历史文化的本源处突破固有成见，可以发现文化义理与科学考据、科学实证史学与传统义理史学二者并非截然对立，而能相辅相成。中华文明以仁义为本，义理之学为中华文明特立的精神与历史指引，但道不可空讲，儒学人伦与政教体系交相贯通。阐明义理，方知制度的缘起，儒家义理又必以制度为支撑，创设制度才能落实义理的功用。制度为经史之枢纽，义理的落实与历代治乱兴衰皆系于此。文化价值与制度实践又必须在具体的历史情境中展开，史学的求是与求真恰好成为理解、进入中国文化与政教传统的绝佳途径，并为文明更化提供参照与依据。融汇民国时期各派文化与史学的多元方法与宗旨，既可考察近代经史转型的复杂内涵，更可反思进而丰富时下史学研究的方法与旨趣，构建文化精神、历史传统与文明走向之间的能动关联，使史学研究成为文明主体性确立的源头活水。

第五章
今古分合与民国学界的古史派分

近代学术,经史递嬗,创新史学成为学术转承的关键,追寻中国文明的起源、重建上古国史成为民国学界的当务之急。民国有学人指出:"苟欲彻底的明了整个之中国文化,无论哲学、文学、史学、教育学等各方面,非溯源于古代,追其根蒂,穷其流别不可也。"近代古史研究既承受历代的疑古精神,又接收欧美的科学方法,"在此东西思想交流中,新旧传说冲突中,遂愈觉自由奔放而不可遏止"①。近代中国各阶段的新史学大都是欧美史学的折射,疑古精神与西方科学方法促成近代古史研究的勃然兴起。民国学术承袭清代学术之余绪,整理国故和古史辨运动的起点正是回归原典,"以复古为解放",在继承乾嘉汉学的基础上更上一层楼。钱穆认为"考论古史一派,实接清儒'以复古求解放'之精神,而更求最上一层之解决"②。重写古史成为重估中华民族文化价值的重要议题,创新与复古堪称近代古史研究的一体两面。

整理国故运动蔚然成风之时,以柳诒徵为首的南高史学与北大

---

① 李悌君:《关于中国古史问题及其研究法》,载《励学》,第6期,1936。
② 钱穆:《国学概论》,330页,北京:商务印书馆,1997。

国学门相颉颃，从诸子学到古史等问题针锋相对，此争论被视为民国古史研究乃至近代学术南北、新旧分派的关键①。恰逢此时，廖平门生蒙文通游历吴越之后，倡议蜀学，主张弘扬廖平今文学，分别今古文家法，扭转整理国故运动的流弊。此后，蒙文通屡次出川，相继执教于中央大学与北京大学等高校，与民国各学术流派深入交往。经今古文立场的分歧导致蒙文通与南北学人研究古史的方法与旨趣迥异。以清末民初经今古文流变为线索，考察蒙文通与民国南北学界的分合，或可呈现民国古史研究的多元路径，进而反思近代学术的"新旧"派分。

一、经今古文之争与民初古史学

民国初年，在总结二百年清学时，梁启超指出清代学术乃"对于宋明理学之一大反动"，"一言蔽之，曰'以复古为解放'。第一步，复宋学之古，对于王学而得解放。第二步，复汉唐之古，对于程朱而得解放。第三步，复西汉之古，对于许、郑而得解放。第四步，复先秦之古，对于一切传注而得解放"②。经今古文之争成为"复古求解放"的关键环节，廖平根据家法条例研究周秦礼制，探寻今古文的起源，启发晚清今古文之争转入古史领域。廖平学术前三变都是以解释今古文的起源为线索，重构道与六经的关系，最终

---

① 关于近代新史学流变与新旧之争，可参见桑兵：《近代中国的新史学及其流变》，见《晚清民国的学人与学术》，北京：中华书局，2008。王汎森：《价值与事实的分离？——民国的新史学及其批评者》，见《中国近代思想与学术的系谱》，台北：联经出版事业股份有限公司，2003。
② 梁启超：《清代学术概论》，见朱维铮校注：《梁启超论清学史二种》，2～6页。

走向孔经哲学。廖平主张经史分流，以家法、条例建构古代文献的历史层次，分别"六艺"与"六经"，认为"六艺"是孔子之前的旧史，六经则是孔子创造的新经。廖平否定六经皆史说，强调六经是孔子空言垂教的产物，六经中的历史愈古愈文明。康有为宣称孔子托古改制，六经所载三代盛世是虚构的历史，彻底否定六经记载的真实性。章太炎提出"夷六艺于古史"，将六经历史文献化，认可六经作为古代历史文献的史料价值，以此了解中国古代文明的进化与制度沿革。廖平、康有为、章太炎均通经致用，托古改制论与"六经皆史说"成为清末民初经今古文之争的核心议题。

蒙文通评议二十年来汉学时，指出最风行一世的，前十年是以康有为为领袖的今文派，后十年是以章太炎为领袖的古文派。所谓国学，就在这两派的范围之内。二十年间，只是今文派与古文派两家的新陈代谢，争辩不休，这两派的争议构成汉学的大部分①。1929年，蒙文通重申："在昔浙中学者善持六经皆史之论，缀学之士多称道之，诵说遍国内。晚近托古改制之论兴，缀学之士复喜称道之，亦诵说遍国内，二派对峙，互相诋諆，如冰炭不可同形，已数十年于此也。"② 近代今文学的疑古思潮为整理国故与古史辨运动变经学为古史学提供了思想资源，质疑经典的古史叙述又直接动摇了经学的神圣性与可靠性，成为以史代经的学术基础。顾颉刚自称他"上古史靠不住"的观念来源主要是清代今文经学："窃意董仲舒时代之治经，为开创经学，我辈生于今日，其任务则为结束经学。故至我辈之后，经学自变而为史学。惟如何必使经学消灭，如

---

① 蒙文通：《经学导言》，见《经史抉原》，12页。
② 蒙文通：《论先秦传述古史分三派不同》，载《成大史学杂志》，第1期，1929。

何必使经学之材料转变为史学之材料,则其中必有一段工作,在此工作中我辈之责任实重","清之经学渐走向科学化的途径,脱离家派之纠缠,则经学遂成古史学,而经学之结束期至矣。特彼辈之转经学为史学是下意识的,我辈则以意识之力为之,更明朗化耳。"①

六经皆史说是近代经史转型的媒介,托古改制说成为近代疑古思潮的重要源头。钱玄同认为汉代的今文家、古文家把历史完全捣乱,古文家章炳麟"痛驳微言大义之说,不信孔子有作经之事实,这是拨开汉代今文家的云雾";今文家康有为"发明古史不足信之说,不信周公有制礼之事实,这是拨开汉代古文家的云雾"。然而,章太炎能拨开孔子作经的迷雾,而仍相信周公制礼;康有为清除周公制礼的旧说,而仍坚持孔子作经。"我们现在应该取他们拨云雾之点,而弃他们躲在云雾下之点,则古史真相才能渐渐明白的披露了。"② 重新审查经典的史料价值与研究上古三代历史成为清末民初学人争辩今古的焦点。在整理有争议的先秦典籍时,朱希祖提出以"立敌共许"为原则,"用今文家无证据的传说,强古文家相信,古文家以不许。反之亦然,现在要讲明这几部最古的书,必举今古文家所共信的书来做根据"。《易》十二篇、《书》二十九篇、《诗》三百五篇、《礼》十七篇、《春秋》《论语》《孝经》这七部书,今古文家皆以为真,"欲讲明古事古义,必举此七书以为证,乃可信以为真。七书无明文,姑从阙疑,不可臆说"。研究这七部书,应各项学术分治,"经学之名,亦须捐除","我们治古书,却不当作教主

---

① 顾颉刚:《顾颉刚读书笔记》第五卷,2788页,台北:联经出版事业股份有限公司,1990。
② 杨天石主编:《钱玄同日记》(整理本),1922年12月24日,487页。

的经典看待"①。吕思勉认为应当捐除经学之名,分治各项学术,但对"立敌共许"的原则有所保留:"经学,我自始不承认他可以独立成一种科学,而经学的全部,却是治古史最繁要的材料,即治后世的历史,也不是和经学没有关系。就事实论,把全部的经学书籍都看作治史学应用的书,亦不为过。"② 清儒治经方法比前人更为精密,"今后之治经,亦仍不能无取于是,特当更益之以今日之科学方法耳"③。经今古文学有不同的作用,研究经学首先要分别家派,今文经学的最大价值在于研究孔子的学问,古代的信史则多保存在古文经典中。顾颉刚以"不立一真,惟穷流变"为原则,区分"记载的历史"与"客观的历史",提出古史层累观,突破古史一元体系建构,恢复古史的多元叙述。经今古文问题成为研究古史的"一个最大的关键","因为古文学发生时,曾把所有的学问从头整理一过,如果我们不把今古文的材料分清,则未有不以古文学家整理的结果认作当初的原状的,于是就受了他们的欺骗了"④。

缪凤林认为"六经皆史"与"托古改制"说都是儒家正统派的支流余裔。章学诚与崔述同时申明六经皆史,乾嘉汉学号称治经,"然治经实皆考史,疏证三代制度名物政教文字之书",从而导致六艺之学变为考证学。"二帝三王之行事,反缺如焉。文士以婴荡自喜,又耻不习经典,于是有今文之学,务为瑰意眇辞,以大义微言

---

① 朱希祖:《整理中国最古书籍之方法论》,载《北京大学月刊》,第1卷,第3号,1919。
② 吕思勉:《乙部举要》,见《吕思勉论学丛稿》,495页。
③ 吕思勉:《答程鹭于书》,见《吕思勉论学丛稿》,661～682页。
④ 顾颉刚:《〈中国上古史研究课〉第二学期讲义序目》,见顾颉刚编:《古史辨》(5),259页。

相杜饰。末流遂有儒家托古改制之说。虽以六艺言古史，而认六艺为孔子所托造，虽奉儒家为正统，又谓儒者所传非信史。其所论支离自陷，乃往往如呓语。"'六经皆史说'变为考证学，古史学暗而不彰导致托古改制说兴盛。那么，厘清古史脉络，应当以崔述为旗帜。缪凤林将崔述归为儒家正统派学者，称赞其"疏证之勤，考辨之细，过去之古史界，实无其匹，今之新史学巨子，犹多受其沾溉焉"，"儒者言史，崔氏极其盛"①。

蒙文通自称："余少习经学，好今文家言，独于改制之旨，则惑之未敢信。"他认为："今文、古文之界别且不明，徒各据纬候、仓雅为根实，以讪郑、阿郑为门户，则近世言今、古学之大本已乖，又何论于托古改制、六经皆史之怪谈？"今、古学之义不明确，古史系统难以澄清，"二派根本既殊，故于古史之衡断自别"。蒙文通撰述《经学抉原》《古史甄微》，有意与托古改制、六经皆史说立异②。蒙文通从"事实"与"义理"两个层面分别经史：一方面，六经仅为上古历史的一种记载、一种解释；另一方面，经学可贵之处并不在于它对上古史迹的合理解说，而在于儒家经学中有孔子所确立的价值标准，"变鲁以协道"。在《古史甄微》中，蒙文通以古史三系说为儒家起源提供合理的历史解释，又从上古三代历史出发认定儒家义理实为中国文化的精华。至此，"'素王'之说既摇，即改制之说难立"，证明"晚近六经皆史之谈，既暗于史，犹病于

---

① 缪凤林：《古史研究之过去与现在》（上篇），载《史学杂志》，第1卷，第6期，1929。
② 蒙文通：《论先秦传述古史分三派不同》，载《成大史学杂志》，第1期，1929。

史","孔子所传微言大义,更若存若亡"①。

民国学界的古史研究以经今古文之争为枢纽。一方面,经今文学研究衍化为考察古史。李源澄指出近代古史研究,实导源于晚清今文学,廖平与康有为提倡托古改制,本以解经学之纠纷,一变而为古史之探索②。另一方面,经史异位的学术环境必须以史学来为经学显真是,"经学上之问题,同时即为史学上之问题","夫治经终不能不通史"③。"六经皆史说"从历史的起源处,为建立特殊的民族历史文化提供知识资源;托古改制论所衍生的疑古思潮,成为古史辨派超越儒家理想化古史系统的思想来源;蒙文通以地理、民族、文化的视角创立古史三系说,重新解释经史关系,以史证经,申明儒学在中国文化中的地位。经今古文立场的差别导致民国学人研究古史旨趣判若云泥。

二、"儒家正统史观"与"诸子百家之言"

北伐前后,南高与北大学人奔走各地,国内的学术格局有所改变,古史研究更加为世所重。齐思和便指出:"(顾颉刚)倡'层累地造成的中国古史'之说,近世史学方法,始应用于我国古史。斯说既出,举国大哗,或据理痛驳,或信口抨击,往复辩难,至十余万言,诚我国史学界稀有之盛举。惜当时反驳者,既昧于近世史学方法,复不明顾先生之要旨,惟据'禹为爬虫'一点,反复辨杂,

---

① 蒙文通:《古史甄微》,见《蒙文通文集》第5卷,4页,成都:巴蜀书社,1999。
② 李源澄:《论经学之范围性质及治经之途径》,载《理想与文化》,第5期,1944。
③ 钱穆:《自序》,见《两汉经学今古文平议》,6页。

弃其根本而穷其枝叶,故毫无结果而罢。此后顾先生挟其学走闽越,所至学者响应,蔚然成风。"① 从"举国大哗"到"蔚然成风",短短数年,古史辨的影响力可谓与日俱增。柳诒徵认为:"今人疑经疑古,推翻尧舜禹汤周孔,而转喜表彰王莽,即由此根本观念不同,故于古史争辩最烈。"② 20世纪20年代末,柳氏门生缪凤林、范希曾、陈训慈、郑鹤声、张其昀发起成立南京中国史学会,发行《史学杂志》。由于弟子星散,原来辩论古史的干将刘掞藜毕业后,任教成都大学,《史学杂志》前三期未登载任何上古史之类的文章。恰逢此时,蒙文通二度出川,寓居支那内学院,随即由欧阳竟无、汤用彤等师友引荐,结识柳诒徵、缪凤林师徒,后执教于中央大学。蒙文通的参与弥补了南京中国史学会"中国上古史"领域的空白,缪凤林与蒙文通的辩难也成为了当时南京中国史学研究会上古史研究的主线。

廖平曾暗示今文经中上古帝王各传数十世、地域四至各殊的记载与由来已久的古文经所言五帝一系相承说明显矛盾,提示蒙文通注意上古历史多元问题。考证三皇五帝系统,成为蒙文通研究上古史的起点。蒙文通认为,三皇五帝说起自晚周,三皇之说本于三一,三皇五帝原本是神祇,初被视为神,帝与皇的称号本来不关人事。"孟子而上,皆惟言三王,自荀卿以来,始言五帝,《庄子》《吕氏春秋》乃言三皇。"五帝说始见于《孙子》,三皇说始见于《庄子》。蒙文通推论三皇五帝说皆起于南方,邹衍借此提倡五运之

---

① 齐思和:《最近二年之中国史学界》,载《朝华月刊》,第2卷,第4期,1931。
② 柳诒徵:《史学概论》,见柳曾符选编:《柳诒徵史学论文集》,101页,上海:上海古籍出版社,1991。

说,"三五之说"便传到东方、北方。晋人言五帝,就是兼容了齐、秦的说法。五帝之说是源于秦、晋而次第转变的最后说法,司马迁著《史记》,采纳"既有三皇说以后之五帝说"。孔安国、皇甫谧以伏羲、神农、黄帝为三皇,少昊、颛顼、帝喾、尧、舜为五帝,三皇五帝之说最后确立①。

蒙文通考察三皇五帝说的衍变,整理三晋古史系统,认为三晋之说本已"去古义益远",后起三皇五帝说更是"无当于义犹昔"。伏生本于鲁学提出的三皇说是最为可信:三皇并非次第相接,三皇之间易姓王的更替或有百数十代,从遂人氏到黄帝,其间易姓称王者多至三百姓,三皇三百姓间可能有万代。缪凤林在三皇、五帝是人或神及其起源流变等问题上并不认同蒙文通的意见。在缪氏看来,"神五帝"之说起于国神(取人为神),"人五帝"之说起于假帝号以尊王,二者本不相涉。三皇说起于道家理想的具体化。三皇五帝是人而非神,五帝说起于东周,三皇说确定于秦人②。孙正容也认为秦汉之际,三皇五帝人神之说暂且分明,王莽之后,"神、人与生为人而死为神三者遂杂糅不分,而说五帝者益纷纭而莫所遵循也";史籍中三皇五帝的顺序,"仅就其人与书中所称述之事有关者言之,与后先次序无涉"③。

蒙文通以鲁学为根本,质疑古文经的古史系统,经传并重,博

---

① 童书业:《三皇考·序》,吕思勉、顾颉刚编著:《古史辨》第7册(中),38~39页,上海:上海古籍出版社,1982。
② 童书业:《三皇五帝说探源·按语》,吕思勉、顾颉刚编著:《古史辨》第7册(中),334页。
③ 孙正容:《三皇五帝传说由来之蠡测》,载《国立中央大学半月刊》,第1卷,第13期,1930。

采诸子百家学说，甚至"多袭注疏图纬之成说"。缪凤林治古史信经疑传，守儒者正统学说而排斥百家之言。二人古史研究的分歧颇有今古之争的意味，三代世系的争论就根源于此。长久以来，关于三代的世系，多依据《史记·三代世表》，《史记》利用的材料多为《左传》《国语》，特别是《世本》。章太炎对《世本》推崇备至，认为《世本》开创中国新的历史典范，其编年方式与记载的内容为中国民族界定了一个特定的三代纪年，"推阐《世本·帝系姓》《居篇》《作篇》之旨尤精"①。缪、柳二人著述言及三代世系，多以《史记·三代世表》与《本纪》为依据。在蒙文通看来，《史记》中自相矛盾之处太多，《三代世表》《世本》的很多记载不足为据。相反，《命历序》中"自炎帝、黄帝、少昊、颛顼、帝喾皆各传十数世，各数百千年"的说法较为可信，"《命历序》《含神雾》各篇皆守今文师法，自相扶同"。对于三代世系，夏、殷、周的年岁，《世经》上的说法"与古无征"，仅与《左传》有相合之处。蒙文通认为"自刘歆横断年数，损夏益周"，五帝三王年岁便日益混乱。"班固《世经》，即本之刘歆《三统历》，自为妄书，不足为据。"古文一系的《世经》与《三统历》惹人怀疑，《命历序》与《殷历》更为可信。何休治《公羊》所用的正是《殷历》，"与《三统历》抗衡者独为《殷历》，治今、古学者宜各知所尚"②。

廖平对蒙文通所提出的论题，是要论证中国立国开化之早，东西各民族均无法企及，所谓"破旧说一系相承之谬，以见华夏立国

---

① 缪凤林：《古史研究之过去与现在》（上篇），载《史学杂志》，第1卷，第6期，1929。

② 蒙文通：《古史甄微》，见《蒙文通文集》第5卷，28～33页。

开化之远"。那么,回应"中华民族西来说"本是蒙文通古史研究的题中之意。缪凤林针对汉民族文化西来说,曾先后发表了《中国民族由来论》《中国民族西来辩》《中国史前之遗存》诸文,在三四十年代出版的《中国通史纲要》中辟专章再行论列。蒙文通特意发表《中国开纪于东方考》,自称与缪凤林"一破一立,相待相济"。蒙文通破除黄帝与少昊的父子关系,澄清在西来的一系之外,还有东边本土的一系,进而从地理与文化的视角证明中华文化起源于东方。可以说,就反对中国民族文化西来说而言,蒙文通、缪凤林站在同一立场,认为中国文化发源于本土;不过,柳诒徵认为"中国古代文化,起于山岳,无与河流"。蒙文通则认为中国文化源自海岱的泰族,"自昔以鲁地文化为最高",鲁学为儒学的嫡传,经今文学的正宗。

  蒙文通是用今文经学的眼光看古史,分析旧说,打破原有三皇五帝框架,提出"古史三系说"①。今古文立场的分别使得蒙文通与柳氏师徒的分歧日益彰显。《古史甄微》刚一发表,中央大学史学系学生张崟即发表了一篇《〈古史甄微〉质疑》,指出"史说既曰三方,则似应此疆彼界,无所出入",但比较"晋、楚、邹鲁之所传","三方之说为大谬"。蒙文通"所以证各方学者自成一系之说之证",实乃"已胸具成见,征嫌阿私"。张氏对《古史甄微》最大不满在于蒙文通申六经非史之旨,以诸子百家之言质疑六经在史学上的正统地位:

---

① 蒙文通古史研究的系统研究,可参见张凯:《出入"经""史":"古史三系说"之本意及蒙文通学术旨趣》,载《史学月刊》,2010(1)。

年来研究中国古史之风，一时颇盛，而要而言之，大抵不外：（一）旧史学派，（二）新史学派，（三）疑古派。所谓旧史学派者，一遵往古代代相承之说，亦步亦趋，不稍更易，或更博采诸子，以相涂附。新史学派则依地下掘得之新史料，以补旧史之偏而救其敝，"不屈旧以就新，不绌新以从旧"（语见《殷墟文字类编》王忠悫公《序》），惟真是求，惟信是录，态度最为纯正，成绩亦特为卓异。其疑古一派，则稍窥皮毛，率尔立异，师心自用，如饮狂药，一切旧史，目为土饭，以现代之理论，决遂古之事实；深文周纳，惟意所欲，裂冕毁裳，靡所不至；如以尧舜为神非人，以伯禹共虫等视，其著例也。三派之中，首派之上焉者，诚为博古，而流弊恒不免为杂糅，不免于泥古；且所依据，率在书本，既乖子舆氏尽信不如无之训，而书本又固有真伪之宜辨，于是遂不免为反对派狂猖者流之所借口，而逞其簧鼓肆其吹求矣。次派最合于现代科学之精神，在古史研究上亦建有不朽之丕绩，然地下发掘之古器遗物，究已凌乱不完，譬犹从残碑断碣中，求最初全文之措意，固已巨能！而况藉以推求悠悠之古史？⋯⋯若夫最后疑古一派，则志大言夸，羌无依据，已如上述，可比自《桧》；然则在耆儒硕学自具只眼者，固漫无影响，犹之见怪不怪，其怪自败也；而在孤陋寡闻，胸无定力，学殖薄弱之后生，则受兹"记丑而博，言伪而辨"卤莽灭裂之诐说所波荡所麻醉者，实非浅尟矣。率以以往，将狂澜滔滔，所有史籍，又何之而不可疑？何适而不可雕琢？芒芒后学，将奚求免孤裘蒙茸之叹邪？此古史研究所以急须大有力者出，为之理董，为之疏别，而不容斯须缓也。兹者本校史学系教授蒙文通先生,果有鉴于是,慨肩艰巨,自树赤帜,发明古史三系之说,以推阐往事,不偏于新,不党于故,祛门户之成见,冶今古学于一炉,博稽众籍,惟信是征,错综比较,以验厥情;其诚不缪乎近世科学精神,而深合乎培根之归纳法矣。①

张荃十分明白《古史甄微》的学术立场,认为蒙文通有意用三系说、诸子学说来否定儒家信史,批驳六经皆史说。不过,张荃认为儒家史说自成系统,诸子学说不仅杂糅百家,毫无统纪,晋学、楚学基本文献《山海经》《汲冢纪年》的真实性都值得怀疑,"吾后学者于古史传说之从违,自不容舍去古未远之孔门儒家传说,而反仞晚出诸子百家之谰言耳!"② 若要通晓古史真相,要依据"儒家传说"。孙正容同样批评西汉以降,"因儒信谶,以谶传儒,辗转傅会,上古史遂益上溯而益神话"③。儒家正统史观并非一己之见,而是柳诒徵及其门生研究古史的风气。

1931年复刊的《学衡》中重新刊出柳诒徵《论近人讲诸子之学者之失》一文,编者言:"此文关系重大,有永久之价值。"④ 此意或有针对北平学界正沸沸扬扬的"辨伪"之风,考虑到缪凤林正担任《学衡》的副编辑与干事,重刊此文不无声援张荃质疑《古史甄微》的意味。"六经与诸子"的分歧背后多少带有经今古文之争的

---

① 张荃:《〈古史甄微〉质疑》,载《史学杂志》,第2卷,第3~4期合刊,1930。
② 张荃:《〈古史甄微〉质疑》,载《史学杂志》,第2卷,第3~4期合刊,1930。
③ 孙正容:《三皇五帝传说由来之蠡测》,载《国立中央大学半月刊》,第1卷,第13期,1930。
④ 柳诒徵:《论近人讲诸子之学者之失》,载《学衡》,第73期,1931。

意味，柳诒徵在此文中就痛斥胡适"论学之大病，在诬古而武断，一心以为儒家托古改制，举古书一概抹杀"。重刊时，在文后附录章太炎《致柳诒徵书》。章太炎直接挑明今古文的对立："鄙人少年本治朴学，亦唯专信古文经典，与长素辈为道背驰。其后深恶长素孔教之说，遂至激而诋孔。中年以后，古文经典笃信如故，至诋孔则绝口不谈，亦由平情斠论，深知孔子之道非长素辈所能附会也"，"六籍皆儒家托古，则直窃康长素之唾余。此种议论但可哗世，本无实征，且古人往矣，其真其伪，不过据于载籍，而载籍之真伪，则由正证反证勘验得之。墨家亦述尧舜，并引《诗》《书》，而谓是儒家托古，此但可以欺不读书之人耳"①。缪凤林赞誉柳诒徵《中国文化史》，"以六艺为经，而纬以百家，亦时征引新史料，而去其不雅驯者，持论正而义类宏"，"元明以来所未有"②。柳诒徵所摒除的"不雅驯者"恰恰就是蒙文通《古史甄微》的立论基础——"注疏图纬之成说"。柳诒徵治学不以汉宋为门户，然其治史与古文经学若合符节，周予同曾指出，《中国文化史》在学术传承上主要受古文经学影响③。崇六经、斥诸子是柳诒徵的一贯作风。柳诒徵认为清儒治经皆为考史，甚至"今文学家标举公羊义例，亦不过说明孔子之史法，与公羊家所讲明孔子之史法"④。蒙文通主张经史分流，《古史甄微》多采纳诸子、图谶学说，有意针对六经皆史说。蒙文

---

① 章太炎：《致柳诒徵书》，载《学衡》，第73期，1931。
② 缪凤林：《古史研究之过去与现在》（上篇），载《史学杂志》，第1卷，第6期，1929。
③ 周予同：《五十年来中国之新史学》，见朱维铮编：《周予同经学史论著选集》（增订本），523页。
④ 柳诒徵：《中国文化史》（下），119页，上海：上海书店，1947。

通不以六经（鲁学）为史，此与托古改制说近似，只是他没有否定上古三代历史，而是以晋学为本重构上古三代历史，《古史甄微》中有一个主旋律，即三代是"权力"角逐而非"道德"兴盛的时代。柳诒徵笃信《周官》，在《中国文化史》中盛赞三代道德、文化之盛。胡适批评柳诒徵"所据材料多很可疑，其论断也多不很可信，为全书最无价值的部分"，与其"臆断《王制》《周礼》所载的制度何者为殷礼何者为周礼，远不如多用力于整理后世的文化史料"①。

从广泛交游到论学，无疑会使人产生蒙文通与柳氏师徒同属一系的印象。在中央大学史学系同仁赞誉蒙文通的著作，"内容丰富，议论详实"②。中央大学拟将蒙文通《古史甄微》《经学抉原》收入国立中央大学丛书予以出版，称赞此书"凡研究吾国古史者不可不一睹斯篇"③。然而，1930年9月，在中央大学任教才一年的蒙文通应成都大学聘请，蒙文通自称"应成大聘，殆遮丑之词"④。"遮丑"的论调或是蒙文通与柳诒徵师徒学术分歧的折射。实际上，蒙文通的学术同道对柳诒徵师徒的学术也有所保留。欧阳竟无曾批评缪凤林"所学既浅，而在外妄谈"⑤。或可说，蒙文通与柳诒徵师徒的分歧是在中国学术传统内部的今古有别，蒙文通与古史辨学人在学术方法都受到今文学与西方学术的启发，但学术旨趣存在中西之分。

---

① 胡适：《评柳诒徵编著〈中国文化史〉》，载《清华学报》，第8卷，第2期，1933。
② 《史学消息》，载《史学》，第1期，1930。
③ 《广告》，载《国立中央大学半月刊》，第1卷，第16期，1930。
④ 中国革命博物馆整理：《吴虞日记》（下），1930年9月23日，523页。
⑤ 中国革命博物馆整理：《吴虞日记》（下），1929年10月10日，475页。

三、"考信"与"辨伪"

《古史甄微》完成后,蒙文通开始探寻周秦民族问题。20世纪30年代任教河南大学、北京大学,均讲授"周秦民族与思想"一类的课程。国难之际,激于世变,顾颉刚发起禹贡学会,致力于地理沿革史和民族演进史的研究,主张"地理方面实在不知道保存了多少伪史,我们也得做一番辨伪的工作才好"①。禹贡学会和"古史辨"的精神可谓一脉相承,更加注重以民族、地理为中心重建国史。此时致力于周秦民族史研究的蒙文通遂与禹贡学会也结下了不解之缘,童书业在介绍《禹贡》时,还特意提到"蒙文通、钱宾四诸先生都常有文字在里面发表"②。1935年蒙文通为北大解聘之后,顾颉刚觉得傅斯年的做法太过分,旋即举荐蒙文通至天津女子师范学院③。抗战前后,蒙文通与顾颉刚及其弟子广泛论学,过从甚密。顾颉刚的学术受经今文学启发,赞誉蒙文通能"批判地接受西洋史学史权威的方法"④。不过,顾颉刚考辨古史旨在解决经学的症结,使经学史学化;蒙文通研究上古三代、周秦民族问题仍以今文学为立场,阐发儒家的文化理想。

在《古史甄微》中,蒙文通拆解古史一元体系,以三皇五帝为

---

① 顾颉刚:《通讯一束·赵贞信来信之"编者按"》,载《禹贡》,第4卷,第6期,1935。
② 童书业:《古史学的新研究》,载《东南日报·读书之声》,1934—11—07。
③ 顾颉刚:《顾颉刚日记》(3),356页,台北:联经出版事业股份有限公司,2007。
④ 蒋星煜:《顾颉刚论现代中国史学与史学家》,载《文化先锋》,第6卷,第16期,1947。

后起，质疑禅让说，打破了由美德筑成的三代理想。对于这些说法，童书业给予极高评价，认为："在他以前，没有人像他这样把'三皇'彻底研究过"，并将其学说归结为"层累造成的中国古史观"①。三皇五帝问题是民国重建古史系统的重大环节，以顾颉刚"层累地造成的中国古史观"而言，三皇是"层累"的第二层。顾颉刚、杨向奎、杨宽、吕思勉纷纷撰文考证其渊源脉络。就缪凤林、蒙文通、顾颉刚三人而言，童书业的分派或可有所启发。

蒙、缪二人《三皇五帝说探源》文章刚一发表，顾颉刚就特意取《史学杂志》参阅，未置可否②。童书业在为顾颉刚、杨向奎合著的《三皇考》作序时称，"在近人中辨'三皇'说的伪最力的人，据我所知道的有三位大师。第一位便是本文的著者顾颉刚先生"，"不久便有第二第三怀疑三皇五帝说的人起来，那便是经今文学大师廖季平的高足蒙文通先生，和我们的右翼骁将缪凤林先生"。童书业的排序，看似按照三人质疑三皇五帝说的时间为序，实际暗含了三人辨伪力度的差别。缪凤林之所以被称为右翼骁将，因为缪氏素以"信古"著称。童书业认定缪凤林"实在受崔述的影响很大，他只是一个儒家正统派的古史学者"。崔述无疑对顾颉刚影响至深，顾颉刚接受崔述"辨伪"的一面，而缪凤林则吸收其"征信"的一面。童书业格外强调蒙文通是"今文学大师廖季平的高足"，或有提示蒙、顾二人有共同的思想来源，蒙文通也有"层累地造成的中国古史观"的痕迹。不过，蒙文通以《周官》为三晋之书，而古史

---

① 童书业：《三皇考·序》，吕思勉、顾颉刚编著：《古史辨》第7册（中），37页。
② 顾颉刚：《顾颉刚日记》（2），347页。

辨派视《周礼》为"王莽的书"。因此,蒙文通的议论"有些倒果为因"①。

钱穆认为"考信必有疑,疑古终当考。二者分辨,仅在分数上"。蒙文通与顾颉刚最明显的分歧就在对待上古文献运用的"分数"之上。蒙文通在今文学家的立场上运用了大量的谶纬材料,用他自己的话讲:"本为究论史乘,而多袭注疏图纬之成说,间及诸子,殆囿于结习而使然也。"②杨向奎在《〈禅让传说起源于墨家考〉书后》将蒙文通对禅让制的观点定性为争夺说者,认为蒙先生所依据的史料足以破钱穆、郭沫若等选举说,但仍是弥缝的工作,弊端很大。顾颉刚考究史源,提出儒墨创造宣传说,相对较优。也就是说,蒙文通未能科学地考察史源,仍是在相信上古史料的前提下,弥缝各家之说。顾颉刚之所以较优的原因就是能大胆怀疑上古史料并有所取舍。前者"对于原来史料先取信任态度,而后加以解释",后者"乃先估定此种史料之价值,然后考其来源",前者偏于信而牵强弥缝,后者重于疑而得事实真相③。

在民国这一没有重心的过渡时代,文化立场的对立往往难以调和,主观概念"亦有待乎客观之证据而后成定论",各派学人在互相批评对方文化立场的同时,倾注了更多的心力寻求客观的证据,在古史领域便落实到了考辨"伪书""伪事""伪史"。辨伪书是重建古史的第一步。早在 1920 年代,顾颉刚说:"我能做的辨伪事情

---

① 童书业:《三皇考·序》,吕思勉、顾颉刚编著:《古史辨》第 7 册(中),36~38 页。
② 蒙文通:《古史甄微》,见《蒙文通文集》第 5 卷,1 页。
③ 杨向奎:《〈禅让传说起源于墨家考〉书后》,吕思勉、顾颉刚编著:《古史辨》第 7 册(下),108~109 页。

不过两种：（一）考书籍的源流，（二）考史事的真伪。但最紧要的事乃是'考书里的文法'；这件事如果能够弄清楚了，那末，'书的真伪'和'作伪的时代'便不难随看随剖析了。"① 这段话可以看作是顾颉刚对"伪书"和"伪事"考辨态度和方法的明确表白。他认识到"伪书""伪事"和"伪史"总是互为依傍的："辨伪事的固是直接整理历史，辨伪书的也是间接整理。……现在所谓很灿烂的古史，所谓很有荣誉的四千年的历史，自三皇以至夏商，整整齐齐的统系和年岁，精密地考来，都是伪书的结晶。"② 在顾颉刚看来，推翻伪史，必须考定伪书，还原伪书的著作时代和思想背景。傅斯年也较早就提醒顾颉刚，辨古史当注重"古书"，提出："我们研究秦前问题，只能以书为单位，不能以人为单位。"③《古史辨》第三册就着力于恢复《易经》和《诗经》的本来面目。所以顾颉刚说道："古书是古史材料的一部分，必须把古书的本身问题弄明白，始可把这一部分的材料供古史的采用而无谬误；所以这是研究古史的初步工作。我敢重言以申明之：这是研究古史的初步工作！"④ 1930年代，宣称不再疑古的胡适，便认为《古史辨》第三册"讨论《周易》与《诗》两组问题，似较第一二册更有精彩"⑤。

1920年代初，吕思勉曾批评胡适、梁启超辨伪诸子，称："古

---

① 顾颉刚：《论辨伪工作书》，顾颉刚编著：《古史辨》第 1 册，26 页，上海：上海古籍出版社，1982。
② 顾颉刚：《自述整理中国历史意见书》，顾颉刚编著：《古史辨》第 1 册，35 页。
③ 傅斯年：《评〈春秋时代的孔子和汉代的孔子〉》，欧阳哲生主编：《傅斯年全集》第 1 卷，488 页，长沙：湖南教育出版社，2003。
④ 顾颉刚：《古史辨第三册自序》，顾颉刚编著：《古史辨》第 3 册，4 页，上海：上海古籍出版社，1982。
⑤ 曹伯言整理：《胡适日记》（7），1932 年 1 月 22 日，第 172 页。

书不可轻信,亦不可抹煞。昔人之弊,在信古过甚,不敢轻疑;今人之弊,则又在一概吐弃,而不求其故,楚固失之,齐亦未为得也。""近人辨诸子真伪之术,吾实有不甚敢信者。"① 时至1930年代,学者纷纷关注"伪书"的形成及其与辨伪的关系。陈寅恪以为:"中国古代史之材料,如儒家及诸子等经典,皆非一时代一作者之产物。昔人笼统认为一人一时之作,其误固不俟论。今人能知其非一人一时之所作,而不知以纵贯之眼光,视为一种学术之丛书,或一宗传灯之语录,而断断致辩于其横切方面。此亦缺乏史学之通识所致。"实际上,古书的真伪"不过相对问题,而最要在能审定伪材料之时代及作者而利用之。盖伪材料亦有时与真材料同一可贵。如某种伪材料,若径认为其所依托之时代及作者之真产物,固不可也。但能考出其作伪时代及作者,即据以说明此时代及作者之思想,则变为一真材料矣"②。顾颉刚在《古史辨》第三册自序中也表述了类似看法,"许多伪材料,置之于所伪的时代固不合,但置之于伪作的时代则仍是绝好的史料;我们得了这些史料,便可了解那个时代的思想和学术"。伪史的出现或许正是真史的反映,辨伪不过是把所辨之书的时代移后,"使它脱离了所托的时代,而与出现的时代相应"。这与其说是破坏,不如称之为"移置"更为适宜,这样处理视为"伪的材料",才算是具有"历史的观念"③。1930年代初顾颉刚写就《五德终始说下的政治和历史》,依循康有为、崔适之说,重点即坐实刘歆遍伪先秦典籍,特别是伪窜《周

---

① 吕思勉:《经子解题》,101~105页,上海:华东师范大学出版社,1995。
② 陈寅恪:《冯友兰中国哲学史上册审查报告》,见《金明馆丛稿二编》,248页,上海:上海古籍出版社,1980。
③ 顾颉刚:《古史辨第三册自序》,顾颉刚编著:《古史辨》第3册,第8页。

礼》和《左传》。

在《经学抉原》中，蒙文通因事证明，刘歆只是纠合《左传》与《周官》创立了古学，并没有造伪。不过，在古史辨派兴起后，学界常常讨论伪书问题，当时北方"疑古"学风由怀疑经古文遍及到群经诸子，先秦旧籍除《诗经》而外几乎无书不伪。蒙文通反对随意怀疑古代文献，研究古史大量使用《晏子春秋》《孔子家语》等被新史学者高度怀疑的文献。在蒙文通看来："说是伪书，总得找出它作伪的原因。若找不出，是不足服人的，先秦文献不能也不必确指为谁所作，这些作品在流传中又常常都有窜改、增补，但其主体仍不失为先秦旧物。"① 针对当时北方学者这种喜言伪书之风，蒙文通指出有一家之学然后有此家伪作之书，"后则徒激辨伪之流，而不知求学派所据，则康氏流毒所被，又康氏所不及料也"，"必皆先有伪书之学，而后有伪学之书"。作伪有其原因，并非一人所能为，"王肃好贾、马之学而不好郑玄，所为经注，异于郑氏，虑不胜，然后有《孔子家语》《尚书·孔传》之伪，有《论语》《孝经》《孔传》《孔丛子》之伪。汲冢出书而《纪年》《周书》皆被改窜，则伪之非一人一时所能为……故书虽伪而义仍有据，事必有本……校郑、王两派异同，足知伪书之伪安在，其不伪者又安在。《纪年》《周书》伪而所据以作伪之材料不必伪"。作伪有家派之分，故辨伪应当追求其"学派所据"，辨明"作伪者属于何学、果为何事，一书之间孰为伪、孰为不伪"，而不当以"作伪"二字抹杀古代

---

① 蒙文通：《治学杂语》，见蒙默编：《蒙文通学记》（增补本），8页，北京：生活·读书·新知：三联书店，2006。

文献①。

《竹书纪年》可以考证三代纪年，民国学人多有考订辨伪之作，王国维的《竹书纪年》研究颇为学界称道。王国维研究《竹书纪年》，完成《古本辑校》后，又鉴于《今本纪年》为后人搜辑的痕迹特别明显，"乃近三百年学者疑之者固多，信之者亦且过半"，遂"复用惠、孙二家法，一一求其所出，始知《今本》所载殆无一不袭他书。其不见他书者，不过百分之一，又率空洞无事实，所增加者年月而已"。《今本纪年》的来源"本非一源，古今杂陈，矛盾斯起。既有违异，乃生调停，纠纷之因，皆可剖析。夫事实既具他书，则此书为无用；年月又多杜撰，则其说为无征。无用、无征，则废此书可，又此《疏证》亦不作可也"②。在王国维研究的基础上，蒙文通认为《今本纪年》的作伪者堪称博物君子，"诚非菟园浅陋之能为也"，"今本之先，必别有一本为今本所从出"，通过各版本校勘，可以确认"实别有一本"。诸多版本《竹书纪年》的价值可从"伪书"与"伪学"的关系立论："在晋之《纪年》，以时之学术方有郑玄、王肃之争，以开后之南学北学。"历来学人校勘《竹书纪年》，"每以王说附之，凡王、郑异同，《纪年》皆同王而异郑，若为王学作根据者，此晋之《纪年》也。前此谯周作《古史考》，以郑为主，此遗说之可寻者也。后此司马彪作《古史考》以竹书为据，此彪本传有其明说也。而皇甫谧之《帝王世纪》，与夫伪孔《书传》，皆此意也"。直至明朝正德、嘉靖以后，"学以反宋

---

① 蒙文通：《井研廖季平师与近代今文学》，见《经史抉原》，108～109页。
② 王国维：《今本竹书纪疏证自序》，见黄永年校点：《今本竹书纪疏证》，37页，沈阳：辽宁教育出版社，1997。

为的,文必西汉,诗必盛唐者,实以反宋之见为中心,而《竹书纪年》之编,即依于此",由此可以论定三代历年的干支,"盖《皇极经世》等所推岁辰,明之言史者几不能外,重编《纪年》,端在反此,此明之《纪年》也,而伯益、伊尹之事,更足以破传统之儒家言,一改于腐儒之乎,而意义全失,则改之者固亦有所为耶?"①

蒙文通把"伪书"提高到"伪学"的层次,如果伪书"所据以作伪之材料不必伪",则里面真材料的价值就不仅可以"移置"回其产生的时代,依据其它材料加以辨析确认,伪书可能是所依托之时代的真产物。就治史而论,此诚为"思想史的社会视角"的典范②。这一视角与蒙文通守礼制、以家法条例分别今古、梳理魏晋南学、北学分流一脉相承。蒙文通与疑古辨伪者的分歧,不仅在于"客观"的考辨"伪书",更在于"主观"的文化理念。钱穆在为考据家辩护时曾称:"一曰考据家率尚怀疑破坏。其意怀疑破坏非经叛道,不如尊信守常。然信亦有广有狭。疑者非破信,乃所信之广。信乎此,并信乎彼,而彼此有不能并信,于是乎生疑。若如世之守信者,信其一,拒其余,是非无疑,乃信之狭。若必尊信,莫如大其信。大其信而疑生,决其疑而信定,则怀疑非破信,乃立信。即以尊信之见论之,怀疑非考据家病也。"③ 既已"离经叛道",自然不守"经"与"道"的束缚,以历史观念平视各家学说,所

---

① 蒙文通:《论别本〈竹书纪年〉》,载《大公报·图书副刊》,第169期,1937—02—18。
② 罗志田:《事不孤起,必有其邻:蒙文通先生与思想史的社会视角》,载《四川大学学报(哲社版)》,2005(4)。此文对本节启发良多。
③ 钱穆:《古史辨第四册序》,罗根泽编著:《古史辨》第4册,5页,上海:上海古籍出版社,1982。

"信"自然"广"。蒙文通肯定近代以来,疑古辨伪工作取得很大的成绩,但是"总觉过火点……任何一部书都可以挑点问题指为伪书,而确实证据究又难寻。有些疑古派学者一方面疑某书之伪,却有时又还引用;既不信历史之真,却时又在讲述,就表明疑古者也自信不过"①。蒙文通认为疑古派"自信不过",疑古派内心其实却相当自信,之所以"一方面疑某书之伪,却有时又还引用;既不信历史之真,却时又在讲述",那是因为心中早已横亘着"进化"的历史观念,古书中符合此"主观"者,自可"引用""讲述",不合者则必然怀疑,乃至认定为"伪"。

"疑""信"之间的分寸不同源自双方"辨伪"系统之差别,有学人在 30 年代初曾对民国辨伪书之风,有过总结:

> 辨伪书之风,近十余年来最盛,然辨伪书非有意与古人作对,亦非求哗众取宠,以为得名之法,自有不可不辨之故在也。其所以辨之之理,皆自有一贯之系统。此系统分主观与客观两面:主观者,先确定一种历史进化观念,凡违此观念者,皆改定其历史上之价值,甚至否定其历史上之价值。自郑渔仲以至顾颉刚,主观派也。若阎百诗以至惠定宇,则为客观派。其法乃从客观上取得作伪之证据,然后定本书为伪作。虽然持主观之概念者,亦有待乎客观之证据而后成定论,有客观之证据亦必须构成一贯之历史系统,然后成一家之学问。②

---

① 蒙文通:《治学杂语》,蒙默编:《蒙文通学记》(增补本),26 页。
② 青:《新书介绍·今古文尚书正伪》,载《国立北平图书馆馆刊》,第 6 卷,第 4 期,1932。

"辨伪"仅是学问之初步,或为寻求客观证据的一种手段。其背后自有一套"主观"、一种"主义"。"古史辨"运动作为新文化运动的重要环节,以历史进化观念指导,以期"再造文明":解构上古一元史观,意在"疑古非圣",破坏儒学的神圣意义,为建构新的、科学的、现代化的社会、文化理想铺平道路。坚守中国文化本位的学人对此颇不以为然。熊十力指出:"今日考史者皆以科学方法相标榜,不悟科学方法须有辨。自然科学可资实测,以救主观之偏蔽;社会科学不先去其主观之偏蔽者(先字是着重的意思,非时间义),必不能选择适当之材料,以为证据,而将任意取材,以成其僻执之论。今人疑古,其不挟私心曲见以取材者,几何?"①"疑古"未为不可,但如何"疑古",为何"疑古",其背后牵涉的"主观之偏蔽"大有讨论的余地。张尔田即称,"疑古可也,伪古则不可也"。真考据家须有治心一段工夫,"斯言也,吾尤韪之。不观今之治国故者乎?其人中国人也,其心则皆外国心也。以外国之心理治中国之书,其视先秦上古文化也直等于莫名其妙,由不了解而妄疑,由妄疑而起执,而又有现代化观念先入为主……由此观书又安往而不伪,是故治学莫要于治心,治心之道无他,一言以蔽之,曰玄囧,使吾心依乎思位而不为风会所左右,此又在乎学者平时之自反。"② 古史辨一系或可视为"以外国之心理治中国之书",蒙文通看似"疑古非圣",乃是"以史证经",以"传统中国人之心理治中国之书"。

古史辨派坚信,谁都知道古代史有问题,谁都知道古代史的一

---

① 熊十力:《复张东荪先生》,载《文哲月刊》,第1卷,第6期,1936。
② 张尔田:《论伪书示从游诸子》,见《遁堪文集》,刊行本,1948。

部分乃是神话,并非事实。甚至有人著中国通史,不敢提到古史只字。如张尔田所言,那正是以外国心治国学。顾颉刚最初提出"层累造成的古史说"时,认为古史"差不多完全是神话"。童书业、杨宽便直接以神话学解释上古史的研究,商周以上的历史只是传说,这些传说都源自神话,按照来源可以分为东西二系民族,二系民族神话由混合而分化,演变出了上自黄帝下至夏代的世系,因此推断三皇五帝时期历史是完全不存在的。蒙文通依据邹鲁、晋、楚三方民情创立"古史三系说",杨宽基于"神话演变分化说"批评蒙文通"各以民情不同,而分别演化,若据邹鲁晋楚分别演化之传说,谓即初相,则未免过于近视"①。具体到《古史甄微》第七章《上古文化》中,蒙文通提出了传说中的鸟兽形象有的可能是人类的观点,说:"后羿再兴泰族,其诛凿齿,杀猰貐,杀封豕,断修蛇。封豕为乐正后夔之子伯封,则修蛇之俦,将亦人也。舜命九官,而夔、龙、朱虎、熊、罴并在朝列,岂亦此类耶!"②杨宽极力反驳,认为:"伯封是封豕神话的人化,而蒙先生却说'修蛇之俦,将亦人也'……蒙先生把封豕、长蛇和夔、龙、朱、虎、熊、罴,认是同类,确是不错,可是都要把它们说成人,真所谓'欲盖弥彰'了!"③

古史辨派怀疑上古文献的目的是要由怀疑儒家传说到怀疑夏以前的整个古史系统,并把此誉为"科学思想发展的自然趋势,虽有

---

① 杨宽:《中国上古史导论》,吕思勉、童书业编:《古史辨》第 7 册(上),97 页。
② 蒙文通:《古史甄微》,见《蒙文通文集》第 5 卷,第 72 页。
③ 杨宽:《古史辨第七册序》,吕思勉、童书业编:《古史辨》第 7 册(上),13~14 页。

有力的反动者，也是无法加以遏止的"①。1931年，顾颉刚说道："我岂不知古书之外的古史的种类正多着，范围正大着；又岂不知建设真史的事比打倒伪史为重要。我何尝不想研究人类学、社会学、唯物史观等等，走在建设的路上。"② 1933年，他又强调："这原是以汉还汉，以周还周的办法"，"我们所以有破坏，正因求建设。破坏与建设，只是一事的两面，不是根本的歧异。"③ "立则有破""破中有立"，破与立双管齐下。顾颉刚主张将那些古史当作故事看待，并非限于疑古、破坏："我们在这上，不但可以理出那时人的观念，并且可以用了那时人的古史观念去看出它的背景——那时的社会制度和思想潮流。这样的研究有两种用处，一是推翻伪史，二是帮助明了真史。"④ "明了真史"无疑是辨伪的最终目标。蒙文通认为疑古派将三代历史一概抹杀，把历史缩得太短，把中国历史压得太低，而他在《古史甄微》中对古史传说中的女娲、燧人氏、伏羲、神农、共工等传说非但不加以摒弃，且赋予他们特定的历史地位，将中国文化的源头定在燧人氏。所以，有学者认为在蒙文通与杨宽之间，似可以认为存在着历史神话化与神话历史化两种不同观点之争⑤。二者的根本分歧在于蒙氏肯定上古三代的历史文化传统，杨氏则以认为此皆神话传说，仅能以神话学来解释其演变分化。"古史辨"以进化的眼光"辨伪书"，视古史为神话；蒙文通则以今文学的立场，澄清"伪学"源流，以多元的古史观来维护传

---

① 童书业：《自序二》，吕思勉、童书业编：《古史辨》第7册（上），1页。
② 顾颉刚：《古史辨第三册序》，顾颉刚编：《古史辨》第3册，6页。
③ 顾颉刚：《古史辨第四册序》，罗根泽编著：《古史辨》第4册，19页。
④ 顾颉刚：《古史辨第一册序》，顾颉刚编：《古史辨》第1册，66页。
⑤ 吴少珉、赵金昭主编：《20世纪疑古思潮》，398页，北京：学苑出版社，2003。

统儒学在中国文化中的核心地位。如果说"辨伪"偏重于"疑古以破旧",蒙文通与古史辨派"貌合神离",对于上古三代的历史认识更有"人""神"之分。童书业即称:"吾人根本不信夏以前有更高之文化,故吾人之古史系统与蒙先生完全不相同,吾人言古代史只敢断自夏商。"①

民国学界有一个萦绕心头的夙愿,即编著一部全新的《中国通史》。在新史学"重建古史"的序列中,蒙文通常被引为同道。抗战之初,蒙文通打算在成都重建禹贡学会②。1941年,饶宗颐计划编修的《古史辨》第八册《古地辨》中就收录了蒙文通五篇文章,数量与吕思勉等同,仅次于饶宗颐与顾颉刚③。战后,顾颉刚在总结近百年史学发展时,以《古史辨》为代表的古史研究承前启后,视蒙文通为同道而予以表彰④。蒙文通自称"壮年以还治史",不过,蒙文通史学的"统宗"与古史辨学人大相径庭。顾颉刚与蒙文通都受到晚清今文学的影响,顾颉刚接受康有为公羊改制的疑古精神的启发,"古史辨"以进化的眼光"辨伪书",视古史为神话;蒙文通认为晚清公羊学近乎伪今文学,以家法条例研究《穀梁》才称得上成熟今文学。蒙文通澄清今文学源流,以多元的古史观来维护传统儒学在中国文化中的核心地位。

---

① 童书业:《中国疆域沿革略》,1页,开明书店,1946。
② 顾颉刚:《顾颉刚日记》(4),25页。
③ 饶宗颐:《编辑古史辨第八册(古地辨)及论虞幕伯鲧等附拟目》,载《责善半月刊》,第2卷,第12期,1941。
④ 顾颉刚:《当代中国史学》,122~139页,上海:上海古籍出版社,2002。

四、方法和宗旨

梁启超断言："清代学派之运动，乃'研究法的运动'，非'主义的运动'也。"① 清代汉学就是以经学为重心，以考据为表征。考据方法成为民初学人沟通中西的媒介。胡适宣称整理国故就是要用科学方法条理中国的材料，完成一部中国文化史。整理国故运动被时人冠以"新考据学"，被视为乾嘉考据学的变相复兴。1928 年，胡适发表《方法与材料》，调和方法与史料，"同样的材料，方法不同，成绩也就不同。但同样的方法，用在不同的材料上，成绩也就有绝大的不同"②。以科学方法辨析新旧材料成为近代学术区分新旧、划分派别的重要依据。后来，冯友兰认为民国史学界有信古、疑古、释古三种。集疑古学大成的杨宽进一步细分为信古、疑古、考古、释古四派。柳存仁认定这种派分的标准是"进行方法与实际工作"。重建中国上古史的途径就是新方法、新见解的成立与新史料的发现，近代古史研究乃至新史学的谱系由此展开③。若以科学方法截断众流式的勾勒民国学人重建古史的系谱，《古史甄微》打破上古一元的古史三系说暗合了"新史学"所高举的古史多元观，蒙文通自然成为被视为"由经学向史学过渡"的典型。杨向奎将蒙

---

① 梁启超：《清代学术概论》，见朱维铮校注：《梁启超论清学史二种》，35 页。
② 胡适：《治学的方法与材料》，《胡适文存》（三），93 页，合肥：黄山书社，1996。
③ 关于近代古史学的研究主要围绕古史辨为中心，相关成果集中于陈其泰、张京华主编：《古史辨学说评价讨论集》，北京：京华出版社，2001；文史哲编辑部编：《"疑古"与"走出疑古"》，北京：商务印书馆，2010。

文通与顾颉刚并举,认为时间发展中有层累,空间分割上有不同,二人之说相得益彰,都是探讨古代历史传说的门径①。但若以溯源浚流的方式,考察民国学人争辩今古与沟通中西的时代语境及其旨趣,中西、新旧等分派标准均有削足适履之嫌。

1933年,有学人综述学界古史研究,认为近代古史研究可分为"持科学方法以研究古史者"与"承清代朴学大师治学之精神以研究古史者"。前者以胡适、顾颉刚为代表:"胡氏之学,在扬新汉学之徽,而弥缝于疑古者也,顾虽以实验主义为方法,而所谓大胆的假设则常陷于谬妄,小心求证则多杂以主观。"顾颉刚"借胡适之说而有所启发,遂致力于古史之辨伪"。其他如卫聚贤、郭沫若、郑振铎等学人,"虽其鹄的不尽同,方法不相合,要之为受西方学说之影响则一也"。后者以柳诒徵、缪凤林、蒙文通为代表。柳诒徵"持正统稳健之论,不为非常异义可怪之谈","考信古籍,不轻于疑。与北方之高谈疑古者殊科矣。本柳氏之说,专精力学,以一人之力,编著通史者,则有其弟子缪氏凤林"。蒙文通"由经子骚以考其同异,确然有以见古代民族学术——之不同,条别以明其义者"。缪、蒙二者"虽持论不同,所见各异,要其本于师说,出于力学,无二致也"。前一派可称为"标榜主义",而后一派柳、缪二人则信古太过,有"剿袭雷同"之嫌。蒙文通受业于今古文大师之门,"承其遗绪,豁然贯通,拟之标榜主义与剿袭雷同者,不可同日而语"。不过,蒙氏与柳、缪师徒同属"承清代朴学精神一脉","一则创为通史,不屑考证;一则勤力考证,显微阐幽。然要归于

---

① 杨向奎:《我们的蒙老师》,蒙默编:《蒙文通学记》(增补本),56页。

义则一,是柳氏、缪氏之于蒙氏,虽貌异而心实同也"①。

或可说,以多元古史观而言,古史辨学人与蒙文通若合符节,蒙文通与柳诒徵师徒旗帜各异。若以中西文化理想而言,顾颉刚与蒙文通、柳诒徵师徒截然分流,蒙文通与柳诒徵师徒貌异心同;但就经今古文立场与经史关系立论,顾颉刚、蒙文通、柳氏师徒研究古史的学术旨趣迥异。

顾颉刚认为鸦片战争以后,"中国文化不能不换一条路走"。今日治学的目的是要使古书及古史料都成为史家的材料,研究古史要从辨析经学的家派入手,否则"仍必陷于家派的迷妄",必须"从家派中求出其条理,乃可各还其本来面目。还了他们的本来面目,始可以见古史的真相"。研究古史是以古史激发爱国思想,知晓中国文化确实的优缺点,纠正盲从的传统思想,不必为中国文化本位,变经学为史学:"吾人今日治经,宜立新系统,新见解,以经说所得汇为各科知识之资料,构成中国文化史之主要内容,此或为现代学者治经之目的,而有异于昔日抱残守缺、笃守家法之经生。"② 顾颉刚认同钱玄同"超今文"的态度,研究今古文问题是为撰写古代政治史、历法史、思想史、学术史、文字史奠定基础③。钱玄同浏览郑鹤声《司马迁年谱》之后,批评该书"不信先师《史记探源》且不管(他当然也不配懂得此书之价值),但竟引了什么荒诞不经之司马迁之妾与孙……庸妄竟至于此乎","这等人最庸狠

---

① 沉思:《近代古史研究鸟瞰》,《无锡国专季刊》,第1期,1933。
② 顾颉刚:《顾颉刚读书笔记》,2406、1997、2411页。
③ 顾颉刚:《古史辨第五册·序言》,顾颉刚编著:《古史辨》(5),3页,上海:上海古籍出版社,1982。

陋劣,不足道"①。钱玄同充满门户之见的评论,足以展现"疑古"与"信古"之间的立场分别。

辨析史料是史学求真的前提,缪凤林强调:"史学以求真为鹄,研究之对象为人事,根据之材料为载籍与实物","上焉者则以旧史料释新史料,复以新史料释旧史料"②。顾颉刚与柳诒徵师徒看待儒家经典,有疑古、信古之别;就考证方法而言,则道一同风。钱基博认为:"北大为怀疑的国学运动,而东大则反之而为宗信的国学运动,宗风各倡,然而重考据,尚佐证则一。世所谓新汉学者是也。"③柳诒徵师徒的学术理念与晚清国粹派一脉相承,以史学为中国传统学术的源头与核心。若要维系国家民族文化的精义,必须通晓史地之学,古史学为经世之学,以致用为依归。中华民族精神以"礼"为核心,研究古史的首要目的在于尊崇国族,阐扬固有文化,振兴民族精神,使国家与民族在儒家精神层面统为一体④。

研究学术必先知家法,今古文学各有家法,古文偏于考证之学,今文学偏重义理。古史辨坚信古史凡无实证之处,皆可抱有怀疑态度。蒙文通以家法条例辨析学术源流,不仅着眼于一经之义,更关注六经之间的整体关联,形成统一宗旨的今文学说。蒙文通治学恪守以家法条例澄清两汉周秦儒学的原貌,以穷源溯流的方式阐述经学流变,实现"通经明传"再"明道"的抱负。蒙文通创立古

---

① 杨天石主编:《钱玄同日记》(整理本),1935年1月6日,1061页。
② 缪凤林:《古史研究之过去与现在》(上篇),载《史学杂志》,第1卷,第6期,1929。
③ 钱基博:《孔子圣诞演说》,见傅宏星编:《大家国学·钱基博卷》,58页,天津:天津人民出版社,2008。
④ 柳诒徵:《致教育厅长函》,见《盋山牍存》,57页,南京:江苏省立国学图书馆,1948。

史三系说，旨在申明儒学在中国文化中的地位。此后，蒙文通构思《中国哲学史》，即"先从史说入，以见周秦之哲学根本；从民族说到思想与文化"。蒙氏研究周秦民族史，考察周秦之际民族变迁与先秦学术流变的关联，最后落实于今文学的兴起，"新起儒学即以推倒周秦贵贱贫富之阶级制度而建立平等民主（禅让）之政治，遂成功为今文学制度之基础"①。针对"超今文"的主张，蒙文通以理想与事实分别今文与古文，以"秦汉新儒学"阐明今文学的革命理想与制度精义。故蒙文通考察经说与古史的关联，实期望建构儒学义理与历史变迁的能动关系，阐发儒家内圣外王之义。

近代学术分派以方法为准绳，潜在割裂了传统与现代之间学术与历史、价值与知识间的联系②。钱穆认为："此数十年来，国内学风，崇拜西方之心理，激涨弥已，循至凡及义理，必奉西方为准则"，"治中学者，谨愿自守，若谓中国学术，已无义理可谈，惟堪作考据之材料。"③ 近代新学术的成立正是以此为前提。蒙文通以今文学为立场，试图建构义理与经史之学间相互能动的学术体系。以新学术的眼光看来，蒙文通"能以经学分析古史，各归其方士流别"，但"时流于想象主观，而不免荒唐"④。因此，蒙文通古史研究的本意在民国学界隐而不彰。不过，近三十年来，考古学的发展

---

① 教育部编：《全国专科以上学校教员研究专题概览》，360页，上海：商务印书馆，1937。
② 丁纪：《疑古史观及其方法评析》，载《二十一世纪》，1999（8）；张志强：《方法与宗旨之间——试论现代学术嬗变中哲学、义理学、经史之学的离合及现代佛学对其的导引》，见《哲学门》第16辑，北京：北京大学出版社，2008。
③ 钱穆：《〈新亚学报〉发刊词》，载《新亚学报》，1955（1）。
④ 姜亮夫编著：《楚辞书目五种》，362页，上海：上海古籍出版社，1993。

又印证了蒙文通此类"主观想象"的"科学性"①。蒙文通学术的彰显要依靠考古发现来定性为"科学的预见",此事本身就体现经史易位的时代趋势。考察民国学界古史研究的多元旨趣,似乎暗示了经学"义理"与历史事实二者之间并非截然对立,诚有珠联璧合的可能。以此为线索,不仅能为认知近代学术提供新的视角,或许还能为时下古史研究走出新史料的扩充与理论无法突破的无奈局面提供思想资源②。认知中国学术流变的本意,以国故整理科学,沟通中西,更是当下建构中国学术本位的重要途径。

---

① 童恩正:《精密的考证,科学的预见——纪念蒙文通老师》,载《文史杂志》,1986(1)。有学者对此持有异议,参见周书灿:《论蒙文通上古民族文化理论建构》,载《人文杂志》,2012(2)。
② 侯旭东:《中国古史三十年:成绩与挑战》,见《当代学术状况与中国思想的未来》,上海:华东师范大学出版社,2011。

第六章
今古分合与"国史"重建

蒙文通晚年曾总结研究学术思想,既要看时代精神,也要注重学术渊源。学术思想的发展必须在学术传统与时代精神之间建立能动系统,时代变迁激发既有学术传统因应时势而权变,学术思想因而包容、吸纳时代议题,并为历史演进提供有效指引。同时,一个学派总要有自己的理论,清代汉学家戴震、焦循等"虽有理论著作,而又和他的整个学术脱节。所以,清代汉学到晚期非变不可,不变便没有出路"①。乾嘉学人意图超越宋明先天预成的形上学,却群趋考证学的知识实践,进一步割裂义理学与经史学的关联,难以应对三千年来未有之变局,道咸新学应时而起,继承乾嘉专门之学,高扬经世之志。民初整理国故运动与清代汉学在治学方法与人际脉络方面颇有渊源,柳诒徵认为"乾嘉学者过于尊圣贤,疏于察凡庶,敢于从古昔,怯于赴时势。今人则过于察凡庶,怯于从古者。必双方剂之,始得其平耳"②。乾嘉学者以解释经典的方式重新确立事与理之间的规范,欠缺有效应对时势的途径。民初学人激于

---

① 蒙文通:《治学杂语》,蒙默编:《蒙文通学记(增补本)》,7页。
② 柳诒徵:《与青年论读史》,见柳曾符选编:《柳诒徵史学论文集》,59页。

救亡图存的紧迫感，有意无意间切断现实与文明传统的关联性。若要在今与古、圣贤与庶务、历史价值与现实价值之间建立有机联系，重构儒学义理的正当性，应对世变，必须在现实社会中，调适、转化传统学术的价值立场，并以现代学术体系论证与表达其合理性①。

柳诒徵、蒙文通的学术立场有着鲜明的经今古文学色彩，二人均注重发掘与转化传统经史之学，此举并非仅是现代学科意义上学科草创期的学术探索，而更是意图整合义理价值、经史传统与文明历程，以"国史"重建学统，进而转化道统与政统的学术总结。双方围绕中国历史文化与经史关系等议题交涉颇多，对于如何梳理中国文化与古史，认定中国史学的功能以及义理与制度的抉择，取径有别②。以此为线索，考察民国学人创造性重建儒学与史学的多重取径，或可呈现近代学术流变的复杂面相与多元旨趣，为思索如何调适中华文明的价值立场与客观经验世界这一时代命题提供参考。

---

① 参见戴景贤：《明清学术思想史论集》，香港：香港中文大学出版社，2012。张志强：《朱陆·孔佛·现代思想：佛学与晚明以来中国思想的现代转换》，北京：中国社会科学出版社，2012。上述著作对笔者启发良多。
② 柳诒徵将《中国史学要义》改名为《国史要义》，基于此，本文标题借用"国史"一词，即意在阐发柳诒徵、蒙文通等学人通过梳理中国传统史学，重建中华历史文化精神的学术旨趣。关于蒙文通的代表性研究前文多有引述。关于柳诒徵的代表性研究，可参考李洪岩：《史术通贯经术：柳诒徵文化思想析论》，《国际儒学研究》第3辑，北京：中国社会科学出版社，1997；向燕南：《关于柳诒徵〈国史要义〉》，载《史学史研究》，2011（4）；沈政威：《〈国史要义〉与柳诒徵〈春秋〉经史学》，硕士论文，台湾"国立中央大学"，2011；张昭君：《柳诒徵"为史以礼"说的意蕴》，载《社会科学》2015（10）。

一、文化与古史

一战之后,文明与文化的讨论成为学界热点,进而引发"文化史"写法的分别。胡适认为文明是一个民族应付时代环境的总成绩;文化是一种文明所形成的生活的方式。整理国故运动贯彻"用历史的眼光来扩大国学研究的范围","用系统的整理来部勒国学研究的资料","用比较的研究来帮助国学的材料的整理与解释",最终目标是要做成中国文化史,把国学的一切都用文化史及其子目涵盖与分科,用科学实证史学整合中国文化,为新文化运动建立学理基础①。梁启超注重文明史的成立与展开,认为:"文化者,人类心能所开积出来的有价值的共业",狭义的文化"仅指语言、文字、宗教、文学、美术、科学、史学、哲学",主张科学方法与直觉方法并举,"文献的学问,应该用客观的科学方法去研究","德性的学问,应该用内省的和躬行的方法去研究"②。老辈学人宋育仁认为胡适、梁启超所言是以文字、美术自命为文化,沾沾自喜,"文化"的根本在"学尚而化","为政化民"。文化史应该"述文化于史",以文化理念引领史书编纂,不是将历史记载视作文化的内核,中国的文明精神自然是以六经大义为主体③。柳诒徵及其门生认同以历史眼光整理国故,志在弘扬固有文化传统,实现科学时代的人文主义。柳诒徵认为讲求历史,能知晓我国从古迄今的由来,养成爱国

---

① 胡适:《〈国学季刊〉发刊宣言》,载《国学季刊》,第1卷,第1号,1923。
② 梁启超:《治国学的两条大路》,见《国学研究会演讲录》第1集,94~101页,上海:商务印书馆,1923。
③ 宋育仁:《评胡适国学季刊宣言书》,载《国学月刊》,第17期,1923。

心，为民族富强固本培元。不过，民初学人所言文化，大多"毛举细故，罕知大谊"①。柳诒徵任教东南大学史学系时，讲授中国文化史，讲义几经改订，1925年开始在《学衡》上连载，回应、融会各家文化观念与文化史写法当为题中应有之义。

柳诒徵认为中国文化的中心，不是小学、金石、目录、文学与历史，而是五伦，时下应以五伦为主体来维系人心，维持国本，再谈吸收各国文化②。史学有二种功能：其一，通观各国家、民族历史，知其共同之轨辙，"以求人类演进之通则"；其一，探索民族的特殊性，"以明吾民独造之真际"。中国文化的基石及其特殊性有三："幅员之广袤，世罕其匹"；"种族之复杂，至可惊异"；"年祀之久远，相承勿替"③。柳诒徵撰写《中国文化史》，贯通古今，以人伦为重心，叙述与分析文教制度、学术思想、社会经济的演化，彰显历代民族全体精神的演变。梁漱溟曾进一步追问，柳诒徵总结中国文化的三大特征，"无疑地有一伟大力量蕴寓于其中。但此伟大力量果何在，竟指不出"④。实际上，柳诒徵讨论上古政教时，已经点明唐虞时期"敬天爱民"之义已成为中国的立国根本，"制度可变，方法可变，而此立国之根本不可变"，"以天与民合为一事，欲知天意，但顺民心。凡人君之立国施教，不过就天道自然之秩序，阐发而推行之，直无所用其一人之主张"，此立国根本即中国历代为政化民的核心。时人批评柳诒徵以五伦为文化中心实属复古

---

① 柳诒徵：《中国史学之双轨》，见柳曾符选编：《柳诒徵史学论文集》，93页。
② 柳诒徵：《什么是中国的文化》，载《时事新报·学灯》，1924—02—09。
③ 柳诒徵：《绪论》，见《中国文化史》，1～5页，上海：上海古籍出版社，2001。
④ 梁漱溟：《中国文化要义》，中国文化书院学术委员会编：《梁漱溟全集》第3卷，14页，济南：山东人民出版社，2005。

主义。胡适认为柳诒徵"不曾受过近代史学训练","对于史料的估价,材料的整理,都不很严谨",柳诒徵最看重的三代文教"所据材料多很可疑,其论断也多不很可信,为全书最无价值的部分","与其滥用精力去讨论'洪水以前'的制作,或臆断《王制》《周礼》所载的制度何者为殷礼何者为周礼,远不如多用力于整理后世的文化史料"①。有学者则持相反意见,认为此书为"正统派史学家的代表作品","颇有超过史料之处",并非是种种史料的堆积,而是凝结了柳诒徵对于中国文化史的见地②。

1929年,柳诒徵在《史学杂志》发刊词中,从根本观念上表明其与古史辨派的分歧:"学僮甫解一卷便挟成见,谓某书伪制不足信,某书腐旧不足观,其设心已与前人之经验相逆,恶能由之以获益。惟委心顺书,优游餍沃于其间,然后数千祀无量数人之识解思想始可辐辏于今人之心。"③蒙文通此时执教中央大学史学系,《史学杂志》从第4期开始连载蒙文通《古史甄微》《经学抉原》等系列论文。蒙文通与柳诒徵、缪凤林论辩中华民族西来说、三皇五帝系统成为《史学杂志》上古史研究的主体部分,如何认知、重建三代文化成为双方分歧的根源。柳诒徵依据儒家经典,盛赞三代道德、文化之盛,"周之文化,以礼为渊海,集前古之大成,开后来之政教","吾国文明,在周实已达最高之度,嗣又渐降而渐进,至今,则古制澌灭殆尽,而后群诧域外之文明"④。蒙文通主张经史分流,

---

① 胡适:《评柳诒徵编著〈中国文化史〉》,载《清华学报》,第8卷,第2期,1933。
② 英士:《新书鸟瞰·中国文化史》,载《图书评论》,第1卷,第3期,1932。
③ 柳诒徵:《〈史学杂志〉发刊词》,载《史学杂志》,第1卷,第1期,1929。
④ 柳诒徵:《周之礼制》,见《中国文化史》,第138页。

《古史甄微》多采纳诸子、图谶学说，有意针对六经皆史说。蒙文通不以六经（鲁学）为史，此与托古改制说近似，以晋学为本重构上古三代的历史，三代是"权力"角逐而非"道德"兴盛的时代。尧舜禅让是传统载籍所艳称的盛事。柳诒徵认为唐虞时期政事无不公开，君主并非专制。蒙文通根据《韩非子·说疑》《汲冢书》，认为"虞夏禅让，其事多疑"①，虞夏间禅让的历史实情在于得失诸侯。不仅虞夏禅让如此，就是五帝三代兴替的关键也在于武力的角逐，不能简单化约为德行虐政。"桀、纣之暴非他，亦欲如武丁、周宣之以力征而朝诸侯"②。郑慕雍受蒙文通的启发，认为"谓汤之伐桀乃部落种族之战争；初桀非果为暴君，而汤未必乃仁王也。其优劣之例，仁暴之分，乃后世之演变耳"③。不仅如此，虞、夏三代之时，实兵戈扰攘，生民困厄，经书中所说的"百姓昭明，协和万国，黎民于变时雍"，是一种铺张扬厉之辞。"臧斩"之法源于周代，甚至文王的仁义之师也是暴行累累。纵观整个夏、商、周三代灭国、屠获的数量，绝不少于战国。人口增长缓慢甚至降低，正在于"三代战伐之暴，宜远过于七国"④。

民国有学人评论柳诒徵与蒙文通"承清代朴学精神一脉"，儒家正统与今文家言所衍化出上古文化叙述却导致双方理解周秦学术思想的主旨有别。欧阳竟无曾嘱托蒙文通撰写《中国哲学史》，蒙

---

① 蒙文通：《古史甄微》，见《蒙文通文集》第5卷，74页。
② 蒙文通：《古史甄微》，见《蒙文通文集》第5卷，103～104页。
③ 郑慕雍：《山海经古史考》，载《励学》，第1卷，第2期，1934。
④ 蒙文通：《论秦及汉初之攻取》，载《成大史学杂志》，第1期，1929。

文通"拟先从史说入,以见周秦之哲学根本,从民族说到思想与文化"①。这一思路得到欧阳竟无与伍非百的认可,现存史料并未反应柳诒徵的态度,但联系柳诒徵对于周秦中国哲学的观念,不难推断柳诒徵与蒙文通的分歧。其一,中国哲学的正名问题。自清末以来,"中国哲学"的合法性问题长期困扰学术界。廖平认为哲学一词,所指与史文事实相反,"孔子空言垂教,俟圣知天,全属思想,并无成事,乃克副此名词",哲学的定名由此而来②。廖平构建孔经哲学,意在与古文经学划清界限。蒙文通沿用"哲学"一词,以哲学指称"理智之公",宗教为"情感的偏见",认为"惟中国为能服善而从是,故其历史有哲学无宗教"③。柳诒徵认为"东方哲学""中国哲学"等译名,"皆是拟词","便于流俗指目,其实皆似是而非"。中国圣哲之学是道学,政教与事理一体,"哲学是道学的一部分,故道学可赅哲学,而哲学不能赅道学"④。哲学偏于知识,道学注重实行。中国学术"注重实学之一脉,不徒腾口说,而兢兢实践……真正最高之道,不可言,亦不必言,所可言者,只是从学入门之法","孔、墨诸家,无不如是,下至程、朱、陆、王,所见虽有不同,而注重躬行心得则一"⑤。其二,儒墨之辩。墨学研究是近代

---

① 蒙文通:《蒙文通先生论学来往信函·致汤用彤函》,见四川大学历史文化学院编:《蒙文通先生诞辰110周年纪念文集》,25页,北京:线装书局,2005。
② 廖平:《孔经哲学发微》,见李耀仙主编《廖平学术论著选集》(一),299页,成都:巴蜀书社,1989。
③ 蒙文通:《自序》,见《儒学五论》,155页,桂林:广西师范大学出版社,2007。
④ 柳诒徵:《劬堂遗札·致熊十力书》,见《学术集林》(6),29~31页,上海:上海远东出版社,1995。
⑤ 柳诒徵:《评周懋德〈周秦哲学史〉》,见柳曾符、柳定生编:《柳诒徵史学论文集续集》,237页,上海:上海古籍出版社,1991。

诸子学复兴的重要环节,扬墨以抑儒成为质疑儒家正统的利器。蒙文通研究周秦哲学,从考察民族流动与文化学术的变动入手,解释周秦诸子学与儒法之争,认为:"新起儒学即以推倒周秦贵贱贫富之阶级而建立平等民主(禅让)之政治,遂成功为今文学制度之基础。"① 秦汉新儒学以孔孟为根本,融合墨、道、法诸家,越出孔孟"偏于世族政治"之见,"孔孟之道,以惩于墨家,而后脱落于陈言,以困于道家,而后推至于精眇"。《礼运》正是儒墨融合的产物,伍非百主张《礼运》主旨符合墨子之义,大同之说"实则墨子之说而援之以入儒耳"②。蒙文通认为儒墨均是东方邹、鲁的学问,"诵《诗》《书》,道仁义,则《六经》固儒墨之所共"。"大同""选贤"皆源出于墨学选天子之说,"易姓受命""素王"学说亦导源于墨家,秦汉新儒学乃"取之墨而义又有进于墨者"③。蒙文通认为儒墨融合是秦汉新儒学发展孔孟思想的关键。柳诒徵并不否认诸子百家之融合,但坚持严辨儒墨边界与高下判断。墨家之说,"一则刻苦太过,不近人情;一则互相猜忌,争为钜子;一则骛外循名,易为夺世"④。1933年,李源澄《校订穀梁序例》《公羊穀梁序例》等文发表于《国风》杂志,柳诒徵指明李源澄论述本于廖平、蒙文通,称赞蒙文通治学"如大禹导山导水,条贯秩然"。不过,柳诒徵显然不认可蒙文通所言"儒墨为近",指出:"近人论学,多好翻案,以儒夙屏墨已成定案,故必扬墨而抑儒,乃有以见今人不袭前

---

① 教育部编:《全国专科以上学校教员研究专题概览》,360页。
② 伍非百:《墨子大义述》,200页,南京:国民印务局,1933。
③ 蒙文通:《论墨学源流与儒墨汇合》,见《古学甄微》,220~222页,成都:巴蜀书社,1987。
④ 柳诒徵:《诸子之学》,见《中国文化史》,317~318页。

人陈说，实则孟精而墨粗，孟通而墨窒。自兼爱之说，一思即得。"墨子只知极端，"陈义极高，然此只可就少数人言之，非可施行于天下"；儒家"曰泛爱，曰博爱，而不曰兼爱，此正是人人可行，至当不易之法。""今人读书不细心，以为墨子之说，无可疵议，孟子斥为无父禽兽，不免太过。不知儒家之学，本于天理之自然"，"孟子辞而辟之，持义最精。盖推墨子之说，必至如禽兽之视其所生，非过论也"①。

柳诒徵秉持儒家正统，褒者誉为"持论正而义类宏"，贬者视为复古主义；蒙文通著述常依据"注疏图纬之成说"，时人视之为"非常异议可怪之论"。二人分歧颇有"今古"之别的意味。柳诒徵治学不以汉宋为门户，但笃信《周官》与"六经皆史"说，难免会让已有"今古"之见的学者认为《中国文化史》在学术传承上主要受古文经学影响②。柳诒徵认为胡适、梁启超提倡诸子学，反对儒家之见，实则"以欧人狭隘褊嫉之胸襟，推测古代圣哲"，"以末俗争夺权利之思想诬蔑古代圣哲"，"其为文化学术之蠹贼者，实为武夫乱贼。应确定其主名，为今人之炯戒。"③ 轻忽历史，稗贩欧风，将东方文化视为"国故之陈腐干枯"，难免潜在消亡国性的忧虑。东方文化"实含有中国民族之精神，或中国民族再兴之新生命之义蕴"④。蒙文通以多元古史观解释儒家起源，并认定儒家的价值标准

---

① 柳诒徵：《劬堂遗札·复李君书》，见《学术集林》(6)，26页。
② 周予同：《五十年来中国之新史学》，见朱维铮编：《周予同经学史论著选集》(增订本)，523页。
③ 柳诒徵：《论近人讲诸子学者之失》，见柳曾符、柳定生编：《柳诒徵史学论文续集》，513～536页。
④ 陈嘉异：《东方文化与吾人之大任篇》，转自柳诒徵《中国文化史》，969页。

实为中国文化的精华,抉原经史旨在为今文学之义理搭建学理平台。正所谓:"道不可空讲,必以史学为躯体,当今非此不能正邪说。"① 国难之际,柳诒徵、蒙文通均意图阐发传统史学,以此维持国性,复兴文明。

二、史术与史学

乾嘉经史考据之学本具有浓厚的史学意识,柳诒徵认为"乾嘉诸儒所独到者,实非经学而为考史之学",清儒治经实皆考史,甚至"今文学家标举《公羊》义例,亦不过说明孔子之史法,与公羊家所讲明孔子之史法"②。廖平以礼制平分今古,后演化为尊今抑古;托古改制与六经皆史说本是解决经学纠纷,再变为古史探索与经史之争。廖平为保持经学的神圣价值,提倡孔经哲学、经史分流,"经为孔子所立空言,垂法万世。故凡往古之旧史,草昧侏离,不可为训","六经立言非述旧,空文非古史"③。1930年代,超越今古文之争成为学界共识。蒙文通由经入史,受到刘咸炘的启发,研讨南宋浙东学术,领悟治史统宗,"始撰《中国史学史》,取舍之际,大与世殊,以史料、史学二者诚不可混并于一途也"④。在由经入史的过程中,蒙文通屡次向柳诒徵搜求浙东学人遗文,共商中国史学史的写法,表明其所撰史学史的体例与内容不落今人窠臼。以

---

① 刘咸炘:《推十文集·唐迪风别传》,见《推十书》,2126页。
② 柳诒徵:《考证学派》,见《中国文化史》,832页。
③ 廖平:《孔经哲学发微》,见李耀仙主编:《廖平学术论著选集》(一),299~304页。
④ 蒙文通:《跋华阳张君〈叶水心研究〉》,见《经史抉原》,470页。

时代言,"窃以中国史学惟春秋、六朝、两宋为盛,余皆逊之,于此三段欲稍详,余则较略";以内容言,"若代修官书,及文人偶作小记,固未足以言史也。间有能者,而未蔚成风气,偶焉特出之才,不能据以言一代之学"。对于世人评价极高的"子长、子玄、永叔、君实、渔仲",蒙文通以为"誉者或嫌稍过,此又妄意所欲勤求一代之业而观其先后消息之故,不乐为一二人作注脚也"①。柳诒徵在东南大学时期就曾讲授史学研究法,并不时批评近代新史学"阁束旧籍,斥为无系统无价值,竞以俚语臆说改造历史,流风所被,亦一新式时文耳"②。然而,柳诒徵一直未将系统整理中国传统史学列入撰述日程,蒙文通撰写《中国史学史》或许是出于某种外在激励。蔡尚思称柳诒徵作《读史法》《作史法》两书,并拟"合并此两书,即等于《中国史学史》,决于两年内完成"③。1941年,柳诒徵在中央大学讲授中国历史研究法,后经增补修订,于抗战胜利后出版《国史要义》。蒙文通、柳诒徵经过充分交流,阐发出两种不同的史学传统与国史精神。

历代学人追溯中国史学的根源大致有周公制礼乐与孔子修《春秋》这两条线索,前者侧重王官制度,后者强调圣人创作。如何认定或综合两种学说的高下主次成为乾嘉以来梳理经史关系的起点。章学诚倡导六经皆史说,认为"史"为一种王官制度的工具,治道的关键仍在得位行道的圣王与道德贤能的君子。史本身并无影响社

---

① 蒙文通:《致柳翼谋(诒徵)先生书》,见《经史抉原》,416~417页。
② 柳诒徵:《中国史学研究论文集序》,载《史地学报》,第3卷,第3期,1924。
③ 蔡尚思:《中国历史新研究法》,144页,上海:上海书店,1989。

会的独立地位，史仅有官守性质，而无圣学传承的地位①。龚自珍、陈黻宸、张尔田等学人则有意发展以史官为代表的智识阶层之社会地位与角色功能。柳诒徵认为三代经籍文字历数均注重施政教民，有官必有史，"由赞治而有官书，由官书而有国史"。《周官》五史主持行政，史官、史书、史学一系相承，为政学根本。章学诚以书志体例本自官礼，仅言著述形式，"不知史家全书之根本皆系于礼"。礼即循理，本于天然秩叙，五伦思想是累世经验与民族文化凝聚而成，并非仅为一王一圣所创垂或凭理想而制订，"观秩叙之发明，而古史能述此要义"。"究天人之际"就是"本天叙以定伦常，亦法天时以行政事"。礼为史官载笔标准与提要定法，是史官的中心主干，史法、史例由此而出，"礼失而赖史以助其治"。史出于礼，礼由史掌，交相为用，均旨在条理人事，维持政教，是我国数千年历史的中心思想②。史权高于一切，非仅掌记注、撰述，而兼有监督与规范政治之责，"典礼史书，限制君权；其有失常，必补察之，勿使过度"，此种功能恰恰出自史官赋予的政治原则，"尚德而互助"。春秋以降，史权由隆而替、史职由总而分，历代史职与官制变迁紧密关联。"二千年中之政治，史之政治；二千年中之史，亦即政治之史。"③

蒙文通以孟子"《诗》亡然后《春秋》作"的说法与《墨子·明鬼》篇为线索，考察《诗经》《尚书》盛行于共和之前，《春秋》编

---

① 参见戴景贤：《论章实斋之学术起源说及其学术史观之构成》，载《台大中文学报》，2006（24）。
② 柳诒徵：《史原》，见《国史要义》，1~26 页，上海：华东师范大学出版社，2000。
③ 柳诒徵：《史权》，见《国史要义》，51 页。

年兴起于晚周,《春秋》与《诗经》相代而兴,史学继文学而起。史学成为一代学术的总归,《春秋》陈近事,《尚书》道往昔。若以六艺之学统摄三代之史,诸子之学出自《诗》《书》与九流十家"皆六经之支与流裔"的说法难免陷于"刘、班之妄","非愚即诬"。蒙文通认为古史分为三系,"言义理则人有出入,难可据依,由史而言,则事有定质",周秦诸子以各地域的思想文化对史事展开各异的诠释,邹鲁(儒)敦礼让、三晋(法)崇功利、楚人(道)好鬼神,思想文化之别导致多元史观。三晋法家学说,持论明确,最明于考察史事。然而,史学不仅是观往迹,更要"明古今之变易,稽发展之程序",在今与古、历史与理想之间建立有机联系,否则,"执一道以为言,拘于古以衡今,宥于今以衡古,均之惑也"。阴阳学说为东方早期文化,归于仁义节俭。图谶之说本于阴阳,以语涉幽缪而为世人轻视,其实"妖妄"恰恰是初民时代史料的特征,史述往而谶思来。儒墨为东方后期文化,归本仁义。儒以六经为依归,《春秋》《尚书》所言,皆有所本,六经渊源有自,并非虚构。商鞅将亲亲、尚贤、贵贵相对立,韩非立论归本于财用,均执一废百,"是未晓然于社会之多元"。法家史说"义有所难通,而治有所不验",儒家损益之义最为可观①。若从史学传统而言,孔子编定《春秋》时,通观三代之变,洞见行事源流,损益三代礼制,以俟后王。前者彰显孔子"窃取之义",落实文化理想与制度设计;后者突出孔子"因行事而加王心",立足历史演变与文化传统的实情。

---

① 蒙文通:《中国史学史》,20~35页,上海:上海人民出版社,2006。

柳诒徵主张国史本于礼，为政教之本、立国之本，史官政教之学成为国史最核心的特质，"指导吾华族发展之观念型态与文化意识"①。蒙文通认为以考证之法治史，不如治诸子之法治史。史学有别于史料与考史，史学既为文明复兴提供历史经验与依据，又融会文化理想引导历史，沟通理想与史事。二人关于中国史学起源认定不同，流变与功能自然各异。

柳诒徵认为《诗》《书》所载礼乐、先王法制均为古史，积累历史经验，指示德义之府，生民之本，根于善善恶恶之人性。王官失守后，孔子治《春秋》，窃取其义，因时制宜，"据旧史而益加精严"，是效仿史官职权而为，并非欲以私人僭行天子之事，今文家所言素王实为史官之法。孔子以善善恶恶为准则，谨于名分，辩其是非，记述治乱存亡，以求治人之道，立一王之法，拨乱世而反之正。"执名分以治人，而人事悉括于其中而无所遁"，史学遂为"生人之急务，国家之要道"。中国史学推本《春秋》，是为政立国、成人立德的基础，贯通身心家国天下②。就为政立国而言，正义为政治合法性的泉源，国史重在持正义，以道德为断，"垂三统，列三正，去无道，开有德，不私一姓"。自《春秋》以来，史法有二：明君臣之义，严夷夏之防③。章太炎、陈鼎忠等学人一致认同史学"通古今之邮传，为九流之枢纽，范围天地而不过，曲成万物而不遗，道并行而不相悖，百姓日用而不知"，秉《春秋》之义，"综典章因革之宜，可以增进群治也"，"明千祀相承之统，可以永固种族

---

① 牟宗三：《历史哲学》，3 页，台北：学生书局，1976。
② 柳诒徵：《史义》，《国史要义》，199～250 页。
③ 柳诒徵：《劬堂遗札·复朱绍滨书》，见《学术集林》(6)，27 页。

也"①。民族主义与政权一统为国史相承之义:"传授之正,疆域之正,种族之正,道义之正","皆以正义为鹄"。明此正义,"必先识前贤之论断,而后可以得治乱之总因"。正如蒙文通称正闰之说为政治民族主义,均意在追往以诏后②。章学诚以"史德说"贯通性情与功力,期望将因事明理的专家之学转化为性命与经史合一的新义理学。柳诒徵视章氏史德说仅为救弊补偏,应进一步考察"德之所由来"与"用之普遍"。历代群经诸史,皆以道德观念为主,道德禀于天赋灵明,灵明缘起于历史经验的累积,从历史中探究性命之原,社会变迁的利害得失,推阐因果关系,前事为后事资鉴,积蓄人伦日用的经验,方能形成道德,"以前人之经验,启发后人之秉彝,惟史之功用最大"。史德并非仅仅是正史家心术而已,而是涉及修己治人、以史化人。治史的第一要义,"不当专求执德以驭史,而惟宜治史以蓄德"③。"治史以蓄德"进一步暗含义理来源的正当性及其实践的可行性。

章学诚从文明演进的视角,倡导浙东学术"言性命必究于史"的特质,道出于自然,"渐行渐著",义理即在人事之中。史学之所以经世正在于人事推演与探究性命合一,史学成为道的源泉。圣人体道,依时事而制作,"学于众人,斯为圣人","六经皆史"与"六经皆先王之政典"的说法由此展开④。六经皆史说成为近代经史转型不可替代的中介,相较于新史学有意误读六经皆史为六经皆史

---

① 陈鼎忠:《原史》,载《文史汇刊》,第1卷,第1期,1935。
② 柳诒徵:《史统》,见《国史要义》,73~98页。
③ 柳诒徵:《史德》,见《国史要义》,125~162页。
④ 章学诚:《文史通义·原道上》,34~37页,北京:古籍出版社,1956。

料,柳诒徵认为"普通人以为孔子删订的书叫做经,其实都是史",六经皆史并非仅仅在史料与史事层面立论,更在于"视史如经"①,国史记载"前人之经验而表示其得失以为未经验者之先导"②,依据历史人事之变迁探究人类社会演进的趋势及其价值原理。胡朴安著《周易古史观》,纯以古史眼光看《周易》,认定《周易》为叙述古史,以六十事解六十卦;柳诒徵认为若拘泥于殷周之际,一卦对应一事,"转将一部《周易》说成记事之小书"③。《周易》蕴含邃古万千年历史演化,古哲"从生物及人事之种种对待变化,得消息之原则,而以《易》之否、泰、剥、复卦爻示之"。研究中国史当寻求人群之原理与史事之公律。史识成为洞悉历史变迁轨则,德行修养与客观实践的基础。刘咸炘、蒙文通倡导史学应通观明变、察势观风;柳诒徵认为:"观风之变,于其已成,则知将来之厌恶;于其方始,则知异时之滋长,是曰知几。故治史所得,在能知几,非惟就已往之事,陈述其变已也。"史书蕴含史家之识,"识生于心,而史为之钥",获取历史经验与史识养成皆系于历史记载与国史书写④。历史编纂依托政治经验,史联出于百官政事相让相联,各得其所。史官政教之学必须贯通脉络,类族辨物,方可以表政宗而副国体。就史体相沿与史家撰述而言,人事有联属,"其特质分著于某篇某体之中,纵横交错,乃以观其全,而又有以显其别","史体之区分综合,即由先哲类族辨物之精心","大其心以包举万流",又"细其心以厘析特质"。国史之互著与别裁,方能明政教、彰世

---

① 柳诒徵:《中国史学之双轨》,见柳曾符选编:《柳诒徵史学论文集》,96页。
② 柳诒徵:《史德》,见《国史要义》,127页。
③ 柳诒徵:《劬堂遗札·答柳非杞书》,见《学术集林》(6),28页。
④ 柳诒徵:《史识》,见《国史要义》,163～198页。

变,"错综离合以见其联系",又"各显其特性之妙","既以联合而彰个性,亦可略个性而重联合"①。史例、经例皆本于礼,准情度理,以人情事理相推演,并非以一己私意轻易取舍,史联与史体中的分与合呈现出中国历史文化的整体性与特殊性。

蒙文通抉原经史,由今古上溯齐鲁,确立孔学嫡派与本意,孔子以《春秋》讲大义、重制度、明王道。儒学以六经为依归,确立了千古不易的典范,才使得中国史籍丰富,历史编纂学发达,"此故志新乘所由绳绳靡绝者欤?则称中国为历史之国家可也"②。儒家史学继承上古三代的文化传统,孔孟以"窃取之义"确立文明准则,又通观明变,以史观经,因应时事而权变,在历史情境中,实践儒家的义理精神。蒙文通指出"研究学术史者,以为某一时代有文学、经学、史学、宗教、艺术等,他时代亦如之,排比尤无二致,殊有大谬不然者。盖各种学术因时代之不同,盛衰亦有异"③。晚周、魏晋、两宋史学最盛,魏晋之际,道术由一统而分化,"当学术发达一致反儒之时,无一尊思想即无中心思想,是思想之大解放",文史靡不革新,"哲学盛而史亦盛"。魏晋玄学以《老》《易》为宗,干宝、孙盛崇汉《易》,申汉法,拨乱反正。玄学以虚无为天道,史家依据董仲舒、翼奉学说,以灾候为天道与玄学相抗衡。干宝、孙盛鉴于种族国家之痛,提倡正闰学说,民贵君轻之大义;又秉《春秋》之义,发明史例,确立后世修史的准则。魏晋史学虽脱离经学而独立,魏晋史家恰以史学发扬儒家大义,以史例、史义

---

① 柳诒徵:《史联》,见《国史要义》,100~124页。
② 蒙文通:《中国史学史》,7页。
③ 蒙文通讲,贺次君记:《我国学术之进展》,载《国立北京大学四川同乡会会刊》,第1期,1934。

对抗虚玄之风，以实代虚，"备明兴衰之故，究洞往事，立言制义"。晚唐古文运动由思想解放运动而尊儒，以治诸子之法探求儒家义理，新史学由此萌发，以书法褒贬寄托经学之大义。衍至庆历，探求天理与人道成为一世风潮。司马光著书，重编年，削制度，史家谈天理、人道趋于偏狭。朱子气刚度伟，以义理之学统摄群伦，史学方能不局限于得失成败之往迹，由史事升华至文化理想。诚如钱穆所言："朱子竭意要标出一番至善极好的道理来衡平历史，亦是要指示一番最高理想来诱导历史向此途而前进"，义理为史学本源，当下人事为治史的归宿，"说经说史，一气流贯，此之所谓通经致用"①。蒙文通认为"言史而局于得失之故，不知考于义理之原，则习于近迹，而无以拔生人于清正理想之域，固将不免于丧志之惧。然苟持枵大无实之论，惟知以绳墨苛察为击断，是亦曲士庸人之陋，则又乌可以语至治之事哉？"② 然而，若以枵大无实之义理作为裁决人生、史事的唯一标准，以理责人，所谓文化理想终究为空中楼阁，难以实现太平至治之世。朱子学末流之弊使得"晚宋至明，而史几乎以熄"，复兴南宋浙东史学可谓补偏救弊的良方。北宋新学、洛学、蜀学三家，唯独蜀学不废史学，苏氏以议论古今成败得失为学术之要：经与史，义一体二，体例有别而相资为用，"经以道法胜，史以事词胜"，"史待经而正，不得史则经晦"。南宋浙东学术汇集北宋三家性理、经制、事功于一炉，与朱子学说抗衡。吕祖谦提倡"穷经以立其本，涉史以观其变，研究事理以观

---

① 钱穆：《朱子新学案》第五册，见《钱宾四先生全集》(15)，5~14页，台北：联经出版事业公司，1998。
② 蒙文通：《中国史学史》，80页。

其会通","约一代治体,归之于道"。其一,以孔氏为本统,治史应探究义理之源。叶适治学契于撰合之意,人心之广狭与观物之大小相适应;唐仲友以性善性恶说为王道霸道的根源,洞彻政术泉源。其二,通晓历代典章制度,以期开物成务。道存于形器之间,道器显微无间,以经制实用之学衡断政术崇卑,制度利弊,史事得失。其三,深达古今之变,明世变之法。叶适反对循名执迹,以道观世,将今世与三代之仁义礼乐相隔绝,"理经援古,欲一举而尽复三代之治",而应洞悉物情,明了世变,"举三代而不遗两汉,道上古而不忽方来,仁义礼乐绳绳乎其在天下"。陈傅良主张以史观经,非章句之徒所能道及。陈亮认为治史必知世务,曲尽一世之情,深切当时之弊。不虚慕三代,不卑视汉唐①。总而言之,南宋浙东史学将义理、制度与事功结为一体,为"论史之准的",兼包治人与治法,义理与事功并举,"言内圣不废外王,坐言则可起行,斯其所以学独至而无弊"②。

柳诒徵以史统经,官守与圣学合二为一,道德教化作为圣哲义理的实践,以阴阳消息落实观风明变之旨。六艺形式不同,义理均归于政治,这是中国史学乃至一切学术的根本。史术即史学,经学即经术,儒家即儒术,"史术通贯经术,为儒术之正宗"。术即道,"为古今人所共由之道",用于今日,造福未来。通晓史学,方可持身处事,知类通达,原始察终,见盛观衰;"史术之正,在以道济天下,参赞位育,礼乐兵刑,经纬万端"。国史贯穿儒术,以此"定其制度,存其法守,厘其伦脊,究其中失。以之作人立极,参

---

① 蒙文通:《中国史学史》,82~104页。
② 蒙文通:《四库珍本〈十先生奥论〉读后记》,见《中国史学史》,159~160页。

两天地"。道咸新学诸家以社会视野应对世变，从而产生一种将经学的微言大义，发展成为可以于其间营造社会理想的表述。柳诒徵以史术实践内圣外王之道，"学者何必待受一命，但知天下国家之休戚与一己相通"①。廖平认为《春秋》凡例皆出自孔子笔削之后，"孔前绝无模范之文"，柳诒徵指出旧史已有义例，"不必因推尊孔子，遂谓《春秋》以前无史例"②。蒙文通、李源澄认为廖平因时代所限，"不免尊孔过甚，千溪百壑皆欲纳之孔氏"③。起初，蒙文通认为廖平长于《春秋》，善说礼制；若以史观经，廖平"说《春秋》缜密，说礼则略"，蒙文通以历史实情判断《王制》《周官》礼制之别，阐发《春秋》大义。蒙文通认定中国文明以仁义为准则，确立德性之学的根源性与优先性，同时考察儒学历时演变，宇宙未有一息不转变，"小知浅见者流，以立异善变自矜"，"迂固者又惕然忧之，岸然拒之，均之陋"。自古文经学兴盛，"而经术晦，哲学绝，乱师儒之微言于姬周之史迹，凡经训所陈'革政'之义，其为建国宏规，政治思想，体大而思精者，说且不明，安望见之于行事？于是儒之为儒，高者谈性命，卑者坏形体"，"致治之术，立国之规"，皆暗而不彰④。蒙文通既反对空言义理，更不妄自菲薄，而是持儒史相资的立场，"于后言之，则史也固资乎儒。于始言之，则儒也亦资乎史。世益降，史益变，而儒亦益变。儒史相资于不穷，为变不可及"⑤。哲学盛则史学兴盛，以发展之义而言，"通其意，明其

---

① 柳诒徵：《史术》，见《国史要义》，298～335页。
② 柳诒徵：《史例》，见《国史要义》，255～260页。
③ 蒙文通：《廖季平先生传》，载《新四川月刊》，第1卷，第1期，1939。
④ 蒙文通：《儒家政治思想之发展》，见《儒学五论》，60页。
⑤ 蒙文通：《自序》，见《儒学五论》，149页。

变,不滞于言";以孔孟一贯之道而论,"知说之变而不知义之一,不得为知学"①。史学成为儒史相资系统的最佳纽带,既注重历史来源,又彰显义理,导化民众,启示将来。南宋浙东史学即是义理史学的典范。

柳诒徵提倡史术通贯经术,侧重守常与实践,在确立文明实体与主体性的基础上,"以儒术为之主宰,乃以开发建树此东亚数千年之世界"②。蒙文通梳理历代学术流变,源流互质,建构儒史相资的能动系统,"究于嬗变之迹,立义之由,则本末兼该,而始终之故亦举"③。

三、义理与制度

孔子空言垂事,因《春秋》之大义与微言,为万世师表。大义显而易见,微言隐而难明。皮锡瑞认为:"所谓大义者,诛讨乱贼以戒后世是也。所谓微言者,改立法制以致太平者也。"《孟子》与《公羊》暗合,朱子称"治世之法垂于万世",与《公羊》拨乱功成、太平瑞应相合④。大义因事垂法,"于当时行事一裁之以礼义";微言为万世立法,或有不便于时主之处。刘咸炘指出:"圣人立六经以教之,而今儒之淫僻者谓六籍记事不为化人(古文家),其贼乱者则谓六经皆立微言,非各为显用(今文家)。"僻者"以异为

---

① 蒙文通:《儒家哲学思想之发展》,见《儒学五论》,3页。
② 柳诒徵:《史术》,见《国史要义》,298〜299页。
③ 蒙文通:《题辞》,见《儒学五论》,14页。
④ 皮锡瑞:《经学通论》,362〜363页,北京:中华书局,2011。

高,往而不反",乱者"过求其所以然","强为属比连贯",二者于事实与虚理各执一端,六经"化人""显用"的功能暗而不彰①。柳诒徵、蒙文通均主张制度与义理相配合,超越经今古文之争,春秋大义有因事垂法与为后世立法两种思路,制度革新有理想与事实之别。蒙文通撰述宋代史学时,钩沉唐仲友之学术,致信柳诒徵,征询唐氏诗文集。柳诒徵自称佩服蒙文通"畅论宋代史学,为唐悦斋张目","浙东之学,经此次重加估计,必有超轶前人所称述者"。柳氏再次强调,"中国经制之学,只有《周礼》一书,如讲制度,必从此出。不幸王莽一试而败,王安石再试而败,故程闽诸儒,虽极讲制礼,而不敢专以《周礼》为号召。永嘉、金华诸儒,则不讳言之,其思想言论之结果,至明初复加小试,颜李之学即从此出,盖心性文章有他途可循,经制则舍此无他途也。"唐仲友"讲经制而不尚功利",主张"不齐而为之制,同归于治"的通达之法。柳诒徵认为唐氏之言"非惟执《周礼》而行于宋者当知其非,即今日稗贩外国法制以改造中国者亦当引以为鉴"②。柳诒徵似在暗示蒙文通应当以《周礼》为国史制度的骨干,"改造中国"应以《周官》的政教原理为根本。

蒙文通以历史眼光超越今古之争,认为《周官》为封建不平的制度,"国、野不仅田制、兵不同,学制、选士也不同","《孟子》《周官》所讲确实是如此"③。今文学家所讲"一王大法"为万民一律的平等制度,既与贵贱悬绝的周制不同,更与奖励兼并的秦制相

---

① 刘咸炘:《认经论》,见《推十书》,29~31页。
② 柳诒徵:《劬堂遗札·复蒙文通书》,见《学术集林》(6),32页。
③ 蒙文通:《治学杂语》,见蒙默编:《蒙文通学记》(增补本),41页。

异,而是当时儒生的政治理想,今文学的礼制多包含精深大义。今文、古文之辨关键在于"历史"与"理想"的差别,古文家言《周官》重在述古,今文家主《王制》寄托文化理想。熊十力对此不以为然,批评蒙文通"自为矛盾,不可无辨",蒙文通未能深究汉代哲学,所引材料均是历史事实,"经师只是绍述古学,谙习先王成法"①。此后,蒙文通撰文,认为孟子所言井田制是周代史实与汉代今文家理想之间的过渡,依史事而论,《周官》中之阶级"最为不平",井田之事"卑陋不足观",周公对待殷人,"惨刻不足取"②。熊十力立刻反驳说:"夫井田之美意,推而广之,是研古制者之责也。必以'卑陋不足观'一语了之,似觉未安";若就《周官》中学校制度而言,"吾侪于《周礼》,当研究其教育旨趣所在,其与现代功利思想,或法治国家等等教育旨趣,有其相通之点否;此真可注意者也。"③ 熊十力认为孔学当以《易》《春秋》《周礼》为主,《周礼》首言建国,主张德治与礼制,"欲其成为一文化团体"。《周礼》与《春秋》相通,"《周礼》的思想是为《春秋》由升平进太平的理想"④。蒙文通未作直接回应,私下则称熊十力"不研史学,仍奉《周官》为经典,信井田为美制,余前文已详论西周国野异制、彻助并行之非善,可毋庸再事多说"⑤。

1944年底,蒙文通应邀至国立东北大学讲演《国史体系》,指

---

① 熊十力:《中国历史讲话》,181页,北京:中国人民大学出版社,2006。
② 蒙文通:《从社会制度及政治制度论〈周官〉成书年代》,载《图书集刊》,第1期,1942。
③ 熊十力:《论〈周官〉成书年代》,载《图书集刊》,第2期,1942。
④ 熊十力:《研穷孔学宜注重易春秋周礼三经》,载《孔学》,第1期,1943。
⑤ 蒙默:《蒙文通先生年谱》,见四川大学历史文化学院编:《蒙文通先生诞辰110周年纪念文集》,427页。

出宋明两代进入心理强制时代，朱子学兴盛；清代学术"只是反对宋明理学。说是汉学，其实只是考证而已"，"考证可以说是治学法"，"一种很合乎科学方法，这是清代唯一可取的地方"；"现在是心理自由时代，即思想开放时代，对任何学说，不能随便轻视。当自己加以细心研究，才能批评。以后又要进入思想专制时代，这时代将是继承宋人治学精神，清人治学方法"，"中国历史是整个而有系统的"，应当超越唯物、唯心之争，以国史创造东方法则①。值此时代变迁之际，蒙文通出版自编、自校、自跋的唯一论文集《儒学五论》，《自序》开篇即言："儒之学，修己以安人。达以善天下，穷以善一身，内圣而外王，尽之矣。"《儒家哲学思想之发展》一篇阐明"孔孟之道，三古所为训也，中国文明之准则"；《儒家政治思想之发展》以"理想"与"陈迹"分别今古，发挥秦汉新儒学的"义理"与"制度"；讨论诸子百家学说的文章与此相发明，广为《本论》五篇，"又以究儒史相资之故，别附四篇，以明其变。于是儒家之经济、社会思想，亦可考见"。《儒学五论》"无事非究古义，亦无事非究将来"，落实义理、制度与史事相贯通的为体之学，"入出于百氏，上下及千载，推昔人之陈说，示大法于将来"，"汉师所陈者制也，而先秦所论者义也。不究于义，安知制所由起；不求于制，安知义所以用。变衍虽繁，而其迹固若可察。故必义与制不相遗，而后学可明也"②。中华文明以仁义为本，以忠恕为教，睿哲为师，服善而从是，"考选贤达以共治"。从中国历史演进实情而论，"儒者内圣外王之学，匪独可行于今日之中国，以西方之学术趋势

---

① 蒙文通讲，黎明记：《国史体系》，载《国立东北大学校刊》，第6期，1944。
② 蒙文通：《题辞》，见《儒学五论》，14页。

衡之，直可推之于全人类而以创造将来"①。

柳诒徵此时虽未直接参与蒙文通、熊十力的讨论，但从《国史要义》的引述中，不难察觉柳诒徵密切关注蒙文通的学术动向。在刘师培《左盦集》跋文中，柳诒徵认为刘师培"未知《春秋》根据《周官》五史之成法。以是知读书之难，以刘之专门古文学家，于《周官》《左氏》皆笃信者，而于史法尚不能贯通。缘其所长，专在搜辑琐文佚义，而统观全体之功夫，尚欠也。章实斋论史本于《周官》，亦未能打通《周官》与《春秋》，余可知矣"②。《春秋》大义兴王致治，《周礼》之学拓展道术，《春秋》学因事垂法，进而为后世立法，《周礼》学以此施设新制。《国史要义》"根核六艺，渊源《官》《礼》"，志在打通《春秋》与《周官》，沟通官守与圣学、义理与制度。柳诒徵坚信"真读孔孟书，始能行真共和"③，《春秋》为孔子论治之书，以民为本，"欲立一王之私，拨乱世而反之正"。史迹变迁，公私而已，"大公者，群私之总和"，是民主的真精神。天下为公并非空谈理论，"《公羊》家之说，非以《周官》证之不明"④。柳诒徵认为《周官》积累千百年历史经验而成书，制度所指均为古代实有之事，并非虚构而成，"欲知古代朝野上下特殊之思想行为，皆可于《周官》见之"。《周官》洞察人情，深察物变，由此创设典章制度，"虽极防禁之密，而仍出于忠厚恻怛之诚，庶可

---

① 蒙文通：《自序》，见《儒学五论》，149～155 页。
② 柳诒徵：《刘师培〈左盦集〉跋》，见柳定生、柳曾符编：《柳诒徵劬堂题跋》，165 页，台北：华正书局，1996。
③ 《劬堂日记抄》，引自柳曾符：《柳诒徵与王国维》，见柳曾符、柳佳编：《劬堂学记》，187 页，上海：上海书店，2002。
④ 柳诒徵：《史义》，见《国史要义》，239～243 页。

以化民成俗耳"①。时下师法《周官》，"当师其意，不当师其法"②。其一，公天下是《周官》政体设计的原理。《周官》"宏纲要旨，良法美意，实可见诸行事"。天子与王室为当时列国共建的最高和平机构。集私为公，公天下之义，"以古之抚邦国诸侯者，合天下为一家，以启其方新之制，则吾史之义，岂第为一国一族之福利已哉！"③秦汉以后逐渐变质，但西汉公议精神仍可见"吾国议会高尚纯洁之历史"④。学者研读中国史籍，必"先明吾国古代君臣之义，而后于秦汉以降君主制度演变之得失，始有一正确之权衡"；圣哲立言之义，以民为贵，"儆戒君臣，各使有所警惕，初无所畸轻畸重"，"裁制君权，实不亚于他国之宪法"⑤。其二，《周官》以中和为教。儒术之要，"曰中曰和，为自古相传之通术"，中和为施政原则、为人之道。《周官》为政书渊源，以礼为中枢，"揭橥大义，最重中和，子思作《中庸》，实述其旨"。儒家致中和的理念，必参验《周官》而可落实。"自舍《官》《礼》言中庸，而儒术遂流于空寂。而骛事功者又徒眩惑于物质，不知大本达道"⑥。其三，以德性为本，贯通道德心性与政治体制，国家道德与寻常人事道德由此相通。周制立意，合天下以成道德团体，为国以礼，为史以礼：礼制等威之辨，貌似与现代平等观念凿枘，实以分为至平，各尽其责；

---

① 柳诒徵：《从〈周官〉观其时社会》，见柳曾符、柳定生编：《柳诒徵史学论文集续集》，593～599 页。
② 柳诒徵：《与熊十力书（二）》，见柳定生、柳曾符编：《柳诒徵劬堂题跋》，296 页。
③ 柳诒徵：《史义》，见《国史要义》，244～250 页。
④ 柳诒徵：《汉官议史》，见柳曾符选编：《柳诒徵史学论文集》，第 13～14 页。
⑤ 柳诒徵：《史义》，见《国史要义》，220～224 页。
⑥ 柳诒徵：《史术》，见《国史要义》，309～310 页。

人伦等差，以礼义为社会流动、等级升降的标准，表示最平等之义。人之平等，唯在道德。我国以性善言平等，礼以阶级为表，以修身平等为里，礼之精髓，能合智愚贤不肖而平等，孝廉为儒史教化的效果。中国史学立足于道德性命，以礼为准绳，"由种族而言，固宜力严其辨；由文化而论，又宜容保无疆"①。

时人曾评述柳诒徵研究中国学术，考信于六艺，折中于儒术；《国史要义》"不限于论史籍著作，实为中国文化史论"②。抗战胜利后，柳诒徵提议大学应独立史学院，以体制表明史学非文学、非科学，自有封域与功能；力主创办国学院，宗旨如下："尊国族"，阐扬固有文化，发扬民族精神；"翊世运"，依据圣哲学理，促进世界和平；"储通才"，贯通中国政教，体用兼备，以资从政新民；"广文教"，精研文学权能，道艺一贯均可著书教士③。柳诒徵发挥国史大义，以期落实通万方之略，弘尽性之功的人本文义，"学者必先大其心量以治吾史，进而求圣贤、立人极，参天地者何在，是为认识中国文化之正轨"④。熊十力赞赏《国史要义》为不朽之作，柳诒徵"言史一本于《礼》，是独到处"⑤。1950年代初，熊十力特意与柳诒徵商讨《周官》为民主与社会主义开导先路之意。熊十力晚年建构内圣外王的学术体系，归纳《周官》制度中"均"与"联"两大原理，视为建构儒家政治及社经制度的基本精神。选贤与能为民

---

① 柳诒徵：《史化》，见《国史要义》，336～343页。
② 毓：《新书介绍·国史要义》，载《图书季刊》，新第九卷，第一、二合期，1948。
③ 柳诒徵：《致教育厅长函》，《盋山牍存》，57页。
④ 柳诒徵：《弁言》，见《中国文化史》，第3页。
⑤ 熊十力：《致函柳诒徵》，见《国史要义》，第1页。

主制度,因地制宜的地方制度为民主之本;其社会理想一方面本诸《大易》的格物精神,期于发展工业;一方面逐渐消灭私有制,一切事业归于国营,实现天下一家①。柳诒徵回函,称熊氏"宗仰《周官》与诒符同",所胪举《周官》蕴义,"尤为诒多年所主张",并进一步强调:"《周官》曰:儒以道得民,此五字极有关系。向来人多忽略读过去。"儒家之道通贯义理与制度,"自道经危微精一之说至程朱陆王,皆括在此五字之中"。若将"《周官》《学》《庸》打成一片",则儒学内圣外王之道"一一达到,非空言矣"②。熊十力在理想价值层面创造性的建构出一套革命的内圣外王系统,于事实真相层面难免穿凿附会。柳诒徵秉持国性为万世常道,性善为本;民俗为历代人民生活实情,礼制源自民俗,礼俗互通,古今不隔,方可陶冶后代国民性。柳诒徵晚年致力于礼俗互动,拟著《民族生活史》,"专述历代人民衣食住行演变条流",完成新史,人民生活实态为礼制更生的源头活水与变革的动力③。

柳诒徵主张讲国学必先通史学,晚年仍批评清儒之学"好实无厌",清季与民国学者多失于"诬"与"乱"。许多学者以墨子附会耶教,"将墨子从九流中抬起,想建设一种新的历史","看似思想进步,实则是可耻的奴性"。须从古先圣哲讲清,沟通汉宋以及"今世所讲政治、经济、财政、社会、教育等",方能言国学。柳诒

---

① 可参见熊十力:《论六经》,见《熊十力全集》第5卷,武汉:湖北教育出版社,2001;熊十力:《原儒》,见《熊十力全集》第6卷,武汉:湖北教育出版社,2001。
② 柳诒徵:《劬堂遗札·致熊十力书》,见《学术集林》(6),第29~31页。
③ 柳诒徵:《中国礼俗史发凡》,见柳曾符、柳定生编:《柳诒徵史学论文集续集》,610~651页。

徵计划撰写《人民生活史》，仍致力于明了数千年吾国史事的真相，杜绝比附，以理性指导史学①。蒙文通晚年仍认定《周官》非系统完整的理想制度，仅为就旧日之档案整理而成。不过，其义理学头脑全易，已由先天论转变为发展的性善论，期望汇通儒学的人性发展论与马克思主义的辩证唯物论，"存汉宋明清义理之合者，而辨其不合者，于中国文化一部分之扬弃工作稍致力焉"，亲身实践儒史相资的学术系统②。现代科学学术体系的建立实为不得不然的时代趋势，但若以单一的现代学科观念去理解、判断中华文明，难免不落入以西方历史法则裁定中国历史走向的窠臼中。中华悠久的文明历程呈现出多元价值系统，近百余年的曲折可视作坎坷且切身的文化经验。在中国历代学术流变的脉络中考察民国学人融汇古今中西，沟通义理之学与经史之学的有益探索与苦心孤诣，当有助于创造具有中国主体性、多元而非单一的学术体系，并在世界学术中独树一帜。

---

① 柳诒徵：《柳诒徵说文化》，353～357页，上海：上海古籍出版社，1999。
② 蒙文通：《致张表方书》，见《古学甄微》，155～157页。

第七章
文史分合：章氏国学讲习会与国难之际国学走向

新文化运动之后，整理国故运动志在输入学理，建立科学学术体系，实现民族复兴。虽然各派学人对"整理国故"见解各异，但都坚信"整理国学之声，洋溢于耳，国学终有复兴之一日，不过整理方法，颇费斟酌耳"。老辈学人章太炎、陈衍也发行国学刊物，对整理国故运动有所针砭，但均不足以扭转世风。新锐学人视老辈的学问只能代表过去，不足以开创未来，主张除旧布新，吸收新潮整理国学，杜绝国学遗老化①。对立志于"输入学理"的学人而言，"诸先生之学术，仅足结清室之终，未足开民国之始，其著作之精粹，可供吾人之诵读，其治学之方法，不能为吾人之楷式"②。然而，在"九一八"事件周年之际，胡适沉重反省近代中国沉沦，民族自救运动屡屡失败的原因在于社会没有重心，晚清以来寻求一个社会重心而终不可得。胡适、傅斯年谋求重建学人社会，以"无中生有"的事业再造文明。国难日亟，金天翮、陈衍等老辈学人及其

---

① 陈问涛：《国学之遗老化》，载《学灯》，第5卷，第10册第16号，1923。
② 胡朴安：《民国十二年国学之趋势》，载《民国日报·国学周刊》，国庆日增刊，1923—10—10。

门生再次成立国学团体，倡导儒学挽救人心、鼓舞民气，重塑国民精神信仰与社会凝聚力。章太炎北游南返后，讲学苏州：参加国学会，后创办章氏国学讲习会，以期端正学风，为后进示以治学轨辙，培育新人①。以章氏国学讲习会的成立因缘为线索，考察章太炎、金天翮等老辈学术旨趣的分合及其各界反应，当可揭示国难时期学术风气转移和派分纠葛，进而思索近代学术的多元走向。

一、国学讲习

章太炎一向认为教育的根本需要"从自国自心发出来"，"本国没有学说，自己没有心得，那种国，那种人，教育的方法，只得跟别人走。本国一向有学说，自己本来有心得，教育的路线，自然不同"，中国本来有学说，"只恨现在的学者没有心得"②。中国自有之学问即是国粹。宋恕指出对于国粹，应有二种主义："保也，复也。"③ 经今古文学在"保"与"复"两层各有侧重。章太炎发展"六经皆史说"，保存国粹，发扬国光，归一于民族文化；廖平主张经史分流，主讲孔子制作，"用圣作则经可推行，言述则经必废亡"，古文为争一时之虚名，坐视六经废亡，而不思改变。保国保种的方法，"无俟别求，以为圣作有百利而无一害，以为贤述有百

---

① 参见桑兵：《章太炎晚年北游讲学的文化象征》，载《历史研究》，2002（4）；江湄：《走出"拆散时代"：论章太炎辛亥后儒学观念的转变》，载《清华中文学报》，2013（9）；田彤：《复返先秦：章氏国学讲习会》，载《广东社会科学》，2007（2）。
② 章太炎：《教育的根本要从自国自心发出来》，载《教育今语杂志》，第 3 期，1910。
③ 宋恕：《国粹论》，见胡珠生主编《宋恕集》（上），460 页。

害而无一利"①。"保存"或有使国粹沦为国故的流弊,"复兴"孔圣哲学却难以为世人认可。

　　清末民初,章太炎多次开办国学讲习会,振兴国学。章太炎自述"往者少年气盛,立说好异前人,由今观之,多穿凿失本意,大抵十可得五耳"。如今提倡国粹,"当研精覃思,钩发沉伏,字字徵实,不蹈空言,语语心得,不因成说,斯乃形名相称。若徒摭旧语,或张大其说以自文,盈辞满幅,又何贵哉?实事求是之学,虑非可临时卒辨"②。1908年,章太炎在日本开设国学讲习会,主讲"中国语言文字制作之原","典章制度所以设施之旨趣","古来人物事迹之可为法式者"。1912年2月,章门弟子马裕藻、钱玄同、朱宗莱、沈兼士、龚宝铨、朱希祖、范古农、许寿裳等人在杭州发起"国会学",以讲授国学、保存国故为宗旨,请章太炎任国学会会长,并随时延请耆儒硕彦,分科讲授。讲授科目大别有六:"甲,文、小学(音韵训诂,字原属焉)、文章(文章流别,文学史属焉);乙,经(群经通义);丙,子(诸子异义);丁,史(典章制度、史评);戊,学术流别;己,释典。"③ 章氏弟子所筹划的国学会未能最终实现,此后,章太炎与马良、梁启超等发起"函夏考文苑",考文苑拟效仿法国,设研究院,"提倡学风",主张学术研究,倡导风尚、奖励著作等。1913年,章太炎被困北京:曾上书请设国学讲习会,认为:"方言国音字典、文例、文学史、哲学史等未编成,而教育部群吏又盲瞽并未有知识。国华日消,民不知本,实愿

---

① 廖宗彝:《代廖季平答某君论学第三书》,载《广益丛报》,第117号,1906。
② 章太炎:《某君与人论国粹学书》(第二书),载《国粹学报》,第37期,1908。
③ 姚奠中、董国炎:《章太炎学术年谱》,196～197页,太原:山西古籍出版社,1996。

有以拯济之","若大总统不忘宗国,不欲国性与政治俱衰,炳麟虽狂简敢不从命?"①章太炎此次讲学"以开通智识,昌大国性为宗,与宗教绝对不能相混",要求已入孔教会而后愿入本会的学人,"须先脱离孔教会,庶免薰莸杂糅之病"②。国学讲习会与筹拟杭州国学会一脉相承,主讲国学,贯串经史,融和新旧,阐明义理,学科分四类,一、文科:小学、文学;二、史科:史评、社会变迁;三、法科:历代法制;四、玄科:九流、哲学、佛学。1922年,章太炎在上海讲学,提出国学之进步在于"经学以比类知原求进步","哲学以直观自得求进步","文学以发情止义求进步"③。

一·二八淞沪抗战爆发后,章太炎北上讲学。在章氏门生的运作之下,先后讲学燕京大学、北平师范大学和北京大学各校,讲题有《代议制改良之说》《论今日切要之学》《治国学之根本知识》《清代学术之系统》《今学者之弊》《广论语骈枝》《揭示学界救国之术》等。在京讲学,颇有声势,章门弟子执礼谨然,邀宴讲学,各派学人纷纷前来求学问道。章太炎多番批评今日学人之弊:"一、好尚新奇;二、专恃智慧;三、依赖他人;四、偏听偏信。"④亲眼目睹北方时事与学风之后,章太炎感慨"知当世无可为",南返时,章太炎在青岛大学演讲"行己有耻,博学于文",认为"救世之道,首须尚全节","人能知耻,方能立国,遇难而不思抵抗,即为无

---

① 《章太炎上书请设国学讲习所》,载《教育周报》,第28期,1913。
② 章太炎:《国学会讲学通告》,见马勇编:《章太炎书信集》,580页。
③ 章太炎:《论以后国学进步》,《制言》,第48期,1939。参见卞孝萱:《章太炎各次国学演讲之比较研究》,载《传统文化与现代化》,1998(6)。
④ 黄侃:《黄侃日记》,792页,北京:中华书局,2007。

耻,因知耻近乎勇,既不知耻,即无勇可言"①。时局无法挽回,唯有挽救学风,惇诲学人,延续国学一线之传。恰逢此时,金天翮、张一麐、李根源在苏州发起讲学,邀请章太炎赴苏。苏州各界给予极高关注,"章先生栖栖皇皇,志在以道济天下,我苏又为文化荟萃之区,自明迄今,儒林文苑,史不绝书,发扬国粹,为国家多留几个读书种子,亦当今亟务",章先生即将来苏讲学,"有志国学者,幸勿失良机,以饱领章君宏论"②。章太炎在苏州讲学三周,阐发经学精义与文字音韵之学。李希泌追忆章太炎共作二十余次讲演,每次讲演的题目虽不相同,但其主旨不离"振民志"与"励躬行"③。

此时,金天翮、陈衍等学人发起成立国学会,集结诗人词客,文士名流,研究诗文、天文、历算、甲骨、经史、小学,成为一时学术渊薮。章太炎欣然参与,并为国学会会刊撰写发刊词:

> 苏州有请讲学者,其地盖范文正、顾宁人之所生产也,今虽学不如古,士大夫犹循礼教,愈于他俗。及夫博学屏守之士,亦往往而见。忾然叹曰:仁贤之化,何其远哉! 顾念文学微眇,或不足以振民志,宜更求其远者。昔范公始以名节厉俗,顾先生亦举"行己有耻"为士行准。此举国所宜取法,微独苏州! 顾沐浴膏泽者,莫苏州先也。于是范以四经而表以二

---

① 《章太炎在青岛大学讲"行己有耻,博学于文"》,见章念驰编订《章太炎演讲集》,625页,上海:上海人民出版社,2011。
② 汤志钧编:《章太炎年谱长编》(增订本),839页,北京:中华书局,2013。
③ 李希泌:《先生之风山高水长:忆章太炎先生》,见《健行斋文录》,22页,北京:书目文献出版社,1996。

贤。四经者,谓《孝经》《大学》《儒行》《丧服》;二贤者,则范、顾二公。其他文献虽无所不说,要以是为其蕝。视夫壹意章句、忽于躬行者,盖有间矣。①

此发刊词可谓国学会的集体宣言,"扶微业、辅绝学""振民志"与"励躬行"成为国学会成员的共识,经史、文学、艺术均国学会研究范围之列。章太炎在苏州、无锡讲学,重点在"国学之统宗"与"历史之重要"。《孝经》《大学》《儒行》《丧服》为国学正宗,"《孝经》以培养天性;《大学》以综括学术;《儒行》以鼓励志行;《丧服》以辅成礼教","昔之讲阴阳五行,今乃有空谈之哲学,疑古之史学,皆魔道也,必须扫除此种魔道,而后可与言学"②。金天翮与之呼应,提出"今功利之习倡于在上,江河之下,滔滔未已,而欲挽回世运,其责不复在于卿相,而当移而执于匹夫之手,计莫如大倡儒学,人人以天下兴亡为责,阐发义利之辨,表章气节之儒,诛凶奸于既死,发潜德之幽光,传播种子,而使圣人所谓金城者及我身而复固,民德归厚,国性不漓,一阳来复,群阴渐消,此亦韦布之士之所有事也"③。章太炎成为该会学术旗帜,截至1934年下半年,国学会总共举行讲演48次,其中章太炎讲学30次。金元宪总结章太炎起先在上海、北平讲学,"意不合,去而来吴"。章太炎"无意当世务,颇欲修明经术,用存绝学、正人心",金天翮、陈衍与章太炎习敦气类,意趣相投。国学会成立后,"石

---

① 章太炎:《国学会会刊宣言》,载《国学商兑》,第1卷,第1号,1933。
② 章太炎:《历史之重要》,见章念驰编订:《章太炎演讲集》,349~353页。
③ 金天翮:《论气节不讲足以亡中国(下)》,见《天放楼诗文集》,991页,上海:上海古籍出版社,2007。

遗、腾冲门生遍天下,一鼓召而著籍为会员者且千人,周十八行省,风气蔚然"。起初,章太炎与金天翮主讲论学,互相推许,"太炎盛称先生诗文,而先生亦命高弟子王謇等诣太炎,北面执贽受经"①。短短两年后,章太炎执意脱离国学会,开设章氏国学讲习会,与金天翮学术的文史之别是其中关键。

二、宗旨异趣

章太炎将苏州视作晚年端正学风,启发后学的理想场所。1933年底,章太炎致函潘景郑时,颇有期许:"仆岂敢妄希惠、戴,然所望于足下辈者,必不后于若膺等三子也。前此从吾游者,季刚绋斋,学已成就。绋斋尚存名山著述之想,季刚则不著一字,失在太秘。世衰道微,有志者当以积厚流广。振起末俗,岂可独善而已。明年定当南徙吴中,与诸子日相磨耤,若天假吾年,见弟辈大成而死,庶几于心无欲,于前修无负。"② 1934年,章太炎举家迁至苏州;潜心国学,教诸门墙,与弟子们研究国学,撰文作诗,勤于撰述。1935年初,章太炎拟组织国学讲习会,并发表公启,以示有别于中国国学会:

> 余自二十一年秋赴苏讲演,同人为集国学会。至二十四年,以讲学旨趣不同,始特立章氏国学讲习会,就苏州锦帆路五十号自宅后方开置讲堂,常年讲演。发有《简章》及《演讲

---

① 金元宪:《伯兄贞献先生行状》,《天放楼诗文集》,1400~1401页。
② 章太炎:《与潘景郑书》,见马勇编:《章太炎书信集》,916页。

录》，并《制言》半月刊，以饷海内同志。其旧设之国学会，脱离已过一年。恐远道尚未分辨，致有误会，特此登报声明。①

章门弟子汪东、黄侃对此皆持有异议。黄侃在日记中写道："旭初来，与谈蕲汉讲学诸生等广告之失辞"，"蕲汉门人在苏州者，为之组织一国学讲习会，作一公启寄来，令签名为发起人。予视其公启有极不安处，未敢遽签名也。"② 此启示一经发布，自然导致金天翮与章太炎的关系由"淡"而"不欢"③。中国国学会立即回应到"国学会的组织甚是健全，并不因章氏的分离而停顿"，"国学会与章氏国学讲习会并行不背，各有千秋"，"同为国学张目，何必分道扬镳呢？"章氏的声明是文人结习，标榜门户的老调，"全是章氏门徒和国学会的干部意见不洽，才怂恿老师出来说话"④。章太炎为何要另起炉灶，成立章氏国学讲习会，个中隐情局外人难以轻易论断。不过，江浙学人的记载透露出其中的意气之争：

（苏州国学会）多镂布述作，传诵中外，顾镂书工资巨，会员常年有内，费既狷，众不以时内，岁会出入不相偿，以责腾冲，腾冲窘，卒无以应。太炎闻而笑曰："吾来此，乐与诸君子问字载酒游，松岑无端作打门催科吏，恼乃公兴！"初亦无忤意，积久而谗毁至，交构其间，二人隙乃成。腾冲、石遗

---

① 《章太炎启事》，载《东南日报》，1936—03—18。
② 黄侃：《黄侃日记》，1067、1074 页。
③ 沈延国：《记章太炎先生·在苏州》，见陈平原、杜玲玲编：《追忆章太炎》（增订本），328 页，北京：生活·读书·新知三联书店，2009。
④ 进履：《国学会的前进》，载《立报》，1936—02—28。

常弥缝之。太炎卒注退会员籍,聚徒讲学,称"章氏国学讲习会"以自异。①

(松岑)谈国学会刊,谓会员已逾三百人。会刊印资则全恃特捐。谓某翁近颇宽裕,为杜月笙撰《杜氏祠堂记》,得润笔五千金,其余数千一千不等,为段祺瑞寿序,比之郭汾阳,似亦得三千金。其近所为文,甚不经意,一如笔记,与旧作大异……陈石遗以七十八九老人,犹仆仆赴无锡国专讲课,所获亦甚菲,与太炎菀枯大异。②

谭秋谓松岑、太炎二老近有违言。③

赴浣花国学会之召,因是日余且演讲也。松岑已先在……始演讲,无甚意义。而松岑报告太炎出国学会事,由于诸祖耿之舞美,亦可笑矣。④

有学人认为章太炎脱离国学会缘自与陈衍有隙,综合上述江南学人言语中不乏戏谑之词的记载,金天翮与章太炎二人性情以及由此导致苏州国学会运作过程中的人事纠葛当是直接原因。章氏门生则一直强调讲学旨趣不同,考察章太炎与金天翮的学术旨趣,在国难时期,对何谓国学正宗及如何落实,双方取径的确有别。

金天翮是清末江苏诗界革命的中坚力量,以古典诗歌的基本形式创造新的意象、思想和语汇,享誉文坛。金天翮贯通中西,除旧

---

① 金元宪:《伯兄贞献先生行状》,见《天放楼诗文集》,1401页。
② 夏承焘:《天风阁学词日记》,见《夏承焘集》第5册,340页,杭州:浙江古籍出版社、浙江教育出版社,1998。
③ 夏承焘:《天风阁学词日记》,见《夏承焘集》第5册,366页。
④ 吴梅:《吴梅全集·吴梅日记》,708页,石家庄:河北教育出版社,2002。

布新，改造国学，"化分吾旧质而更铸吾新质"，提倡"献身破产，铲平阶级，以为国民倡"①，其极具时代特征的民族主义话语饱含强烈的忧患意识，并以游侠主义界定国民新灵魂，章太炎誉之为"豪杰之文"。金氏本肄业于南菁书院，民元鼎革之后，自称"锄游侠之气，思为五经学究以自慰"，师事曹元弼，钻研《易》《三礼》学，兼习佛老，赅内圣外王之用。苏州国学会成立之初，金天翮批评考证学业已盛极而衰，中国学术今后的趋向有研究历史与复兴理学两条路径。研究历史分为知人与论事两层，从"修养和建立的方法"与"改革和救济的方案"着手。复兴理学要破除门户之见，贯彻涵养用敬与进学致知。简而言之，今后为学的途径，"一方要求智识，一方要能涵养"②。阐发与落实中国义理之学成为金天翮晚年学术重心。金天翮曾比较钱穆《国学概论》与李绩川所著《国学指归》，认可钱基博所言钱穆"躯干不修，读书有精识"，其著述"非云完粹，要其勇决，自谓贲育无以过"；李绩川"笃志信古，黜陟百家，衷之儒术，修涂坦荡，矩步矱趋，以为学统相传，无异一王之正朔，谨守遗教，庶无蹉跌"。二人旨趣不同，"余既赏宾四之才，又乐观绩川之正襟危论，以为庶几先正之遗风"。清代学术，"惟史部为最醇"，然"沉浸于末流违失之中，秉佻巧之志，以述二千数百年之国学，是犹置土圭于悬鼓之上，摇杆而求其影之直也，亦不可几矣。是故非有宾四之才勇，不能综核群籍，而为惊人之论；非有绩川之禀受，亦不能贯串六艺，而为述古之书。锡名曰

---

① 金天翮：《国民新灵魂》，见《天放楼诗文集》，1319～1326 页。
② 金天翮：《中国学术之升降及今后之趋向（一名天人损益说）》，苏州：国学会，1933。

'指归',归于六艺之统者也,群言淆乱折诸圣,曰吾师法如是,不以举世之狂醒而夺其操者哉?"①

金天翮认为文明与种族的荣辱兴衰为国家存亡之所系,德性与教化是孕育文明的根本。倡导国学,当立足孝弟,谨守爱敬,由仁义礼乐以致中和的境界:"修齐治平,终始一贯,天人物我,上下通达,造端夫妇,而察乎天地,文化之纲,备于斯矣","民新而后国可新,至治可期也,其道则正心、诚意、修身、慎独、集义、养气,其或书不尽言,言不尽意,则老庄二子之学可稽也。"② 金天翮以儒学义理为宗,融汇百家,撰述《匡荀》《广戴》《广戴释问》等文,阐发儒家心性之学。时人曾责难他好引老庄以翼孔氏,金天翮不以博杂比附为病,认定唯庄周能道神圣之妙,好学深思,澄观达识方能究其本意,庄周赞扬孔氏,实与《中庸》相通,诚所谓"传记之言不必是,老庄之说未必非"③。金天翮讲学以孝悌仁义为本,胪列史事成败,类比经义,不专为章句训诂,而是"推本器识,极于开物成务而寓诸庸。文也者,身之章;道也者,治之体。治无文不具,身非道不立"。又以诗、古文著称,宗主"文以载道"之说④,晚年诗歌感怀世运隆替与生民多艰,既可视作史诗,又是载道之文。古文根柢子史,融汇汉魏、唐宋文法,不拘囿于一代家法。议论近于《庄子》《吕氏春秋》,叙事效法班固、范晔。

金天翮晚年意欲以儒家义理为价值导向,读史书通观世变,宣

---

① 金天翮:《国学指归序》,见《天放楼诗文集》,840~841 页。
② 金天翮:《重印国学丛选序》,见《天放楼诗文集》,584~589 页。
③ 金天翮:《广戴释问》,见《天放楼诗文集》,981~983 页。
④ 范烟桥:《林译小说之价值》,见《鸥夷室文钞》,24 页,北京:海豚出版社,2013。

讲文学宏其用，以诗文感世传心史，重内质而轻外美，"以史为文"①。杨友仁认为金天翮逐步由西方激进无政府主义者递变为东方儒者，与章太炎同其归趣②。不过，章太炎谨守朴学立场，在清末民初国粹与欧化论争中，章太炎批评今文经学以学术附会政治，提倡国学应在朴说而不为华辞，经术专主古文，发挥六经皆史学说。章氏自称"所治独在《春秋》《说文》"，即缘自"所以为国性者，独有语言史志之殊"，"凡许书所载及后世新添之字足表语言者皆小学，尊信国史，保全中国语言文字，此余之志也"③。相较于金天翮"文以载道"的理念，章太炎侧重"文即是道"，以"文"树立"国性"：语言文字的源起、流变与经典的生成本身即是国族与文明孕育、演化的结果，更是时下恢复国族精神的依据，章太炎的小学与文史研究以此展开，以民族主义为根基，依据国情民性，考察历代礼俗政教。章太炎自道对中古儒学与宋明理学家言造诣颇深，但此时高论无益，"今日不患不能著书，而患不能力行，但求力行以成人，不在空言于作圣"④。国学不尚空言，关键在坐而能言，起而可行，改良社会不应单讲理学，心性之学可暂且放下。国学会讲学当以小学、经史为急务，研究经学必以家法为门径，读史切忌借题发挥，逞臆为断。

学术立场异趣使得章太炎与金天翮在讲学主旨与国学会运作方面难免发生分歧。章太炎及其门生学术多有与廖平争胜的意味，金

---

① 《国华中学敦请金松岑先生国学演讲》，载《申报》，1937年7月25日。
② 杨友仁：《吴江金松岑先生学行纪略》，载《文献》，1984（20）。
③ 诸祖耿：《记本师章公自述治学之功夫及志向》，载《制言半月刊》，第25期，1936。
④ 章太炎：《答欧阳竟无书》，载《制言半月刊》，第9期，1936。

天翮赞誉廖平为继绝开新的典范,"尊孔揽群贤,巨细包六经。绝学树坚垒,高座阐大乘。四变达位育,泛滥穷沧溟。巴蜀挺此豪,十载想仪型"①。戴震为清代汉学系谱中的核心人物,章太炎早年著《释戴》《清儒》等文,视戴震为清学史中独一无二之人,晚年仍调停戴震、程朱,为《孟子字义疏证》辩护,戴震"咎在过疑王学,推而极之,与考亭亦不能护,如其言理在事物不在心,正与告子外义同见,盖诋诃心学,其势自不得不尔也。至言以理杀人,甚于以法杀人,此则目击雍正、乾隆时事,有为言之"②。金天翮评述戴震一生学问,功过参半,以才性研究经子,人格远不如颜习斋,"不能自存养,心有所蔽于欲,欲自立一子以盖前贤,而不悟前贤之所述学道而有实证者也。寻文考义,欲以升降二氏,不悟二氏之与孔、孟廓然视听天地,如鹝明翔于寥廓之宇,而罗者犹视夫薮泽,悲夫!"③ 至于国学会会刊,章太炎认为《国学商兑》名称不当,方东树《汉学商兑》意在排摈汉学,"今云《国学商兑》,于意云何?"论文的编次,亦未精密。例如论甲骨文,"直以《周易》出孔、墨后,谓为庄周所作。此等凭虚不根之论,虽旧时今文学家亦不肯道,涂汗楮墨甚矣!"章氏要求潘景郑此后关于经学、小学的论文,可与戴镜澂商讨,"如有此等议论,必与芟薙","言有秕稗,非徒损害学会之名,亦且贻误阅者。今日所患,在人人畔经蔑古,苟无以匡救其失,虽一人独醒,阿胶不能解黄河之浊也"④。《国学商兑》后更名《国学论衡》,然办刊倾向与取材与章太炎理想的"国学"

---

① 金天翮:《寄怀廖季平先生成都》,见《天放楼诗文集》,97页。
② 章太炎:《与李源澄论戴东原书》,载《制言半月刊》,第5期,1935。
③ 金天翮:《广戴(上)》,见《天放楼诗文集》,976页。
④ 章太炎:《与潘景郑书》,见马勇编:《章太炎书信集》,915页。

颇有距离。沈延国认为金天翮以诗人的风格,内容倾向采纳各家观点,章太炎从朴学眼光来批判,发觉诸多缺点,"由于宗旨不同,而因此使他们交谊渐渐淡薄,未免可惜"①。不仅如此,学界与社会的反应,与章太炎著述、讲学的预期落差极大。张尔田致信夏承焘,品评金天翮与陈衍、章太炎合办的国学杂志,视为"考据之末流,辞章之颓响。三百年汉宋宗传之绪斩矣。游魂为变,曾何足当腐鼠之一赫。使人见此,良用增叹"②。中国国学会的演讲向民众开放,普及国学,受众国学功底与兴致参差不齐,"听讲者,振笔疾书自作记录的颇不乏人。但有听不懂所讲内容的,散出会场时说不及《三国志》《岳传》好听的人也不少"③。章太炎自立门户,与中国国学会划清界限势在必然。

三、"章氏之国学"

章太炎筹备章氏国学讲习会时,先后举行章氏星期讲习会与章氏暑期讲习会。1935年9月,章氏国学讲习会正式开讲,刊行《制言》杂志,以研究固有文化,造就国学人才为宗旨。章太炎标举儒行,以范后生,忧世卫教,不附和时流。金天翮的高足范烟桥认为:"他的'章氏国学会'旨在传授他的学术,和金氏发起的国学

---

① 沈延国:《记章太炎先生·在苏州》,见陈平原、杜玲玲编:《追忆章太炎》(增订本),328页。
② 夏承焘:《天风阁学词日记》,见《夏承焘集》第5册,317~319页。
③ 汤国梨:《太炎先生轶事简述》,见陈平原、杜玲玲编:《追忆章太炎》(增订本),86页。

会有所不同"①。苏醒之认为章氏国学讲习会"要人助之于上,名流赞之于下,不数月而大事以成,然则章氏将发掘五千年未曾发之宝藏以遗世耶?抑欲整理国故以启后人耶?抑为中西学术之融会沟通耶?抑欲振纲纪以正世道人心耶?因是有无限之希望存焉!"②钱基博在章氏国学讲习会演讲时,指出讲习会冠以章氏之名,"已明揭所讲习者为章氏之国学,欲以轶清迈宋,驾唐追汉,观其会通以成一家之言,而直接孔氏之心传,更何清学休宁戴氏、高邮王氏之足云",章太炎学术内圣而外王,"辞工析理,志在经国,文质相扶,本末条贯,以孔子六经为根底,以宋儒浙东经制为血脉"③。钱氏敏锐地察觉到章太炎创办章氏国学讲习会旨在成一家之言,超迈清代汉学,宣扬"章氏之国学"。以《制言》创刊号为线索,即可窥探章氏国学的立意。章太炎在《发刊词》中,开宗明义:

今国学所以不振者三:一曰毗陵之学,反对古文传记也;二曰南海康氏之徒,以史书为帐簿也;三曰新学之徒,以一切旧籍为不足观也。有是三者,祸几于秦皇焚书矣。其间颇有说老庄、理墨辩者,大抵口耳剽窃,不得其本。盖昔人之治诸子,皆先明群经史传而后为之,今即异是。皮之不存,毛将焉附耶?④

---

① 范烟桥:《鸱夷室文钞》,157页。
② 苏醒之:《复兴国学之一线生机》,载《制言》,第6期,1935。
③ 钱基博:《太炎讲学记》,见陈平原、杜玲玲编:《追忆章太炎》(增订本),381页。
④ 章太炎:《制言发刊宣言》,载《制言》,第1期,1935。

此宣言一看即是针对康有为、梁启超、胡适等新学人士及其追随者。国难时期，政学两界纷纷讨论经学的时代价值，胡适、傅斯年进一步否认经学义理与读经之必要。章太炎视为奇异怪诞之说，今日极盛。在星期讲演会中，章太炎强调弘扬经学，方能保持国性。以经学为准则，"可以处社会，可以理国家，民族于以立，风气于以正，一切顽固之弊，不革而自祛"①。疑古之论，"本不足辨，无如其说遍于国中，深恐淆惑听闻，抹杀历史，故不惮辞费而辟之，使人不为所愚"，因此特意讲学，驳斥"恃器证史之谬"②。

今文学兴起为疑古思潮重要的思想来源，如何突破清代汉学藩篱、超越今古之争进而纠正近百年今文学运动，成为章太炎晚年最关切的学术议题之一。章太炎认为清代汉学明故训，甄制度，辨秩三礼，群经大义基本可解，清学末流以汉学自弊，主要是公羊学与"彝器款识"研究。民国学界公羊学风气渐衰，余毒仍在，"人人以旧史为不足信，而国之本实蹶"。"文有古今，而学无汉晋"，清儒之所失"在牵于汉学名义，而忘魏晋干蛊之功"，魏晋"有不学者，未有学焉而岐于今文者，以是校汉世之学，则魏晋有卓然者矣"③。吴梅对此颇感困惑，认为所论仍不脱党人习气，"如云汉人牵于学官今文，魏晋人乃无所牵也。论学而兼及政别，斯何苦耶？"④ 然而，当代学人朱维铮认为："（章太炎）注意学说如何受政治干预的

---

① 章太炎：《论读经有利而无弊》，见杨佩昌整理：《在苏州国学讲习会的讲稿》，18～23页，北京：中国画报出版社，2010。
② 章太炎：《论经史实录不应无故怀疑》，见杨佩昌整理：《在苏州国学讲习会的讲稿》，30～31页。
③ 章太炎：《汉学论》，载《制言》，第1期，1935。
④ 吴梅：《吴梅全集·吴梅日记》，612页。

影响,他注意学派如何因自身的内在矛盾而走向否定,他注意经学如何与佛学道教互相渗透,他尤注意学者如何能够自由发挥思想而开一代风气,这对研究学术史、思想史都有启迪。"① 章氏有意调和汉宋、今古、骈散之争,整合中国传统学术。章太炎北上讲学时,适逢平津学人新一轮的今文学讨论。南返不久,在与吴承仕的书信中,章太炎坦言"《春秋答问》为三十年精力所聚之书",前人解说《春秋》,"非过尊孔子以为圣不可知,即牵拘一字异同,以为必有精义,支离破碎,卒令人堕入云雾"。近代公羊学支离傅会,孔子不过整齐旧史,学说本是平常,公羊家反视之为非常可怪之论。章太炎对康、梁、胡适学术功力颇有微词,反而"独畏"廖平,廖平、康有为之后,"未尝以经今文家许人"②。《制言》创刊号特意重刊章太炎为廖平所作墓志铭,表彰廖平学有根柢,"于古近经说无不窥,非若康氏之剽窃者","智虑过锐,流于谲奇,以是与朴学异趣"。墓志铭对廖氏态度持平,不以"怪迂"视之,将廖平与康有为划清界限,认定康有为为"末流败俗"③。

章太炎认为清人标举汉学,汉学有今古文之别,辨明今古文为讲经学的前提。清儒因参杂今古,遂功力深厚,仍未达治经正轨,"信今文则非,守古文即是"。经今古文之别在于文字、典章制度与事实,均应以古文为判断标准。章太炎此时批评廖平晚年经学多误想,不明事实而妄断《周官》《王制》的差别④。廖平嫡传弟子蒙文

---

① 朱维铮:《走出中世纪》,300页,上海:上海人民出版社,1987。
② 一士:《章太炎弟子论述师说》,见陈平原、杜玲玲编:《追忆章太炎》(增订本),334页。
③ 章太炎:《清故龙安府学教授廖君墓志铭》,载《制言》,第1期,1935。
④ 唐大圆:《记与章太炎先生谈话》,载《制言》,第8期,1936。

通、李源澄与章太炎、黄侃在汉宋、今古、经史等问题上，围绕"儒家哲学"及其源流、《春秋》三传等议题，往复论辩①。

欧阳竟无曾建议蒙文通撰写《中国哲学史》，蒙文通拟从史说入，以见周秦哲学根本，从民族说到思想与文化。1933年3月，章太炎、李印泉、陈柱、蒙文通一同前往无锡国专演讲，蒙文通将此设想与章太炎交流，二人讨论的重点是经今古文的起源、孔佛优劣。对于经今古的起源，蒙文通询问"六经之道同源，何以末流复有今、古之悬别"，章太炎认为"今、古皆汉代之学，吾辈所应究者，则先秦之学也"。蒙文通进一步追问经今古文差异的根源："古今文家孰不本之先秦以为义，则又何邪？"② 不久，李源澄便以"不惑于改制、三统之说"的立场与章太炎讨论《礼》与《春秋》三传。李源澄认为《礼》与《春秋》，相辅相成。章太炎此时否定廖平以礼制平分今古，推崇《左氏》，视《春秋》为史。李源澄认为："欲观《春秋》微言，必自《公》《穀》始，以其为口说流行之本，左氏所记档案，足资参考而已。"章太炎随即答复："足下重微言、轻事实，以《春秋》是经非史，以《左氏》为档案。是犹有啖、赵、庄、刘之见也。……国无经而兴者有矣；国无史，未有不沦为胥以尽者"，"经云史云，果孰轻孰重耶？"章太炎否认《春秋》有所谓微言大义，"称微言者，即孟喜枕膝之诈尔"③。李源澄发展廖平之说，与章太炎辨析今古，志在沟通今古，重申《春秋》大义。章太炎视经学为史学，蒙文通、李源澄认为章氏经学"用力勤而获

---

① 参见张凯：《经今古文之争与国难之际儒学走向》，载《浙江大学学报》（人文社科版），2013（3）。
② 蒙文通：《治学杂语》，见蒙默编：《蒙文通学记》（增补本），3～4页。
③ 章太炎：《与李源澄书》（二），载《光华大学半月刊》，第3卷，第8期，1935。

效少",章氏晚岁致力于《左传》,"终未能使其学脉贯通"①。双方今古立场的分歧,其背后牵涉如何认知中国哲学与儒家义理。

欧阳竟无、蒙文通等学人关注如何阐发"孔子真旨",认为"孔子真旨未尽揭橥,汉学、宋学诸君之过",并写信与章太炎商榷。章太炎认为儒学止于人事,无明心见性之说,亦无穷自然之说,如今要将宋明理学暂且放下,"今日不患不能著书,而患不能力行,但求力行以成人,不在空言于作圣"。今日当行《孝经》《大学》《儒行》三书,"此三书纯属人乘,既不攀援上天,亦不自立有我"②。章太炎认为谈天论性,"在昔易入于佛法,今则易入于西洋哲学"③。章太炎逝世后,《制言》即登载了其遗著《论中古哲学》,文中称:"所谓中古者,指汉至隋言,西京之言哲学者甚少","东京诸贤识虽未远,而持论必辩,指事必切,此潦水已尽、寒潭将清之候也。始可与言名理","真以哲学著见者,当自魏氏始","王肃所造,其改窜道经为'人心惟危'等语,宋以来理学诸儒奉为科律",故"王肃在中古哲学亦一大宗"。总之,"大抵此土哲学,多论人生观,少论宇宙观。至世界成立万物起源之理,自《易》以外率不论,而中古为甚"④。章氏阐扬"中古哲学"与提倡魏晋文学、魏晋注疏相配合,"汉人牵于学官今文,魏晋人乃无所牵也","文有古今,而学无汉晋。清世说经所以未有大就者,以牵于汉学之名,蔑魏晋使不得齿列。今退而求注疏,近之矣"⑤。黄侃的意见与

---

① 李源澄:《章太炎学述》,载《中心评论》,第7期,1936。
② 章太炎:《答欧阳竟无书》,载《制言》,第9期,1936。
③ 章太炎:《适宜今日之理学》,载《制言》,第57期,1939。
④ 章太炎:《论中古哲学》,载《制言》,第30期,1936。
⑤ 章太炎:《论汉学》(下),见徐亮工编校:《中国近三百年学术史论》,48页。

章太炎如出一辙，只是以"玄学"代"哲学"："大抵吾土玄学，多论人生，而少谈宇宙"，"尝谓方外哲学，思精，每过华土先贤；识大，则不逮远已！此中国玄学与外国哲学之别也。汉唐之学，罕言理气。而宋人则视为进塾之语；中世玄学，既不迷于宇宙之根源，而宋世如朱子，且曰：'天上更有何物？'当时叹以为奇妙，不悟其思智之纷纭，议论之支离，皆坐此。唐以前，无是也"，此即"中古玄学，近世玄学之别也"①。

章太炎认为儒学重视世间，佛学超出世间，佛的哲学境界高于儒："孔子不解阿赖耶识"，"孔子不过八地菩萨耳，未易与释迦齐量。"② 钱穆指出章太炎之学，可分为四支柱："崇信印度佛学，则尤为其四支柱中擎天一大柱"，"其佛学，仅如西方人抱一哲学观点，乃依之以进退上下中国之全部学术史"，"儒不如释之定见，始终执持，迄未有改。"③ 可见，在历史化的古文经学的立场，儒家沦为一种修己之学，义理价值的表达是以佛老、西哲为思想资源，而非儒学义理。区分儒佛是章太炎重建中国哲学的起点，儒学的义理、制度、事实三者的关系得以重新判分。章太炎认为儒家以孔子、颜回最高，此后儒家分为修己治人与明心见性两派。后者即宋明理学，理学实承袭佛学而来。章太炎打破廖平以礼制平分今古的说法，强调"孔子诚不制礼"，《周礼》是成周之制，《王制》是战国以后礼家附会之作。义理与制度层面的突破之后，章太炎在其晚

---

① 黄侃：《汉唐玄学论》，见《黄侃国学文集》，378~384页，北京：中华书局，2006。
② 蒙文通：《治学杂语》，见蒙默编：《蒙文通学记》（增补本），11~12页。
③ 钱穆：《太炎论学述》，见《中国学术思想史论丛》(8)，340~356页，合肥：安徽教育出版社，2004。

年定论《春秋左氏疑义答问》中明确指出《春秋》"终是史书",古文经传是为国族历史文化的历史记忆。章太炎正是以古文经学为基础,以儒佛分殊为核心,重新论述中国已往二千年学术思想文化传统。

1930年代,国学作为一门学科最终无法确立,国学逐渐淡出思想与学术的主流。然而,国难日亟,发扬国学,振兴民族精神的思潮日益兴起。陆懋德认为"内圣外王"之学是正统国学的最高目的。内圣为修养,外王讲致用,所谓"明体达用"之学。正统的国学必须一方面注意修养,一方面注意致用①。李源澄认为清代考据学既非汉学,又非宋学,仅为清学。考据学的流弊衍至当下,与西学合流,导致"国学中斩,政教学术无不仰之异域,固早已全盘西化也",新文化派"治国学亦必以西洋汉学家治吾国学问为师。所谓国学者,岂非徒具其名","今日国学之非国学"。那么,"治国学者,当寻求正途,毋为妄人之所惑,而捷径以窘部矣!"② 何为正途呢?蒙文通认为清代汉学到晚清非变不可,不变便没有出路,章太炎晚年坚持新学是国学不振的根源。那么,如何切实落实修己治人、明体达用的"国学",扭转新学的弊端,成为廖平门生与章黄学派最为关切的问题。

章太炎认为要改良社会,不能只讲理学,"坐而言,要在起而能行。周孔之道,不外修己治人,其要归于六经"。因此,他主张今日讲国学,《孝经》《大学》《儒行》《丧服》,"实万流之汇归",

---

① 陆懋德:《论国学之正统》,载《责善半月刊》,第2卷,第22期,1942。
② 李源澄:《汉学宋学之异同》,载《论学》,第7期,1937。

"修己治人之道,大抵在是"①。国学不尚空言,"经术乃是为人之基础,若论运用方法,历史更为重要","人不读经书,则不知自处之道;不读史书,则无从爱其国家"。章太炎学术以经世为旨趣,将义理学的道德关怀落实于经世致用的政治社会实践,由此也展开一套以经史为用的学术,这一思路与顾炎武所谓"经学即理学"的思路一脉相承。章太炎晚年要复兴"乾嘉诸师之学",坚信国学的进步,在于"经学以明条例求进步;史学以知比类求进步;哲学以直观自得求进步;文学以发情止义求进步"②。黄侃认为"发明"国学的根本是"扶微、闸中","《诗》《书》以训诂为先,《易》《礼》《春秋》以义理为要。"黄侃着力于"发明"三礼,声称:"今之学三礼,决非为复冕弁之服,鼎俎之设,而在于考究上古典章制度,明民族文化之发展。虽于时无用,但何害钻研?而况制礼之义,亦有不可尽亡者,讲信修睦,今日岂可摒弃乎?"③ 探索民族文化的发展,发扬讲信修睦接近黄侃所言"义理"。章太炎晚年创办章氏国学讲习会,其宗旨仍在民族主义,文字语言与历史为其主归。章太炎去世后,这一精神仍被太炎文学院所继承。

蒙文通、李源澄认为救弊的关键在重新阐释今文学,所谓:"惟今文之学有其中心,至井研之学出,乃有论定。不知今文之中心者,不足以知周秦学脉之相毕注于此。知其中心而不求之周秦,亦不足以见今文之恢宏。"④ 章太炎早年"独于荀卿、韩非所说谓不

---

① 章太炎:《国学之统宗》,载《制言》,第54期,1939。
② 章太炎:《论以后国学进步》,载《制言》,第48期,1939。
③ 钱玄:《记蕲春黄先生讲三礼》,见程千帆、唐文编辑:《量守庐学记》,152页,北京:生活·读书·新知三联书店,1985。
④ 蒙文通:《论经学遗稿三篇》,见《经史抉原》,148页。

可易"①，黄侃曾言："我辈学问，以汉学为表面，以申韩为骨子。"② 章、黄保存国故，探求民族文化发展，是本于道法家的历史观，所谓根本在"申韩"；蒙文通探求"圣言指归"，发扬秦汉新儒学，"匡老反韩复孟"③ 是内圣外王之学的旗帜。蒙文通坚信："在中国，孔孟之道是为人治世之道，是人民千年来的选择，是绝对不会泯灭的。"④ 廖平门生阐明今文学的革命理想与制度精义，统摄内圣外王之学。

厉鼎煃观察到章太炎北游之后学术的进一步转变："岁壬申先生南返以后，其造诣尤精深，视乾嘉诸老，不仅有讨论修饰之功，盖所谓熟于汉学之门径，而不囿于汉学之藩篱者。"⑤ 这既说明章太炎学术造诣精进，更体现章太炎晚年"讲学"重点的转移。章太炎曾以六经皆史说为新古文经学奠基，主张经史融汇，经是古史、史学的源头，"究史学而不明经学，不能知其情理之所在；但究经学而不明史学，亦太流于空论，不能明其源流也"⑥。章太炎晚年微调"六经皆史"说，以经学统摄史学的治人与儒学的修己功能。"经之所该至广，举凡修己治人，无所不具"，修己之道衍为儒家之学，治人之道则史家意有独至。今人读经，应于史传与儒家学说，"无不当悉心研究，儒之与史，源一流分"。经学知原，侧重明理与修

---

① 章太炎：《菿汉微言》，《章氏丛书》，72页，浙江省图书馆校刊，1919。
② 黄侃（讲），黄焯（记）：《黄先生语录》，见张晖编：《量守庐学记续编》，5页。
③ 《曾用室"匡老反韩复孟室"印拓及书室名来由手记一则》，见蒙默编：《蒙文通学记》（增订本），"插图"。
④ 刘伯谷：《敬忆蒙文通先生二三事》，见四川大学历史文化学院编：《蒙文通先生诞辰110周年纪念文集》，18页。
⑤ 厉鼎煃：《章太炎先生访问记》，载《国风》，第8卷，第4期，1936。
⑥ 《章太炎十次讲学记》，载《申报》，1922年6月18日。

己;史学知比类,以此保持国性。经者古史,史即新经。古史不尽适用于当下,史愈近愈切实用,以通史致用而言,史就是经。史学致用之道,一为洞察社会变迁,探求原理;一为牢记事实,知晓源流。中国之所以为中国的渊源与原理由此而来。哲学、政治、科学"无不可与人相通",唯独"中国历史(除魏、周、辽、金、元五史)断然为我华夏民族之历史,无可以与人相通之理"。民族意识的培育与激发端在经史,无历史则不见民族意识所在。读经通史旨在寻求修己之道,严夷夏之辨①。《春秋》"终是史书",《左传》以史传经,《春秋》大义是孔子良史之识,《公羊传》内诸夏、外夷狄与张三世之说,非仅是为汉朝一代制法,以经史保存国性,维持国族精神,实乃万世制法。

章太炎认为外患日深,富强非一日之功,疑古学说惑失本原,推翻维系民族的国史全部,若国亡而后,人人忘其本来,国家永无复兴之望。晚年创办国学讲习会,以民族文化与国族精神整合今古与经史之学,确立华夏文明的主体性,坚守民族主义,严夷夏之防,存国性以待将来,华夏终有复兴之日。

四、求真与致用

章太炎创办章氏国学讲习会与《制言》,使东南的学术空气别开朴厚一面,"颇有先儒讲学的热忱",在战前动荡激遽的时代中,"身衣学术的华衮,粹然成为儒宗","保其卓然的晚节,要亦不失

---

① 章太炎:《论经史儒之分合》,见杨佩昌整理:《在苏州国学讲习会的讲稿》,47页。

儒家的本色"①。章太炎病逝后,金毓黻在日记中感叹:"章氏实结清代汉学家之局,而其治史颇能排弃旧说,自树新义,观《訄书》所论,即可得其梗概。其弟子遍于南北,执教坛之牛耳者颇不乏人,其传授之广,近代亦属罕见","近岁讲学苏州,徒众颇盛,正如康成之居高密,于群言淆乱中独树一帜,如再能聪明老寿,如伏生之教于齐鲁,则其津逮后学更非今日之比"②。然而,章太炎去世不久,章门弟子的分歧逐渐显现。章太炎夫人曾与夏承焘坦言"太炎门人颇有派别,如汪旭初诸人似不愿组织同门会","苏州人士于太炎不沉湎","暮年太炎门生太滥"③。章太炎门生内部对章氏国学讲习会的赓续存在较大分歧。朱希祖、马宗霍等人认为章氏国学讲习会不应继续存在,"拟劝师母停办国学讲习会,然师母颇力主续办,且已留住同学四十余人在先师灵前签名,且派余等与吴承仕、汪东、马宗霍、马宗芗、孙世扬、诸祖耿等为讲师,而向来吊者募款维持学会,此余等所大不愿,而来吊者颇有政府要人,亦不以此为然"。与此同时,汤国梨一再挽留李源澄等章氏国学讲习会师生,李氏仍坚决离去。朱希祖批评李源澄颇为傲慢,"所撰挽联亦颇落空,如'方死方生,方生方死'等句,于先师有何关涉,此等狂妄人,甚希睹也,为之不怡者久之"④。章太炎门生内部治学取径不一,章氏多有包容。"世称先生之高足弟子者,叛先生以取媚于世,对先生则曲意承欢,不知其信仰者安在?"章太炎以宽容的心态,

---

① 文载道:《谈菿汉阁》,见陈平原、杜玲玲编:《追忆章太炎》(增订本),413页。
② 金毓黻:《静晤室日记》,3855页,沈阳:辽沈书社,1993。
③ 夏承焘:《天风阁学词日记》,见《夏承焘集》第5册,477页。
④ 朱希祖:《朱希祖日记》,668~669页,北京:中华书局,2012。

认为"彼等欲取容于世,不得不耳,不可以责备贤者之义责之"①。章太炎"晚年以旧学不传为忧,而投贽者遂众,所进者杂,规之未能止",由此导致后来创办太炎文学院多有人事纷扰,马叙伦慨叹"学术林中亦复戈矛森立"②。

与此同时,章氏国学讲习会与《制言》浓厚的复古色彩也常被时人诟病。早在1932年,夏鼐听章太炎在燕京大学讲演《今日最切要之学术》时,对比胡适演讲时的盛况,感慨章氏的时代已然过去,章氏"意旨仍不脱民族主义的色彩,以为历史最切要,因为可以使人知先民之辛劳,而动忧国之念"③。《制言》创刊之初,苏州有舆论指出:"复古的声浪,一天高涨一天,太炎先生主编的《制言》,也在我们眼前眩耀着","我们先要明白复古的用意有二:一、能保存固有之国粹,毋使遭秦皇焚书之患。一、能以古圣贤之哲学思想,来助惕我们。前者是学问上的考究;后者是思想上的鼓励,恐怕不得混为一谈。因为学问上的考究,是国学专门学说,未必人人喜欢,未必人人需要;而思想上的鼓励,却人人可以勉助的","难道在这内有洪水之患,外有虎狼吞噬之险,而无数民黎正陷入饥寒交迫的当儿,还能孜孜于国学考古吗?此公非书呆子而何!"总之,"我希望一般喜习国学的青年,以古人之言来鼓励自己则可,若是孜孜于考古,而欲以此大众所不解的符号,来显扬出你自己高贵的身份,那是徒然于实际,只是吃力弗讨好","《制言》半月刊

---

① 李源澄:《章太炎学述》,载《中心评论》,第7期,1936年。
② 马叙伦:《章太炎》,见陈平原、杜玲玲编:《追忆章太炎》(增订本),21~22页。
③ 夏鼐:《夏鼐日记》(第一卷),102~103页,上海:华东师范大学出版社,2011。

当然是复古的结晶品,但是它是一阶级所私有的学说,不是大众所须要的学说;是贵族化的学说,不是平民化的学说;是迂夫子的学说,不是为人类求生存的学说"①。相形之下,中国国学会逐步在广东、云南、上海等地成立分会,全国各地会员五百余人,俨然成为国内国学研究的重镇。中国国学会与时俱进,创办《卫星》杂志,适应学术平民化的潮流。金天翮在发刊词中强调《卫星》与《国学论衡》相辅相成,一同促进国学研究的提高与普及。"会员著述之渊海,曰《国学论衡》,名声彰彻于当世,而能卒读者尽鲜。以为是曲高和者寡也,所谓独往而独来者非与。虽然,使长此而寡和,焉非学术界之美事也。譬登九成〔层〕之台,其有阶乎;跻七级之浮屠,其有梯乎。于是相与为卫星组织,以为是《论衡》之韬铎也。而《论衡》者,又国学会之喉舌也。譬之三光,其交相承乎。《卫星》云者,名则今矣,而义则古也。世不乏爱读者,其一寓目焉可耳。"②《卫星》杂志"以学术为中心,时代为对象,不尚浮烟浪墨,深浅合度"。该社自称"正如初写黄庭恰到好处,本期所载有目共赏"③。时人赞誉金天翮与章太炎齐名,中国国学会的《国学论衡》《卫星》两种期刊,"始终与文化事业相依倚"④。

学问考究与思想激励的分歧牵涉到学术求真与致用的平衡,如何认定太炎晚年学术求真与致用旨趣的分野引发太炎门生的激烈争议。姜亮夫师从廖平、梁启超、王国维、章太炎,有意调和各派学

---

① 路旭:《读〈制言〉之言》,载《吴县日报·吴语》,1935—09—22。
② 金天翮:《卫星发刊宣言》,载《卫星》,第1期,1937。
③ 《编辑余言(下期预告)》,载《卫星》,第1期,1937。
④ 烟桥:《天放楼主人》,载《东南日报》,1937—03—18。

术。姜亮夫认为章太炎"于近日学人,皆叹其根柢太浅,言经者泛滥杂抄,不明家法,究习吉金甲骨者,既好立异说,不根于载籍,而又掊扯正史,以为无益而诬史,为治学者所当谨择而已",近世治学趋向在于求真,太炎治学在于求用救民,"求真者在无我而依他起信;求用者在为我而求其益损"。章太炎晚年不忘宗邦之危,学术趣向"一欲救世以刚中之气,一欲教人以实用之学,其归在于不忘宗邦之危","刚中则夸诬奇觚皆在当砭之列,实用则怪诞诡谲皆在宜排之数。变更旧常,不轨于典籍,或有危于宗邦者,皆为心所甚忧"。若此意不明,"则论先生者必不免于诬妄,而拥护之者,亦未必得其本真"。孙至诚认为章太炎学术自始至终以求是为旗帜,不废致用,"未闻先生晚年定论有违前说",且一再申明章太炎以经学为主,说经以古文为主,"此乃其大本营所在,而非游击队,傥为之拔赵帜立汉帜,将无以自植坫坛。舍此而言其全,更非弟之所敢知"①。姜亮夫、孙至诚往复函件数通,双方各持理据,固守己见。有学人调停太炎学术求真与致用两面,"实事求是才是其论学宗旨,经世致用则是'应机说法'"②。若以语言文字与历史确立华夏的实体性与主体性而言,章氏国学系统中求真与致用互为体用。语言文字为确立国性的基础;自古迄今,史学均十分切要,"系于一国之兴亡"。求是与致用是落实文史学的两条道路:"合致用与求是二者冶于一炉,才是今日切要之学。"③ 无文史学之求真,即无文

---

① 一士:《章太炎弟子论述师说》,见陈平原、杜玲玲编:《追忆章太炎》(增订本),335~349页。
② 陈平原:《中国现代学术之建立:以章太炎、胡适之为中心》,54页,北京:北京大学出版社,2010。
③ 章太炎:《论今日切要之学》,章念驰编订:《章太炎演讲集》,300~303页。

史学之致用，求真是致用的必要条件，致用是求真的自然归宿。

抗战时期，贺麟提出中国百年来的危机，根本上是文化的危机，如果中华民族不能以儒家思想或民族精神为主体融合西洋文化，中国将失掉文化自主权，陷入文化殖民地。① 现代学术体制以方法与材料划分中西新旧，分科之学无形割裂传统学术与现代学科、价值与知识之间的关联。回到历史现场呈现各派学人转化国学的切实语境与旨趣，既可丰富理解中国历史文化本意的路径，又为当下反思以西律中的分科之学提供思想资源。在国难情势的激迫下，如何重建民族文化认同，各派因人事纠葛与学术派分，各有侧重，然而殊途同归，各家皆注重汇通四部之学应对世变。章门师徒贯彻文即是道，汇通经史之学，维持民族种姓，守先待后。金天翮践行文以载道，振作人心，复兴民族精神，进而呼吁"熔经铸史，悬标准以待继往开来之新学术家"，"体仁蕴智，悬标准以待旋乾转坤之新道德家"，"函文孕武，悬标准以待经邦定国之新政治家"②。李源澄认为"今日学风，徒知收集排比，不加别择，为文章则太繁，为类书则太简，而融会贯通之作，世不多见。是不能取人之长，反以中人之毒"，遂创办《论学》，希望学术界"乐其所学，而不用其私智，择善而从，而无事于门户之争，真积力久，而不期必成。无所往而不用其忠信，斯三者所以立其本"③。在战时上海孤岛时期，太炎晚年弟子沈延国与杨宽、童书业等创办《兼明》杂志，发扬民族意识，以史喻今，倡导"著述既不拘一格，题号乃承用杂

---

① 贺麟：《儒家思想的新开展》，见《文化与人生》，6页，北京：商务印书馆，2005。
② 金天翮：《复兴文化之责任与期望》，见《天放楼诗文集》，986页。
③ 李源澄：《论学发刊词》，载《论学》，第1期，1937。

家,援天下之溺,余病未能;定月旦之评,吾又岂敢。至于怪迂之谈,疑我后生,圣知之法,资彼大盗者,张笔伐以当鸣鼓,必有余矣"①。汪辟疆在该刊上撰文融汇文史哲,提出"义理学植其基","读史书通其识","文学宏其用"②。在期待文明复兴的当下,从容吸纳与融汇各家之长,建立方法与宗旨、考据与义理、文史哲相贯通的整体学术体系,或是建立中国学术本位之正道。

---

① 《弁言》,载《兼明》,第1期,1939。
② 汪辟疆:《精神动员与学术之新动向》,载《兼明》,第2期,1939。

第八章
"超今文学"与民国学术流变

民初古史辨运动聚焦于今古文经辨伪工作,辨伪经典有意消解经学义理与礼制内在政教体系的合理性。学界通常认定钱穆《刘向歆父子年谱》结束了晚清以来的经今古文学之争,经今古文之争演化为史学问题。经史异位、由经入史诚为时代大势,但应当进一步追问经今古文学的内在派分与经义分殊及其所承载的学术方法、问题、理念,乃至背后所指向的回应中西文明分合的方式是如何被民国学人扬弃与超越的。20 世纪 30 年代,经学史学化已成定局,钱玄同、顾颉刚、蒙文通等学人以"超今文学"指称新一轮"今古文论战",以何种方式扬弃经今文学的议题、方法与义理成为各派学人实践新学术之路的起点。以此为线索,将"超今文学"置于民国学界复杂的历史脉络中,当可更深入地阐释经今古文之争在晚清民国时期演化的多元线索与内涵,准确把握近代学术转型的多重路径与复杂性。

一、"再兴末次今古文论战"

今文学复兴引发晚清民国政治与学术的多层纠葛,古史辨运动强化康有为之于现代学术的意义，顾颉刚自称"上古史靠不住的观念"来源之一便是以康有为为代表清代今文经学，今文学历史观是古史辨运动兴起的关键性因素。相形之下，廖平之于近代古史学的意义在既有学术史叙述中长期未被重视。实际上，廖平早已怀疑古史一元叙述，以礼制并非一系区分经今古文即注意古史多元问题。顾颉刚求学时期，曾称赞清末如果没有今文学，"将使朴学之功与汉人头脑同其混沌"①。并在傅斯年的启发下，认为"国中为学主者，近世惟康长素与太炎先生，风从最众，建设最著。康君之学受之廖氏，屡闻称说。今太炎先生又受其学，则廖君洵开创时世者已"②。1920年前后，顾颉刚多次点读《知圣篇》，"以穷改制之源"，指出："廖氏《今古学考》及《古学考》为康氏《新学伪经考》所自出，《知圣篇》则为《孔子改制考》所自出，证验分明，无事辩论。康氏盗之而没其名，心术诚不可问也。"③吴虞在北大任教时，就注意到"北京教授及日本书肆均重廖季平著述"，遂向北京、日本学界推广廖平著作④。康有为疑古历史观为古史辨运动提供方法与思想动力，今文学经史多元观成为古史辨思潮演化的内在学术议题。顾颉刚关于商周不同源的说法，正源自经今文说。

北伐前后，国内的学术格局有所改变。顾颉刚南下讲学，提倡

---

① 顾颉刚：《侍养录（三）·清儒之信古》，见《顾颉刚全集·顾颉刚读书笔记（一）》，171页，北京：中华书局，2010。
② 顾颉刚：《西斋读书记》，《顾颉刚全集·顾颉刚读书笔记（十五）》，358页。
③ 顾颉刚：《题记·知圣篇》，《顾颉刚全集·顾颉刚文库古籍书目（二）》，789～790页。
④ 中国革命博物馆整理：《吴虞日记》，1921年7月14日，613页。日本京都学派主帅之一的狩野直喜建议在中国内地设立中国文化研究所时，今文学的人选即为廖平。

怀疑精神，以疑古辨伪超越信古氛围，打破"求正统"的观念而易以"求真实"的观念，赞扬清代经今文学与康有为的变法运动，古史辨的影响力与日俱增。若要在学理层面超越今文学，势必要分析一元古史系统的来源。顾颉刚在厦门大学、中山大学开设上古史课程，"方才对于今古文问题有较深的认识"，重点在于辨析少昊的今古叙述与五德终始说①。与此同时，廖平门生蒙文通撰成《古史甄微》，以鲁学为根本，质疑古文经的古史系统，经传并重，博采诸子百家学说，甚至"多袭注疏图纬之成说"，提出古史三系说，申明儒学在中国文化中的地位。顾颉刚与蒙文通的学术活动直接激发钱穆撰写《刘向歆父子年谱》，力图解决晚近经今古文之争。

据《师友杂忆》所记，钱穆执教无锡三师时，曾有一篇关于先秦诸家论礼与法的讲稿，刊于三师校刊，后由蒋锡昌转给同事蒙文通。蒙文通见此讲稿，"乃谓颇与其师最近持义可相通，遂手写一长札，工楷，盈万字"，邮寄给钱穆。这是蒙文通与钱穆交往的开始。蒙文通第二次出川，到支那内学院，期间曾特意拜访钱穆于苏州："同游太湖，相得甚欢"，"俯仰湖天，畅谈今古"②。钱穆当时已完成《先秦诸子系年》，蒙文通赞此书为"体大思精，惟当于三百年前顾亭林诸老辈中求其伦比。乾嘉以来，少其匹矣"③。后携此稿返回南京，专治墨学的朋友将书中有关墨家的篇章，登于南京史

---

① 顾颉刚：《〈中国上古史研究课〉第二学期讲义序目》，顾颉刚编著：《古史辨》(5)，259～260页。
② 关于蒙文通至苏州拜访钱穆的具体时间，不得而知。钱穆回忆"时值冬季"，蒙默则言1930年初春，二说虽略有不同，但蒙文通此行当在1929年底至1930年初。
③ 钱穆：《八十忆双亲 师友杂忆》，146页，北京：读书·生活·新知三联书店，1998。

学会的《史学杂志》。关于蒙文通、钱穆二人论学详情,《师友杂忆》并没有提及。在追忆与蒙文通订交之后,钱穆紧接着回忆,顾颉刚曾于同期访钱穆,借阅其《先秦诸子系年》稿本,后有意推荐钱穆任教于广州中山大学,当时钱穆得知顾颉刚在中山大学以讲述康有为今文经学为中心。钱穆虽然拒绝中山大学的聘请,但顾颉刚此行引起了钱穆对康有为的进一步关注。后来,顾颉刚向钱穆约稿,钱穆"自在后宅,即读康有为《新学伪经考》,而心疑,又因颉刚方主讲康有为,乃特草《刘向歆父子年谱》一文与之","此文不啻特与颉刚争议"①。钱穆与顾颉刚会面的时间,《师友杂忆》中称:"颉刚家居苏州,此次由广州中山大学转赴北平燕京大学任教,返家小住。"据《顾颉刚年谱》可知此事在1929年7、8月间②,由此可推断《刘向歆父子年谱》构思于之后不久,1929年底完稿,主要辩驳刘歆造伪说。蒙文通虽持今文学立场,但对于造伪一事,终持怀疑态度,所以在刘歆造伪问题上,蒙、钱二人观念一致,蒙文通至苏州拜访钱穆时,二人就此事应当有所交涉,不久,(南京)《史学杂志》登载《刘向歆王莽父子年谱自序》极有可能与蒙文通有关。

顾颉刚讨论今、古学问题因袭刘歆造伪之说,在《五德终始说下的政治和历史》一文中,称:"所谓古学,何尝是真的古学,只不过是王莽所需要之学,刘歆所认为应行提倡之学而已。康长素先

---

① 钱穆:《八十忆双亲 师友杂忆》,152页。
② "到草桥中学,访钱宾四、王以中,略谈。"《顾颉刚日记》(2),1929年7月22日,305页。顾潮:《顾颉刚年谱》,175页,北京:中国社会科学出版社,1993。

生以《新学伪经》名书,这是很不错的。"① 1927年10月起,顾颉刚在中山大学开"上古史"课,"始把上古史的材料作系统的收集","把康先生辨少昊的话钞了出来,以崔先生论终始五德的话校之,更以其它的古史系统证之。始确知《世经》和《月令》的古史系统只是王莽的古史系统,这个系统是为他受禅的张本的。它的原理在五德说;而五德说从《史记·封禅书》和《汉书·郊祀志》看,则其在秦汉间的变迁之迹历历可按。"② 1928年11月24日,顾颉刚在"三百年来思想史"课程上讲授"康有为",认为康有为是变法运动的中心人物,既受到变法思潮的影响,又受着"经今文学运动"的支配,"如果我们不理他的政治的思想、行为怎样,而只就那《新学伪经考》及《孔子改制考》的书来看,的确值得称许的。这两部书都可算是学术史:前者是王莽时代的学术史;后者是战国秦汉时代的学术史。"③ 诚如有论者所言,30年代以前支配民国史学界正是"今古"之见,而当时学者头脑中皆存着古文经是否刘歆伪造,《周礼》《左传》等古籍是否伪书的疑问④。

这便是钱穆所听闻顾颉刚在中山大学"以讲述康有为今文经学为中心",《刘向歆父子年谱》正是针对此说:"余读康氏书,深病其抵牾,欲为疏通证明,因先编《刘向歆父子年谱》,著其实事。

---

① 顾颉刚:《五德终始说下的政治和历史》,顾颉刚编著:《古史辨》(5),533~534页,上海:上海古籍出版社,1982。
② 顾颉刚:《〈中国上古史研究课〉第二学期讲义序目》,顾颉刚编著:《古史辨》(5),259~260页。
③ 顾颉刚:《清代"经今文学"与康有为的变法运动》,载《中国文化》,1990(3)。
④ 刘巍:《〈刘向歆父子年谱〉的学术背景与初始反响》,载《历史研究》,2001(3)。

实事既列，虚说自消。元、成、哀、平、新莽之际，学术风尚之趋变，政治法度之因革，其迹可以观。凡近世经生纷纷为今古文分家，又伸今文抑古文，甚斥歆莽，遍疑史实，皆可以返。循是而上溯之晚周先秦，知今古分家之不实，十四博士之无根，六籍之不尽传于孔门而多残于秦火，庶乎可以脱经学之樊笼，发古人之真态矣。而此书其嚆矢也。"①1930年6月，顾颉刚推荐此文刊发于《燕京学报》。钱穆以史学立场为经学显真是，考量新莽代汉的历史发展趋势、人心所向，力证刘歆并未篡改群经，《周官》《左氏传》二书皆先秦旧籍，经今古文学之分在东汉之前并未分明，今古对立为近世晚起学说，列举康有为学说不可通者二十八端，廖平分别今古、尊今抑古之论张皇过甚。此书出版之后，平津各方学人的反应，已有学人详加讨论，此不赘述。在此则有必要辨明的是《刘向歆父子年谱》是否一如学人所说，结束了晚清以来的经今古文学之争，这一当下学术界之共识②。此说立论大多根据《刘向歆父子年谱》的影响力，而此种印象无疑源于钱穆的夫子自道："余撰《刘向歆父子年谱》，及去燕大，知故都各大学本都开设经学史及经学通论诸课，都主康南海今文家言。余文出，各校经学课程遂多在秋后停开。"③ 此事在钱穆的回忆中多次提及：

那时北大、清华、燕大、辅仁、师大等各大学，都有经学

---

① 钱穆：《刘向歆父子年谱》，载《燕京学报》，第7期，1930。
② 持此说的学者有余英时、罗义俊、陈祖武等学人，不过刘巍前引文已经意识到"就其长时段的历史效应说，确是如此；但就初始反响来看，情况又不那么简单"。
③ 钱穆：《八十忆双亲 师友杂忆》，160页。

课程，都照康有为的讲法，说今文经是真的，古文经是假的。待我这篇《刘向歆父子年谱》刊出，从此北京各大学的经学课程一律停开了。民国初年，虽有新文化运动，各大学没有不开经学课程的，而这些课程便和新文化运动相呼应，尽是疑古辨伪，一笔抹杀。但从民国十九年以后，经学不能再照康有为那么讲，从此没人开这些课。

可见，钱穆对此说颇为自信，《师友杂忆》中所言不存在误记的可能。这一印象是钱穆刚到北平就形成的，"我一到燕大，别人便告诉我，北平各大学的经学课程都停开了。他们读了我这篇文章，知道从前学的一套都不能成立，因此不愿再这样教课了"①。钱穆的说法被众多学者所接受，成为《刘向歆父子年谱》结束了晚清以来的经今古文学之争的有力实证。

那么，三十年代北平各大学经学课程开设的实情确实如钱穆所述吗？并非如此。就在钱穆到燕京大学的第一学年，即1930—1931学年，北京大学依然由马裕藻讲《经学史》，而根据北大文学院中国文学系的"课程一览"，起码直至1935年，仍有此课程，编号为"国293—294经学史"，讲课的内容正是"今文家言"："先述孔子作经之始末，次就西汉博士之师传，刘歆古文之伪述，以及郑玄以降杂糅今古文诸端，分别叙列。至宋儒疑古精神，清儒考订之特色，凡关于经学者亦略具于篇，而以刘逢禄、龚自珍、邵懿辰、康有

---

① 钱穆口述，胡美琦、何泽恒、张蓓蓓整理：《讲堂遗录·经学大要》，见《钱宾四先生全集》第52册，267、413页。

为、崔适诸家之说终焉。"①

辅仁大学中国语言文学系的经学课程在1930年代未曾中断,长期由系主任余嘉锡担任主讲"经学通论"课程②。根据1935年出版的《北平辅仁大学文学院概况》,余嘉锡所授"经学通论"为二年级甲(语言文字学组)、乙(文学组)组共同必修科目,每周4小时,共4学分,课程大纲如下:"九经三传,为一切学问根柢,但义蕴宏深,其书亦浩如烟海;学者欲窥门径,不可不知其渊源大略。皮锡瑞《经学历史》,敷陈详赡,今故取以为教材。然皮氏主张今文学,不免多所穿凿,讲授之时,当旁引群书,加以纠正。多闻阙疑,无取便辞巧说也。"③

马裕藻讲"经学史"依然持古文为刘歆伪述之论,判断经说也是以"刘逢禄、龚自珍、邵懿辰、康有为、崔适诸家之说终",丝毫没有吸收钱穆的说法。至于余嘉锡主讲《经学通论》,以皮锡瑞《经学历史》为教材,但不采纳该书的今文学立场。暂时未见余嘉锡此课1931年前的课程大纲,不知与1935年的有无出入,故不能直接断定其1935年的讲义是否受钱穆的影响。余嘉锡所言"皮氏主张今文学,不免多所穿凿",《经学历史》虽引"近人刘逢禄以为《左氏》凡例书法皆刘歆窜入者,由《史》《汉》之说推之"④,认为古学由刘歆确立,但并不持刘歆造伪一说。由此或可推测余氏所言

---

① 国立北京大学编:《国立北京大学一览》,172页,北平:国立北京大学,1935。
② 北京辅仁大学校友会编:《北京辅仁大学校史(1925~1952)》,122页,北京:中国社会出版社,2005。参见车行健:《现代中国大学中的经学课程》,见《现代学术视域中的民国经学》,5~40页,台北:万卷楼图书股份有限公司,2011。
③ 北平辅仁大学编:《北平辅仁大学文学院概况》(1936年),北平:辅仁大学,1936。
④ 皮锡瑞著,周予同注释:《经学历史》,51页。

"穿凿"并非来自钱穆的影响,应当如周予同批评《经学历史》的"荒谬"思想,主要体现在"孔教救国""六经致用""纬候足征"等观点①。章太炎认为"《经学历史》,钞疏原委,顾妄以己意裁断,疑《易》《礼》皆孔子所为,愚诬滋甚"②。可知,《经学历史》之"穿凿"主要在于发挥今文大义,过尊"孔子"。

不仅《刘向歆父子年谱》对北平经学课程的影响力,并非如钱穆所述,当时就有平津学人指出《刘向歆父子年谱》似乎并未动摇今古问题的根本。刘节评论《刘向歆父子年谱》之于经今古文问题是"消极攻击旧说",而非"积极分析事实",更期望能"说明今古学之源流与底蕴,以为讲论学术史者所取资"。钱穆对于"刘歆未造伪经之证据颇多,而对于《周官》及《左氏传》之著作时代无具体意见","抨击崔、康者仍未能中其要害","当崔、康辈立说初意,本在提倡今文,因而不能不攻击古文经典,于是《周官》及《左氏传》之著作时代发生问题矣。后人复以其攻击古文家之法还以检讨今文经典,则《春秋经》《公羊》《穀梁》二传相继提出不信任案,由是《禹贡》《洪范》《尧典》《金縢》一一证明伪作,而中国上古史顿觉改观。"③ 刘节视钱穆为古文学立场,诚然有所误解,但提出《周官》与《左传》的年代问题的确是解决经今古文的症结。曾有学人想考察《周礼》官职,私下求教钱玄同,"看到底是六国阴谋之书之改造呢,还是刘歆特作",钱玄同视"此问题几甚

---

① 周予同:《序言》,见皮锡瑞著:《经学历史》,9～11 页。
② 章太炎:《驳皮锡瑞三书》,见徐亮工编校:《中国近三百年学术史论》,102 页。
③ 刘节:《评刘向歆父子年谱》,载《大公报·文学副刊》,第 137 期,1930—08—25。(此文署名"青松",十年前,刘节之子刘颂曾先生告知此为刘节笔名。刘巍先生对此亦有精当考证。)

难得到明确答案,但若多将《周礼》的官职考明,则实大有益也"①。钱穆本来没有经生之见,更无"平分今古"的束缚,批评廖平"以礼制一端划分今古鸿沟,早已是拔赵帜立汉帜,非古人之真"②。循此思路自然以康有为《新学伪经考》为今文学大本营,力驳刘歆造伪说,再得古人之真,以史事解决今古文之争。为了回应刘节的批评,钱穆撰写《〈周官〉著作时代考》,论证何休所谓"《周官》乃六国阴谋之书"的说法较为合理,"据今考论,与其谓《周官》乃周公所著,或刘歆伪造,均不如何氏之说为近情"③。1941年,在为罗倬汉《史记十二诸侯年表考证》作序时,钱穆坦言曾有类似计划,文中提到"(1939年春)罗君告余方有志于会儒、道,通经、子,为中国文化阐其初,而先出其绪余,成《史记十二诸侯年表考证》一书,明《左氏书》非晚出,取以关折近世沿袭今文经学者之谰辞曲说,而为古典之研讨立之基。余曰:'有是哉!余尝亦有意于此矣,君乃今先成之。'"④ 从回应刘节的质疑到为罗倬汉作序,近十年的时间,钱穆并未倾力落实此事,可知钱氏仅将考证《周官》《左传》的成书年代视为突破经今古文问题的辅助。

1921年,胡适、钱玄同与顾颉刚创议编辑辨伪丛刊,数年间,顾颉刚搜集数百万字的材料。1925年4、5月间,胡适请钱玄同开具"晚清今文学书单"。1929年,顾颉刚回到北平后,约集朴社同

---

① 杨天石主编:《钱玄同日记》(整理本),1938年3月6日,1326页。
② 钱穆:《致胡适》,见杜春和、韩荣芳、耿来金编:《胡适论学往来书信选》(下册),石家庄:河北人民出版社,1998年,1098~1101页。
③ 钱穆:《〈周官〉著作时代考》,载《燕京学报》,第11期,1932年。
④ 钱穆:《素书楼余瀋·罗君倬汉十二诸侯年表考证序》,见《钱宾四先生全集》第53册,10页,台北:联经出版事业股份有限公司,1998。

仁，决定接续出版辨伪丛刊，将评论古书的文字汇集起来，一方面表示"饮水思源"的敬意，一方面激发"有进无退"的勇气①。然而，胡适此时由疑古转向古史重建，逐渐摆脱之前深受影响且大力提倡的晚清今文经学。《刘向歆父子年谱》成为胡适放弃"刘歆遍伪群经"说法的重要环节，进而批评顾颉刚仍旧墨守康有为与崔适之说。胡适认为《周礼》可能是王莽利用司马迁所见《周官》放大改做而成，但不能因此认为刘歆遍伪群经②。顾颉刚在《五德终始说下的政治与历史》中，虽然吸收了钱穆的某些意见，但依旧沿用康有为、崔适的刘歆造伪说。双方往复争辩，钱玄同称顾颉刚"颇有意于再兴末次之今古文论战。刘节必加入，适之将成敌党"③。1931年4月21日，钱玄同遇到嵇文甫，后者因近来钱玄同、胡适、顾颉刚与钱穆为今古问题又龃龉，畅谈最近研究今古文及两汉问题的心得④。

　　钱穆、顾颉刚、胡适、钱玄同、刘节等人的讨论引发了学界对经今古文问题的再度热议，既有研究侧重讨论各方观念异同与互动，却忽视了此次今古文论战所展示的今文学内部派分与经史转型复杂的内在理路。刘节指出："晚清治今文学者以皮锡瑞、廖平、崔适、康有为最有力。如廖平之《今古学考》、崔适之《史记探源》，皆精深宏笃，远在康氏以上。"⑤换言之，超越今文学不能仅

---

① 顾颉刚：《序》，胡应麟著：《四部正讹》，1～13页，北京：北京书局，1929。
② 胡适：《论秦时及周官书》，顾颉刚编著：《古史辨》（5），637～638页。
③ 杨天石主编：《钱玄同日记》（整理本），1931年6月14日，806页。
④ 杨天石主编：《钱玄同日记》（整理本），1931年4月21日，798页。
⑤ 刘节：《评刘向歆父子年谱》，载《大公报·文学副刊》，第137期，1930年—08—25。

以康有为为鹄的,更要考察廖平与崔适学说。有学人批评刘节所言"昧于康氏之说统治民国学界的事实,又犹惑于廖、崔诸说",应是有所误解。若以今文学流变内在脉络的视角,刘节意在提示廖平与康有为学术及其启发后学的不同取径。胡适与钱穆论辩今古时,提出"廖季平的《今古学考》的态度还算是平允,但康有为的《伪经考》便走上了偏激的成见一路,崔觯甫的《史记探源》更偏激了",现在应该"回到廖平的原来主张,看看他'创为今古之分,以复西汉之旧'是否可以成立。不先决此问题,便是日日讨论枝叶而忘却本根了"①。胡适知晓廖平与康有为学术倾向有别,廖平"平分今古"之说是近代今古纷争的根本,"回到廖平"成为超越今文学的重要环节。

二、"回到廖平"

冯友兰在《中国哲学史》的最后提出中国哲学应当贞下起元,廖平学术"若以历史或哲学视之,则可谓无价值之可言",廖平之学可以视作中国哲学史中经学时代的结束,"廖平之学,实为经学最后之壁垒,就时间言,就其学之内容言,皆可以结经学时代之局者也"。然而,前时代之结束与后时代之开始常常交互错综,中国哲学史的新时代,"已在经学时代方结束之时开始"②。钱玄同认为

---

① 胡适:《致钱穆函》,见杜春和、韩荣芳、耿来金编:《胡适论学往来书信选》(下册),1105页。
② 冯友兰:《中国哲学史》(下),见《冯友兰文集》第4卷,长春:长春出版社,2017年,第337页。

《中国哲学史》中竟然没有黄宗羲和王夫之,而有廖平,"岂不可怪"①。民国学界自然多以"怪诞"看待廖平六变之学,关键即在廖平视"哲理与事实为反比例",未能将孔学义理与历史事实相结合。刘咸炘评价廖平早年平分今古持论闳通,方法缜密,尊今抑古之后,则"不复守附会之戒,而凭空穿凿者十之五六"。三变之后,空言孔子垂教,以孔经为哲学,而与"史文事实相反"②。舒君实等学人强调廖平之于近代学术流变的意义,提出:"研究儒学宜师今而存古,师今取其足以救时弊,存古可以备参考故",若不研读廖平《今古学考》,而"妄谈儒家学说,譬彼舟流罔知所届矣"③,"廖平之思想自成一家,不在康有为下"④。廖平所揭示的微言大义被视为中国学术以及文明出路的重要参考。以礼制平分今古的方法与《春秋》之微言大义成为民国学人褒贬廖平学说的缘由,如何以历史眼光贯通春秋大义与六经典制成为廖平后学弘扬、超越经今文学的关键。

钱穆携《刘向歆父子年谱》北上,可谓意气风发,此书足以让钱穆在派系纷繁的平津学界立足,并被人誉为"能言汉儒今古文经学曲折者,今世莫如子"⑤。蒙文通较早即与钱穆就刘歆造伪一事有所交涉,此后辗转于四川、河南、江浙三地,亦以"回到廖平"的方式重新思考今古文问题。1932年,廖平逝世。侯堮认为廖平在中

---

① 杨天石主编:《钱玄同日记》(整理本),1933年5月5日,925页。
② 刘咸炘:《左书·经今文学论》,见《推十书》,109页。
③ 舒君实:《释儒》(下),见《国民公报》,1921—12—05。
④ 直声:《评蒋维乔〈中国近三百年哲学史〉》,见《大公报·文学副刊》,第240期,1932—08—08。
⑤ 钱穆:《素书楼余瀋·罗君倬汉十二诸侯年表考证序》,见《钱宾四先生全集》第53册,10页。

国经学史上具有相当地位,而在晚清思想史上,也握有"严重转捩之革命的力量",由廖平而后康有为、梁启超、崔适,直至今日的钱玄同、马裕藻、顾颉刚,"均能昌言古文学之作伪"。中国向来今文学家未做完、未说完的余沥,"一跃而为新史界所啧啧鼓吹之新问题,前喁后于,当者披靡"。廖平将三千年来孔子及数千年经学与经学所产生的思想言论进行根本改造,发前人所未发。近代古史研究皆导源于廖平经学革命之功,"以清代思想史言之,自王壬秋以上,似不克与廖先生分争一席"①。张鹏一认为清季有三人称得上今文学者,皮锡瑞、康有为、廖平,"为学子便利明经计,则康先生说经,实为可取,以其斩截荆棘,宫墙美富,易于窥见"。廖平学术尤当表彰,"六译诸作,以《解诂三十论》《春秋图表》《公羊补正》《今古学考》为上乘,全得力于今学","自公羊之说不明,人人但习于雅言,而微言绝无人知,偶以形之言论,鲜不以为妄诞。宜儒道之衰,中国之不竞也。夫雅言固足以针末贬世之人心,微言则在发明孔经立教之义,范围之大,绌国人之疑虑,使之超小康而入于大同之域"②。蒙文通鉴于廖师遗著未刊者尚多,遂"集资梓行",著而未成者,则"抄纂成《六译馆札记》"③。蒙文通撰文梳理廖平之于清代汉学、两汉经今古文学的学术贡献,与侯堮扬誉廖平"思想史"上的地位各有侧重。蒙文通认为近代今文学有伪今文学与成熟今文学之分野,以此将廖平与康有为划清界限,从"经

---

① 侯堮:《廖季平先生评传》,载《中国新书月报》,第8期,1932。
② 张鹏一:《读廖季平〈六译馆丛书〉评语》,载《国立北平图书馆馆刊》,第7卷,第2期,1933。
③ 《图书文化消息·廖季平先生遗著之近闻》,载《浙江省立图书馆月刊》,第1卷,第9期,1932。

学"的立场弘扬师门今古之旨。

蒙文通分别受学于廖平和刘师培,得今、古两家之义。廖、刘二人都有"推本齐鲁上论周秦"之意,蒙文通早年计划进一步寻绎探讨两师之论,寻齐、鲁之学的根源。1929年,蒙文通写定《经学抉原》,自称"略陈汉师今古学之未谛,以思究宣师门弅两汉、宗周秦之微旨",并未怀疑今古学本身的合理性,周秦齐鲁三晋之学与今古文学仍是一脉相承的关系。蒙文通本于两汉今古学向上溯源周秦之学,坚信廖平所言以礼制判别今古文,今文经学以《王制》为纲,古文经学以《周礼》为纲。撰写《古史甄微》时,蒙文通以晚周所传史说探求三皇五帝之说的本源,发现各方之说似"各有鸿沟不可紊",又"就五胜五帝之说",求此说变迁、沿革、异同的原因,遂知两汉之学远非周秦之学,周秦之学变易犹多,派别亦众,不是今古两家所能涵括的。不仅今古之学不足言周秦,即使汉代齐学、鲁学也远非周秦之齐鲁学。换言之,两汉师法已经不足以探周秦之学,而"必别求周秦之法以说周秦"①。

以礼制平分今古,《王制》《周官》分摄今古是廖平平分今古的根本。皮锡瑞作《王制笺》,以《王制》为孔子遗作,为"素王"说张本。章太炎对此不以为然,指出"先师俞君以为素王制法,盖率尔不考之言,皮锡瑞信是说,为《王制笺》,所不能通,即介恃素王以为容阅",其中"尤渎乱不经者,以为天子之官,三公、九卿、二十七大夫、八十一元士,此非孟子所说,而与《昏义》《尚书大传》《春秋繁露》《白虎通义》相扶",而此皆"不达政体者为

---

① 蒙文通:《井研廖师与汉代今古文学》,见《经史抉原》,130~134页。

之"①。刘咸炘学宗章学诚文史校雠之学,"于经学今古文两派皆不主之。古文家之极若章太炎,今文家之极若廖季平,吾皆以为太过"。学界以章学诚六经皆史说"似若党古文者",实则不然,主要是对于"今文家之言则多不敢信"②。素王之说是经生不明史学,"不知察势之变而据守文字节目","汉人之于经义固止得去制度,得其讲制度之精则有后儒所不能及者",《王制》的价值"不在今文家之矜异而在其所不矜异"。朱子认为《周官》《王制》皆制度之书。近世儒者甄明汉儒家法,提出古文家学宗《周礼》,今文家与《王制》暗合,于是纷纷攻击《周官》造伪,《王制》或为素王定制。"《周官》自周公之作降而为六国时书,又降为刘歆所造,《王制》则自汉博士之作升而为秦汉间儒者之书,又升而为七十子后大贤之作,其无定如此。"实际上,"《周官》固不似六国人书,而《王制》之为汉博士作,乃司马迁之言,远在今古诸儒之前,其确不容质疑"。考察历代制度应当善于审察时势,制度设计应当合于时宜,不必依托圣人创制。近世学者怀疑《周官》"疑非所疑",尊奉《王制》则"尊非所尊",其症结在于"不明史学,未知周汉之变"③。

刘咸炘以"史学"察周汉之变,折衷近儒《周官》《王制》之争。蒙文通质疑今古文学的宗纲,正是"就历史之义",从《王制》《周官》二者官制异同入手。二人方法近似,旨趣有别:

---

① 章太炎:《驳皮锡瑞三书》,见徐亮工编校:《中国近三百年学术史论》,109页。
② 刘咸炘:《左书·经今文学论》,见《推十书》,109页。
③ 刘咸炘:《左书·周官王制论》,见《推十书》,87页。

今古两学之重心为礼制,其要在《王制》与《周官》,以《周官》考古文家说而皆符,以《王制》考今文家说亦大体不异。《周官》与《王制》枝细之别已繁,而后人所认为大端之异,盖在设官也。……若《周官》之制,与西周不符,实为晚世之书。……《王制》固西周之制,虽成书晚于《周官》,而所叙之制先于《周官》也。……既知三公而参五事,六官而三公九卿,三五之制既通,《王制》《周官》之因革既显,则周之典章可以知其故。《周官》《王制》既相通而不相妨,则必执《周官》《王制》各为今古壁垒以相争,而欲今古两家之说各以通于一切,执一端以遍说群经者,汉师今古学家之陋也。①

蒙文通察明《王制》《周官》实为西周、东周两种不同的制度,而且二者所论之官制、礼制"相通而不相妨",今古文的家法难以自洽,汉代今古文学的派分自然不再可信。《经学抉原》认为古学综合了孔子未见的《周官》,不传《春秋》的《左传》,出于鲁壁的《佚书》和《佚礼》,民间所传《费易》和《毛诗》等群书学说,以《周官》为宗。今学综合本于齐学的《公羊》和辕固之学、本于鲁学的《穀梁》和申培之学,以《王制》为宗。若详论今学与古学的构成,便发现二者皆源异而流合,"欲并胡越为一家,贮冰炭于同器,自扞格不可得通"。若剖析今古家所依据的典籍,分别研讨,以求其真,那么汉人今古学之樊篱立即动摇,所谓今古学"实为汉人不合理强制组成之学","今古之自身本即是不一致之学,即学术

---

① 蒙文通:《井研廖师与汉代今古文学》,见《经史抉原》,122~129页。

中绝无所谓今古学","究空说则今古若有坚固不破之界限,寻实义则今古乃学术中之假名"①。既然学术中绝对没有所谓今古学的派分,那么,就不能持今古学之义上探先秦之学,只能"舍今古之异同而上求之齐、鲁"。蒙文通再次强调廖平、刘师培的学术地位时,侧重于由两汉而上探周秦、由今古而溯之齐鲁,求周秦学术,易两汉家法,"此固廖师伟志",后学应当"宣其微旨而证其确实"。至于廖平以礼制平分今古的说法,不仅不能得周秦学术之实情,就是连两汉经学也不能囿于今古文派分,"汉师家法固若是,而周秦传记参差犹多,实非区区今古家法所能统括而各得其所","两汉传经之学,奇说孔多,奚止四派,岂区区今古两宗所能尽括?"②

至此,蒙文通在"复古求解放"的道路上已经"度越前贤",斩断了"平分今古"与"尊今抑古"论的束缚,倡导直接探讨周秦学术之旨,将今古学的说法一齐撕破。在《井研廖季平师与近代今文学》中,他说:

> 盖治经者有主于训诂,以《说文解字》《广韵》为本者为一派;主于微言,以纬候图谶为本者为一派;若廖、刘则主于礼制,以《白虎通义》《五经异义》为本,又自为一派。皆可依之以言今古文,非此一道为古文,而彼一道为今文也。③

既然"学术中绝无所谓今古学",那么以治经的方法来区分经

---

① 蒙文通:《井研廖季平师与近代今文学》,见《经史抉原》,113~114页。
② 蒙文通:《井研廖师与汉代今古文学》,见《经史抉原》,129页。
③ 蒙文通:《井研廖季平师与近代今文学》,见《经史抉原》,110页。

学流派时,今、古两家在经说上的差异可以淡化,甚至廖、刘二人可判为同一派,尊今抑古的态度也有所缓和:

> 惟左庵深明汉师经例,能知西汉家法,其言西汉古文学则是,而实抑古学为今学之附庸。故左庵能扬西汉学,而未必即张大古文学。廖师实真能张古学者也。章太炎虽未必专意说经,其于家法之故,实不逮左庵,然于《左传》主杜氏,于费《易》取王弼,以《周官》为孔子所未见之书,学虽逊于左庵,识实比于六译。夫《周官》自有其价值,岂以附于孔氏则重,不附于孔氏则轻!①

廖平由成熟今文学的代表一跃而成为学兼今古,甚至能张大古学。相比之下,刘师培则"抑古学为今学附庸"。此时,李源澄将蒙文通这一说法加以发挥:"澄尝问故于蒙师文通,蒙师又尝执贽于刘先生之门,岂敢以夫子之道,反害于夫子哉","故命曰质疑而已。"李源澄认为:"井研廖师,明今古之大分,皮锡瑞、刘师培两经儒出而究其绪,两汉今古之学,遂以大明",刘师培虽"于古文学渊源流别,可谓能穷源究委",然"以困于家学,又见康有为辈之横相诘难,为坚古学壁垒,故耆最汉代古文师旧说,以立异于今文";虽然"未足通经,平章经说之功,不可诬也","惟《周官》《左氏》,本不出于孔门,刘氏多所附会,故略为辩焉"。此论与蒙文通所谓刘师培"抑古学为今学附庸"如出一辙,不过,李源澄仍

---

① 蒙文通:《井研廖季平师与近代今文学》,见《经史抉原》,112页。

强调《周官》《王制》二书"自多违异","相异之处甚显"①。

以上可视为蒙文通今古文问题上的第二变,此时虽仍学宗廖氏,但质疑《周官》《王制》为今古文的总纲,大有超越"今古文"的倾向,主张上复周秦,不能执泥于"今古文学",这与胡适、钱穆等人"回到廖平"的主张貌同心异。钱穆从未囿于经生之见,自然没有"平分今古"的束缚,遂以史学门径解决今古文之争。相反,蒙文通坚持以礼制平分今古,其突破今古文学的关键也是礼制,目的是为了寻求周秦儒学源流,明经学根柢。蒙文通评价廖平"说《春秋》缜密,说礼则略",廖平分判《王制》《周官》礼制的疏漏,并不影响其对《春秋》之义的阐发。此后,蒙文通专注于寻求"古今文家"与周秦学术大义的传承。在河南大学时,蒙文通已经略感到周秦之制与春秋一王大法间的区别,"比辑秦制",力求得其正解,却未有定见。蒙文通心存此种疑惑,北上平津。

此时平津学界正在展开新一轮的今古文辨义。顾颉刚此时一面编辑出版辨伪丛刊,陆续出版《子略》《诸子辨》《诗疑》《古今伪书考》《古学考》等,"辨伪丛刊"被誉为扩大而为辨伪的新运动,"照耀人目";一面继续编纂《古史辨》,《古史辨》第二册上篇讨论战国秦汉时期的古史观,下篇收录学界关于古史辨的争论;《古史辨》第三册上编讨论《周易》,下编讨论《诗三百篇》;罗根泽负责编纂《古史辨》第四册《诸子辨伪》,计划分为古今两编;《古史辨》第五册汇集经今古文问题与阴阳五行起源的文献。钱玄同希望顾颉刚将《群经辨伪》之文也编成《古史辨》一册,拟将《古史

---

① 李源澄:《古文大师刘师培先生与两汉古文学质疑》,载《学艺》,第12卷,第6期,1933。

辨》作为《辨伪丛刊大成》①。1933年12月29日,钱玄同在师大史学系演讲《晚清今文学与学术政治之关系》。钱玄同与张西堂往来甚密,借阅《周官辨》与有跋文的《古学考》给张西堂,并赠予"康书序"五本。请张西堂代授"经学史"课程。钱玄同称赞张西堂《经学史讲义》"甚佳",张西堂今文孔学,古文周公之说,除了《春秋》之外都不相信与周、孔有关,也不相信无关,"与余意见颇相右也"②。钱玄同曾称赞廖平学术"洞见道本,一扫汉唐笺疏、魏晋清谈、宋明空谈之说,信哉二千年来未有之一人"③。此时,钱玄同则主张晚清民国今古文学者"莫善于康有为之《新学伪经考》,莫不善于廖平之《今古学考》",其原因正是"前者是辨伪,后者是析'学'"。皮锡瑞的《经学历史》与《经学通论》则"既不敢辨伪,又略有析'学'",所以"亦不甚佳"④。顾颉刚、钱玄同、张西堂、刘节等人纷纷提倡今文经学,学界将之视为超今文的学人群体。廖平门生蒙文通、李源澄探求汉代古今文学与周秦学术义理的传承,希冀得其正解,去上与东部学人以"辨伪"与"析学"的方式实践宗旨异趣的超越今文学之路。

三、"辨伪"与"析学"

蒙文通自述:"余初到东南,其地言学者与四川相近,故无所

---

① 杨天石主编:《钱玄同日记》(整理本),1934年12月15日,836页。
② 杨天石主编:《钱玄同日记》(整理本),1934年11月21日,1051页。
③ 杨天石主编:《钱玄同日记》(整理本),1916年1月6日,284~285页。
④ 钱玄同:《最后一页·钱玄同来信》,见顾颉刚编著:《古史辨》(5),1~3页(文页)。

轩轾。到北京，日与诸人讲论，始闻孔子不删六经之说，甚异之。"①"孔子不删六经之说"是古史辨运动的先声。钱玄同极力提倡"孔丘无删述或制作'六经'之事"，"《诗》《书》《礼》《易》《春秋》本是各不相干的五部书（《乐经》本无此书）"，"'六经'之中最不成东西的是《春秋》"②。傅斯年对钱玄同此说，除《春秋》略有异义，其余皆极表赞同。1933年出版《经史抉原》，蒙文通开篇即称"孔子之删定六经，实据旧史以为本"③。执教北大后，"乃熟查之，周代固无孔子定六经之说，此特汉人之说也，周人亦罕言六经王制，乐正崇四术。荀卿始亦不言六经，后偶言之"④，后来更明确提出"六经之删合为一，未必出于孔子"⑤。可知，在新的学术环境中，蒙文通吸收新说，探求儒学流变，却仍认为"六经经传以千万，仅存经为儒家之正宗"，"六经成于新儒家之手"。这一"正宗"思想使得蒙文通与"新史学"貌合神离，被北大辞聘或缘于学风差异，双方在"辨伪"与"析学"的路径下超越今文学的方式自然泾渭有别⑥。

作为民国今文学运动的急先锋，钱玄同称赞近百年来今文学运动是近代学术史上极光荣的事情，主要贡献在于"思想的解放"与"伪经和伪史料的推翻"。钱玄同主张以"史眼"穷经，视六经仅是史料，不赞成"国学""经学"等提法，更反对以经师的眼光"析

---

① 蒙文通：《治学杂语》，见蒙默编：《蒙文通学记》（增补本），54页。
② 钱玄同：《答顾颉刚先生书》，见顾颉刚编著：《古史辨》（1），68~82页。
③ 蒙文通：《经学抉原》，见《经学抉原》，56页。
④ 蒙文通：《治学杂语》，见蒙默编：《蒙文通学记》（增补本），54页．
⑤ 蒙文通：《论经学遗稿三篇》，见《经学抉原》，217页。
⑥ 张凯：《经史擅递与重建中华文明体系之路径：以傅斯年与蒙文通学术分合为中心》，载《浙江大学学报》（人文社会科学版），2014（2）。

学"。"研究经书,应该以实事求是为鹄的,而绝对破除师说、家法。这些分门别户、是丹非素、出主入奴的陋见!"康有为《新学伪经考》所用清儒的考证方法,是科学的方法,廖平《今古学考》"东拉西扯,凭臆妄断,拉杂失伦,有如梦呓,正是十足的昏乱思想的代表,和'考证''辨伪'这两词儿断断联接不上"①。六经皆史与微言大义并非分别今古文的标准,经今古文的差异主要是篇卷与文字之别,经说异义根本不值得注意。钱玄同以此质疑儒家学说一系相传的内在脉络,进而提出"超今文"的口号,否认今文学为"学"的资格。近代今文学者"只有对于《春秋》都是公羊之说为宗(惟邵氏不言《春秋》),对于其它各经,独崔觯甫师一人笃守汉之今文说,他人即不如此","他们自己解经,则并非专宗汉之今文说,所以他们解经的精神实在是'超今文'的"②。

钱穆为《古史辨》第四册作序时,指出考据家以怀疑的态度,不受正统与经典的束缚,以历史观念平视各家学说,"疑者非破信,乃所信之广"③。钱穆之所以将重点放在考察刘歆造伪一事,正是基于认定汉代今古文不是学术进化的结果,实为政学合一的遗毒:经今古文之争"实则争利禄,争立学官与置博士弟子,非真学术之争也"。古文派的兴衰、分裂,"其机捩点皆在于政治之权势,在上者之意旨","两汉经学仅为秦人焚书后之一反动"④。傅斯年认为汉代

---

① 钱玄同:《重论经今古文学问题》,见顾颉刚编著:《古史辨》(5),27~28页。
② 钱玄同:《〈左氏春秋考证〉书后》,见顾颉刚编著:《古史辨》(5),10页。
③ 钱穆:《古史辨第四册序》,见罗根泽编著:《古史辨》(4),5页。
④ 钱穆:《国学概论》,81页。

经学的"家法之争,既是饭碗问题,又涉政治"①。那么解决近代今古文之争,似乎仅需从史事上澄清政学纠葛与变迁轨迹,而没有必要于经说中强求异同。钱穆注重儒学作为义理与史学间的关联,经学并非儒家义理的核心,其重要性须配合古史研究②。顾颉刚的学术转向深受钱玄同的影响,以辨伪平视经今古文,将近代辨伪学分为几个阶段:"崔述、梁玉绳指出事件之妄,康有为指出作伪之时代,崔适指出作伪之方式(始用五德说说明之)","今文家只肯打破五德说,不肯打破三统说",顾氏自期"立于超然之地位,加以系统之说明,补其所未备"③。不过,顾颉刚并不抹杀学派,坚持"析学",由家派入手梳理经今古学说的层累演化。求学北大时,顾颉刚认可黄侃所言"经学分家派,本不为善,然苟为其学,即不得不藉家派以为其假定,而后一切义类有所附;得其义,乃舍其家,则知所择","假定一言,是极,此即为科学之方法也"④。辨伪古史不受家法门户节制,但若"不从辨别经学家派入手,结果仍必陷于家派之迷妄。必从家派中求出其条理,乃可各还其本来面目。还了他们的本来面目,始可以见古史之真相"⑤。诚如周予同所言近代超经学的研究,"不是治经不谈'家法',而是以'家法'或学派为基

① 傅斯年:《留学笔记》(1919~1926年),台北:"中研院"史语所藏傅斯年档案,档号 I~433。
② 戴景贤:《论钱宾四先生之义理立场与其儒学观》,载《台大文史哲学报》,2009(70)。
③ 顾颉刚:《遂初室笔记(二)·近代辨伪之进展》,见《顾颉刚全集·顾颉刚读书笔记(三)》,第 71 页。
④ 顾颉刚:《西斋读书记》,见《顾颉刚全集·顾颉刚读书笔记(十五)》,第 358 页。
⑤ 顾颉刚:《沪楼日札·古史与经学之关系》,见《顾颉刚全集·顾颉刚读书笔记(四)》,第 346 页。

础而否定了它,超越了它,而到了一个新的阶段"①。顾颉刚考察五德三统说,辨明经今古文流变,"三统改制学说是造伪古史之原则","得其原则,足以穷其流变"②。之后,顾颉刚计划完成四考:"辨古代帝王的系统及年历、事迹,称之为帝系考";"辨三代文物制度的由来与其异同,称之为王制考";"辨帝王的心传及圣贤的学派,称之为道统考";"辨经书的构成及经学的演变,称之为经学考"③。由此打破种族的偶像(帝系)、政治的偶像(王制)、伦理的偶像(道统)、学术的偶像(经学)。可见,辨伪与析学是顾颉刚学术方法的双轨,由三统改制学说判定战国、秦汉时期的"造伪思潮",解释战国秦汉学术思想演化历程,落实"对于战国、秦、汉时代学说之批判"。

刘歆作伪问题是五德终始观的最终环节,也是民国学界古史辨伪的焦点。钱穆从政治和学说两面,均认为从汉武帝到王莽、从董仲舒到刘歆,"只是一线的演进和生长",今文学家"则认为其间定有一番盛大的伪造和突异的改换。"这是他与顾颉刚的本质分歧④。顾颉刚认为宇宙间的事物有渐变,有突变,"古史的传说和古文籍的本子当然不能例外",五德三统说是秦汉政治学说的根本,刘歆

---

① 周予同:《怎样研究经学》,见《中国经学史讲义》,132页,上海:上海文艺出版社,1999。
② 顾颉刚:《纂史随笔(三)·三统改制说是造伪古史之原则》,见《顾颉刚全集·顾颉刚读书笔记(一)》,430~431页。
③ 顾颉刚:《〈古史辨〉第四册序》,见罗根泽编著:《古史辨》(4),4页。
④ 钱穆:《评顾颉刚〈五德终始说下的政治和历史〉》,载《大公报·文学副刊》,第170期,1931—04—13。

倡导的古文学运动是西汉末年学术突变的原因①。顾颉刚始终坚持刘歆造伪说根源于此,在晚年依旧认定"刘歆表彰《左氏》,保存春秋一代史事,固一大功绩,而其附莽以造伪史,淆乱当时史官之记载,则为千古罪人,功罪自当分别论之"②。杨向奎批评顾颉刚没有在"层累地造成的古史说"的基础上再前进一步,"只是重复过去的老路,恢复到今文学派康有为的立场,又来和刘歆作对……是经今文学派的方法,一切委过于刘歆"③。杨宽批评康有为、崔述"《史》《汉》对校法"的考证是"意为进退"的"玄学之考证方法",顾颉刚承其余绪,由少皞史事论证刘歆造伪为臆说④。顾颉刚因此被民国学人贴上"新今文家"的标签。

在《古史辨》第五册"序言"中,顾颉刚申明"超今文学"的立场:"家派既已范围不住我们,那么今文古文的门户之见和我们再有什么关系!我们所以在现在提出今古文问题,原不是要把这些已枯的骸骨敷上血肉,使它们重新活跃在今日的社会,只因它是一件不能不解决的悬案,如果不解决则古代政治史、历法史、思想史、学术史、文字史全不能做好,所以要做这种基础工作而已。"⑤刘节认为顾颉刚《五德终始说下的政治和历史》揭示汉人搅乱史迹的根本方略,问题可以分两层来讨论:第一,阴阳五行说起源;第二,今古文经说之争。《古史辨》第五册的编纂正是围绕这两个问

---

① 顾颉刚:《跋钱穆评〈五德终始说下的政治和历史〉》,载《大公报·文学副刊》,第171期,1931—04—20。
② 顾颉刚:《与徐仁甫书》,见《顾颉刚全集·顾颉刚书信集(三)》,512页。
③ 杨向奎:《论"古史辨派"》,见《中华学术论文集》,32页,北京:中华书局,1981。
④ 杨宽:《刘歆冤词》,见吕思勉、童书业编著:《古史辨》(7)上,405~421页。
⑤ 顾颉刚:《古史辨第五册·序言》,见顾颉刚编著:《古史辨》(5),3页。

题展开。刘节指出汉代经今古文之争"本因学说不同,利害冲突,其相争自有意义"。晚清以来今古文家入主出奴,"可谓无甚价值",以真正历史家眼光而言,"两者皆历史上事实,既无所轩轾,更不必偏袒"①。今古学的根本症结在"阴阳五行灾异谶纬说之不同,其次为制度名物之异;至于文字训诂之乖违,其实皆同声假借之故,无所谓今古文之分"②。阴阳五行说的起源是今古文之争的中心问题,顾颉刚《五德终始说下的政治和历史》已经抓住今古文问题的重心,"我们无论如何追不上去了,只好让他独步",于是转入"从新得的材料中做成新史的骨干"③。陈槃称赞顾颉刚分析阴阳五行的源流影响和刘歆篡伪古籍"处处深切著明,发前人之所未发"④。范文澜认为"五行是中国人的思想律"诚为至理名言,不过五行说并非起于邹衍,而是经历原始阴阳说、神化阴阳说、原始五行说,直至孟子创造、邹衍光大的神化五行说等阶段⑤。然而,钱玄同对此种析学的作法,颇为不满,致信顾颉刚,坚称:"'经今古文'这个词的下面加上一个'学'字,此更与鄙见相左。我认为'经今文学'与'经古文学'这两个词,都是根本不能成立的。"钱氏认为并没有同条共贯的"今文经学",如"今文《诗》学",也没有同条共贯的"古文经学",如"古文《周礼》学",对历史上的不同经

---

① 刘节:《评刘向歆父子年谱》,载《大公报·文学副刊》,第137期,1930—08—25。
② 刘节:《论今古学书》,见顾颉刚编著:《古史辨》(5),639~640页。
③ 刘节:《古史辨第五册·序言》,见顾颉刚编著:《古史辨》(5),7~9页。
④ 陈槃:《写在〈五德终始说下的政治与历史〉之后》,见顾颉刚编著:《古史辨》(5),649页。
⑤ 范文澜:《与颉刚论五行说的起原》,见顾颉刚编著:《古史辨》(5),641~648页。

说,"该平等看待"。考证今文与古文意义在于"有真伪之别,在史料上关系甚大,但并无所谓两家之'学'"①。

阅览《古史辨》第五册后,张西堂告知钱玄同,他对顾颉刚、刘节所认定的今古文最根本在于阴阳五行的观点不以为然。张西堂认为经今古文问题本是一件很不容易解决的公案,如果重新提出讨论应当关注两点,其一,对于今古两派最初争论的要点"古文经传的真伪问题"应予以严谨的考辨;其二,对于两派因经立说的宗旨"今古经说的异同问题"应予以详细的划分。今古两派的产生都各有各的时代背景与相应立场,"而其兴替变化都是有不得不然之势的"。廖平在《今古学考》《古学考》中提出相当成功的见解,但他所用的方法都欠精密,他的立说不免存在许多错误和混淆不清的地方②。钱玄同认为,"固不尽然,然则许然。不过我总觉得,今古文之说,实一丘之貉耳"③。当教育部调查大学教员研究题目时,钱玄同草拟有"经真伪之研究"说明古文经全是伪书,今文经也有伪书,为原始的经书探原;"晚清今文学派与思想、学术、政治之关系"阐明今文学派在中国文化革新上有特殊的意价值④。顾颉刚与钱玄同就"辨伪"与"析学"而言,各持己见;顾颉刚、钱穆、杨向奎、杨宽观点有别,然"超今文学"的立场则一,今古文问题成为了中国古史的子题。

寓居平津四年,浸染于超今文的氛围,与顾颉刚、钱穆等学人

---

① 钱玄同:《最后一页·钱玄同来信》,见顾颉刚编著:《古史辨》(5),1~3页(文页)。
② 张西堂:《序》,见廖平著:《古学考》,1~10页,北京:景山书社,1935。
③ 杨天石整理:《钱玄同日记》(整理本),1935年2月5日,1071页。
④ 杨天石整理:《钱玄同日记》(整理本),1935年4月12日,1093页。

充分交流，为蒙文通重构经今古文学提供了契机。抗战后返川，蒙文通即出资创办《重光》月刊，在李源澄的催促下，提倡"非常异义之政治学"，言内圣不废外王，回应"超今文学"与疑古思潮：

> 清世今文之重兴，而庄、刘之徒，言《春秋》而不知礼，则一王大法为徒言；左海之俦，言礼而不求之义，与经世云者，邈不相关；至康有为益肆为虚泛不根之言，于是《周官》《左传》，凡诸古文经传，以为皆作于新室。狂论一倡，举世为靡，而谓周人旧书，反足以开王莽之新治，夫王莽之为社会政策，而《周官》为封建制度，在近世夫人而知之，即平不平等之间，乖隔已远，周与莽政，水炭难谐，乃袭其余唾者，曾不思此，又猥自标置曰"超今文学"，以疑古相夸煽，诬古人而欺后生，斯又下矣。①

蒙文通否认《周官》《左传》"作于新室"的根据不再是今学、古学的派分，而是认为《周官》为封建不平的制度，王莽为社会政策，周政与莽治，势如水火。此一见解缘自蒙文通在北大讲授魏晋南北朝史时的感悟，根据《孟子》《周官》记载，国、野之中，田制、兵制、学制、选士存在两种不平等的制度体系。这更促使蒙文通接近廖平四变之学，"廖先生说古文是史学、今文是经学（或哲学），的确是颠扑不破的判断。同时也看出经学家们把经今古文问题推到孔孟时期显然也是不对的，孔孟所言周事还基本上是历史事

---

① 蒙文通：《非常异义之政治学说》，载《重光》，第1期，1937。

实而不是理想虚构"①。蒙文通肯定廖平以礼制分别今古与经史分流学说,而将廖平大小天人学说的转变归结于康有为的影响②。李源澄认为"近世公羊学者,刘、宋不善师学,其失也愚,犹未至于叛道,康氏作《春秋笔削大义微言考》,意谓春秋之义在于公羊,公羊之义在于何、董,董、何之义在于康氏,究其所谓大义微言者,直董、何污垢秽浊之物耳,其心安居乎?复有所谓吴兴崔氏者,益横决无伦类,不足道矣"。廖平以礼制平分今古,"乃由清至今之桥梁,安于桥梁则不惟不进,且虞有失足之患"③。

钱基博认为廖平依据《五经异义》考察两汉学说,成《今古学考》,"昔人说经异同之故,纷纭而不决者,至是平分江河,了如指掌",今日为今学古学正名,当以"事义而有不同者"为主④。蒙文通重审廖平学说,并未走向将经学史学化,而是回到了廖平晚年经史分流说:"古文是史学,今文是经学(或哲学)","有素朴之三代,史迹也;有蔚焕之三代,理想也。以理想为行实,则轻信;等史迹于设论,则妄疑。轻信、妄疑而学两伤,是谁之责欤?世之争今古文学者,何纷纷也?盖古以史质胜,今以理想高,混之不辨,未解今文之所谓也"⑤。古史辨派提倡"超今文学",无论辨伪与析学,均主张经学史学化。蒙文通反对用阴阳五行学说来解释今古文问题,而是以"哲学"与"史学"分别对待"今学""古学"。经之所以有别于史,是将理想寄托于素朴的史迹,经学正宗不在古文而

---

① 蒙文通:《治学杂语》,蒙默编:《蒙文通学记》(增补本),41页。
② 蒙文通:《非常异义之政治学说》,载《重光》,第1期,1937。
③ 李源澄:《上章先生书》,载《学术世界》,第1、第2期,1935。
④ 钱基博:《古籍举要》,56页,上海:世界书局,1933。
⑤ 蒙文通:《儒家政治思想之发展》,《儒学五论》,33页。

在今文。蒙文通会通廖平一变与四变之学，"不唯继承了其师的经史之分说，又去掉了迷信孔子和孔经的成分，而发展了廖平的经史之分说"①。发展经史分流观的重点不仅系于孔孟之学，更落实在秦汉新儒学，今文、古文之辨关键在于"历史"与"理想"的差别。以政治制度而言，古文家言《周官》重在述古，今文家主《王制》寄托文化理想。廖平固守孔圣制作，蒙文通认为战国秦汉时期历史文化之变孕育与激发了今文学的"革命"精神与理想制度。今文学思想应当以《齐诗》《京易》《公羊春秋》的"革命""素王"学说为其中心，革命不仅是"王者异姓受命"，更需要圣者改制立法，创立一套新的制度，"改正朔，易服色，殊徽号，异器械，别衣服"。今文学家所讲"一王大法"为万民一律的平等制度，既与贵贱悬绝的周制不同，更与奖励兼并的秦制相异，而是秦汉新儒家的理想制度，今文学的礼制多有精深大义。井田、辟雍、封禅、巡狩、明堂诸制"皆今文学非常异义可怪之论，以其不敢显言，故辞多枝叶，实儒家精义所在，而不能见诸行事者也"②。

顾颉刚自称所研究的"不是普通的战国秦汉史，乃是战国秦汉的思想史和学术史，要在这一时期的人们的思想和学术中寻出他们的上古史观念及其所造作的历史来"③。顾颉刚区分经学中的"理想"与"事实"，目的在于研究古代历史，"汉人解经之目的，欲使经义为一而无异同。今人解经之目的，欲使经义异同毕露而无一毫

---

① 黄开国：《廖平评传》，190 页。
② 李源澄：《西汉思想之发展》，载《图书集刊》，第 2 期，1942。
③ 顾颉刚：《自序》，见顾颉刚编著：《古史辨》(2)，5 页。

糅杂之处。上面是统一观念，下面是历史观念"①。古史辨运动代表今日经学的结束期，打倒古文家，不是主张今文学，而是要用同样方法来收拾今文家，"对于各派皆还其真相，但有分析而无褒贬；自己站在历史研究上，不站在信仰上；从根本作起，不占一些便宜；作有系统的整个辑佚功夫"②。"统一"与"历史"观念背后的学术旨趣或可以"救时弊"与"备参考"概括，顾颉刚将澄清经典所蕴涵的古史实情视为中国文化的内层与核心，蒙文通阐发秦汉新儒学的大义微言以资实践传统文化的现代转化。

科学史学派意在以史学建构内在的文化演化历程，变经学为史学，建造中国文化史的骨架，而不囿于儒学再造中国本位文化。钱玄同品评当代学人时，赞誉超今文的史学家顾颉刚为最高，"今文家康、崔次之，不喜今文而亦不主古文之钱宾四又次之，专宗古文之章、刘次之，但都有见识眼光者"③。顾颉刚自述离开政治和道德而研究经学与孔子，超今文应当吸收宋学的批评、清学的考证，以史代经，推陈出新，澄清中国历史文化流变的实情，"即使没有今文家，但在现在这时代中，《六经》与孔子依然要经过一次重新的估价"④。蒙文通主张孔孟洞彻三代历史文化传统，提炼"仁义之说"，确立中华文明的核心价值，秦汉新儒学重塑立国精神与文化主体，儒家义理在某种意义上成为此后二千年中国历史展开的精神

---

① 顾颉刚：《泣吁循轨室笔记（五）·解经目的》，见《顾颉刚全集·顾颉刚读书笔记二》，266～267页。
② 顾颉刚：《纯熙堂笔记·经学大势与今日任务》，见《顾颉刚全集·顾颉刚读书笔记（四）》，269页。
③ 杨天石整理：《钱玄同日记》，1935年1月6日，1061页。
④ 顾颉刚著，王煦华所整理：《缓斋藏书题记》（三），28页，上海图书馆历史文献研究所编：《历史文献》第三辑，2000。

动力，秦汉以降中国历史的演进或可视为儒家义理的实践与展开。历史演进又为因时因地的调整与深化儒家义理提供有效客观经验提倡，既以经驭史，又以史证经，儒史相资，构建儒学义理与历史演化的能动关系，或能以现代学术体系开辟一种义理化的经史之学。

结语
文明的估价与开新

近代中国儒学面对千百年未有之大变局,学术流变展现出"和会与辩驳"的齐头并进,各派学说因时而兴起,依据各自传统、立场与义理关怀立论辩说。融汇中西,沟通新旧诚为学界共识与学术大势,然"学术之事,能立然后能行,有我而后有同,否则不立何行,无我何同"。确立文明主体性及其价值是中西之间"和会而融通""兼举而并包"的前提与基础,"苟有以异于我者,必辨之断而争之明,斯所以尊我使有立","苟有以同于我者,必会其通而和其趣,所以大我使有行"①。否则,以破旧为创新,中西学术格义附会,割裂文明传统与现实、价值与知识间的关联,必将难以摆脱文化殖民地的命运。民国新旧史学各路通人详论"史法",考辨"事""制",均殊途同归,其分殊洽在"史学"之"义",由此则牵涉出"汉宋之争"与"今古之争"在民国的演变。民国以降,汉宋之争表面上虽然逐渐淡化,其精神则依旧贯穿新旧、中西、科玄等派分

---

① 钱穆:《中国近代儒学之趋势》,载《思想与时代》,第33期,1944。

争辩之中，钱穆即言："此数十年来，中国学术界，不断有一争议，若追溯源流，亦可谓仍是汉宋之争之变相。"①民国学界隐然存在"新汉学"与"新宋学"、经今文学与经古文学学术立场的分殊，此一"汉宋之争的变相"也成为各派学人或"复古求解放"，或沟通中西新旧的聚焦点。

1920年代，梁启超之徒甘蛰仙倡导综合运用宋明理学"向道之精神"与清代汉学"治学方法"，以期达到"今后向新宋学、超汉学之目的"②。在"学术中国化"运动中，嵇文甫指出钱穆与顾颉刚讨论今古文问题，看似是陈腐的经学题目，其实掩藏着新鲜的东西，本可将讨论"引到一个新方面，而展开一个方法论上的大论战，这是很有意义的。然而当时我们没有办到"③。嵇文甫敏锐察觉出此次经今古文问题的学术论战之于建构中国文化路径的启示。1946年，童书业展望民国学界发展趋势时，认为民国"新汉学"的特点在于接受旧宋学的批判精神，对传统思想、旧史传说，能作"勇猛无情的批判"；最近学术的必然趋势是"新宋学"运动，即"近来一班喜讲道理的学者的讲道理运动"。新宋学是应用汉学的实证精神来讲道理，新宋学依据科学的、发现的、相对的真理和社会政治的实际情况而产生科学化哲学或思想④。顾颉刚同时畅谈中国现代史学趋势，以北平为中心的史学家，重实际而注意枝节，往往

---

① 钱穆：《新亚学报发刊词》，载《新亚学报》，1955（1）。
② 甘蛰仙：《最近二十年来中国学术蠡测——为〈东方杂志〉二十周年纪念作》，载《东方杂志》，第21卷，第1期，1924。
③ 嵇文甫：《漫谈学术中国化问题》，载《理论与现实》，第1卷，第4期，1940。
④ 童书业：《新汉学与新宋学》，见《童书业史籍考证论集》，777—780页，北京：中华书局，2005。

失之琐碎；以上海为中心的史学家，重概括而追求完整，往往失之空洞；如有人能综合各方面的研究，再予以系统的整理，则中国史学必有再辉煌的发展。中国学术以文史哲较受国外重视，实因为此种文化遗产，颇为丰厚①。顾颉刚视经学为文化遗产的重要组成部分，"经学到将来固不成其为一学，但在其性质尚不十分明了时，则必须有人专攻，加以分析，如廖平、皮锡瑞然"②。蒙文通认为今人关于经学性质的论定，"不免轻率，有些儿戏"，"是由于我们不认识古人学术，轻视文化遗产，自以为高出古人"③。蒙文通对"史料""文化遗产"有所分别："数十年来，国内史学界皆重史料，而绝少涉及文化遗产之史学"，中国史学发展历程中，"浙东史学究为文化遗产之一大宗，而世人知之者竟不多，殊可悯叹"④。贯通义理、制度与事功正是南宋浙东史学这一文化遗产的难能可贵之处。顾颉刚与蒙文通对作为"文化遗产"之经史之学的不同理解，反映近代学人转化传统的多元抉择与命运。

清末民初学人重建国学，中学由"体"逐渐演化为"故"，中国学术体系完全为西学分科所取代。今文学复兴虽是"以复古为解放"的关键步骤，但新文化派眼中解放的目标不再是复古代经典大义，而是通过由输入的新学理、新观念、新思想，并以相同的批判

---

① 《史学家顾颉刚畅谈中国现代史学并列举近代史家及其成就》，载《时事公报》，1946—12—22。
② 顾颉刚：《浪口村随笔（三）·经学清理工作顾颉刚》，见《顾颉刚全集·顾颉刚读书笔记（四）》，137～138 页。
③ 汤志钧：《蒙文通先生与〈辞海〉》，见蒙默编：《蒙文通学记》（增订本），132 页。
④ 蒙文通：《治学杂语》，见蒙默编：《蒙文通学记》（增订本），45 页。

的态度对我国固有文明进行了解和重建,"这一运动的结果,就会产生一个新的文明来"①。胡适视文艺复兴为反抗权威和批评精神兴起,中国的文艺复兴运动是"由既了解他们自己的文化遗产,又力图用现代新的、历史地批判与探索方法去研究他们的文化遗产的人领导",是一场人文主义的运动。这场新运动"引起了中国青年一代的共鸣,被看成是预示着并指向一个古老民族和古老文明的新生的运动"②。胡适、顾颉刚倡导整理国故和古史辨运动,力图以严肃的学术运动参与和支持反孔非儒的新思潮,解构儒学意识形态最有效的三条途径:一是大力输入西方哲学;二是恢复儒学在历史上的原形;三是恢复非儒学派的历史地位。钱玄同一直期待胡适等学人"仿泰西新法,独出心裁的新国故党","必大有造于国故界"③。钱氏认为清代前后学术有四方面:王学、史学、考证学、今文学。在学问和政治方面都能做到不守旧而革新,王学"重内心诠订",史学"明古今变迁",考证学"治学求真",今文学"政治求进步"④,并将16世纪初年至民初视为中国文艺复兴、宗教改革时期:"对于宋儒(程朱)以来不近人性之举改革,阳明、卓吾、黎州、习斋、圃亭、东原、理初、定庵诸人是也;对于学术之革新,如焦竑以来

---

① 胡适口述,唐德刚记:《胡适口述自传》,189页,合肥:安徽教育出版社,2005。
② 胡适:《中国的文艺复兴》,收入欧阳哲生、刘红中编:《中国的文艺复兴》,181页,北京:外语教学与研究出版社,2001。参见欧阳哲生:《中国的文艺复兴——胡适以中国文化为题材的英文作品解析》,载《近代史研究》,2009(4)。
③ 顾颉刚:《琼东杂记(二)·钱玄同论宋、崔、康之学》,见《顾颉刚全集·顾颉刚读书笔记卷一》,71页。
④ 杨天石主编:《钱玄同日记》(整理本),1934年2月13日,990页。

之实学是也,而最近五十余年中之前二十年开灿烂之花"①。当下研究国故的新运动,"进步最速,贡献最多,影响于社会政治思想文化者亦最巨"②。

胡适既倡导以科学整理国故,更期盼以国故整理科学,既用现代哲学去重新解释中国古代哲学,又用中国固有的哲学去解释现代哲学,"这样,也只有这样,才能使中国的哲学家和哲学研究在运用思考与研究的新方法与工具时感到心安理得"③。王皎我认为随着整理国故运动的深入,国学的地位因同外来的文化切实的冲突、融洽与调和,"国内自然是很稳固了,但在国际上亦打破历来空洞的、虚泡的状态而渐趋具体的、确切明了的地步","在国际上有超越的地位,更可以看出是很普遍的,很有向前无穷的进展的"④。然而,纵观整理国故运动与古史辨运动的走向,胡适及其同道始终侧重于以现代哲学解释传统思想,以西方学理解释中国文化,并未找到平衡中西文明、科学与国故的路径。国难时期,傅斯年呼吁估价中国传统文明,必须将中西文明来比较一番:"对于一种文明的看法,如果不用理智,不经分析,而只是出于一种诗意的欣赏,神秘的感觉,或者是直接的爱好,那是谈不上什么估价的。要去论断某一种文明价值的高低,必定要用一种客观的标准去看,我们不要说谁好谁坏,只要看谁适宜与否。"评价文明的标准,其一、文化交流间

---

① 杨天石主编:《钱玄同日记》(整理本),1937年3月10日,1251页。
② 钱玄同:《〈刘申叔先生遗书〉序》,见《钱玄同文集》第4卷,319页。
③ 胡适:《先秦名学史》,见《胡适文集》第6册,11页,北京:人民文学出版社,1998。
④ 王皎我:《中国国学在国际上的新地位及其最近之趋势》,载《青年进步》,第114期,1928。

的影响,区别刺激与主导;其二、民族文化对民族生存帮助大小;其三、文明之中,大多数人的生活能否有意义。若要根本检讨中国传统文明,非参考西方不可,"如果外来的侵凌不能抵抗,大多数的人民都在过着艰难的生活,文化不能影响别人而反被别人影响,这对于民族前途是有很大的危险的"。纵观近代中西学术思潮变迁,对于异样文明,发生新观念、新解释的要求,中国传统文化中上下古今一贯的学说,根本动摇。胡适以方法为学,提倡输入新知,再造文明,其实将中西学术交相比附,既不合于清人学术,也不合于科学方法。傅斯年认为只有中西比较,客观分析中国传统文明之优劣,去伪存真,"必定要这样,然后我们的文化才能立足下去,我们的民族才能永久存续"。傅斯年严正警告:"须知现在的世界,是不容许两种大不相同的文化同时存在的,这一点大家应该特别注意。"[①]

在以科学条理中学的欧化大潮中,如何寻求中学的自主性地位,进而以中学整理西学貌似不合时宜,仍是近代学术流变的潜流。民初国学论战之时,张煊认为:"在世界学术方面观之,与其得一抄拾欧化之人,毋宁得一整理国故之人。抄拾欧化,欧化之本身不加长也,整理国故,以贡诸世界学术界,世界反多有所得。"[②]宋育仁批评胡适所引领的整理国故运动仅在史料中盘旋,文化应该以经学为中心,胡适所倡导的新文化史仅是开局纂书的办法,充其量仅是完成一部《续文献通考》的后案。有学人比较经今古文学之

[①] 傅斯年:《文明的估价》(手稿),"傅斯年档案",Ⅰ~706。
[②] 张煊:《驳〈新潮〉〈国故和科学的精神篇〉》,载《国故》,第3期,1919。

后，始终觉得今文学派对于经学的认识较为准确，对于经学的主张较为正大，对于孔子的尊崇较为合宜。若发扬今文经学的方法，则"国粹不失，国本永固，国学永存"①。翁文灏更是明确提出以科学整理国故，不若以国故整理科学为效之宏，以科学整理国故"为效仅止于国故，所裨只于一国家。以国故整理科学，则为效渗入于科学，所裨将被于世界，其为功可以道里计哉？"②

李源澄认为整理国学是中国文化更生的必经之路，胡适所倡导整理国故运动却存在两种偏蔽：其一，东西中外相互比附，格义附会，"曰某为形而上学，曰某为认识论"，"惧后之学者，即以此为理学儒先之精英，则于斯学不惟无益而且有害也"③。其二，以历史的眼光研究国学时，却视经学仅有历史价值④。李源澄主张挖掘固有文化的优良成分可资时下参考，促使盲目反对固有文化的人反省。各国自有其历史文化，中西文化精神根本不同，不要对任何一方随便抹杀。中西文化两相比较，特长与短处分外鲜明，"我们应该发展我们的长处，修正我们的短处，但是须要明白者不是移花接木，而是要从根本上救起"，"我们又必不可以与人不同为可耻，而是要我们能自创文化"，"我们要重新对于固有文化加以研究，大家负起责任来创造我们的将来，才不负我们的时代所赐与，不必去演那东施效颦的丑剧了，更不可自伐其根本"⑤。中国文化传统不仅仅

---

① 鹤：《我对于经学之商讨》，载《潮报》，1937—01—09。
② 蒙文通：《〈周官〉〈左传〉中所见之商业》，载《图书集刊》，第5期，1943。
③ 李源澄：《理学略论》，载《国风》，第8卷，第12期，1936。
④ 李源澄：《读经杂感并评胡适读经平议》，载《论学》，第5期，1937。
⑤ 李源澄：《与陈独秀论孔子与中国》，载《国是公论》，第35期，1940。

具有历史价值,更是中西对话、创新文化、以国故整理科学的源头活水,被新文化运动猛烈抨击的礼教精神本可以发展另一种样式的民治政体。中国政治结构为君主、士大夫、人民,而重心实在士大夫,士大夫又是社会重心,研究中国历史必须了解士大夫与士大夫所服膺的经典。汉代今文学本寄托民主政治思想,秦汉以后,以君主与士大夫互让而结合,中国政治社会"并非儒家原始理想,而为士大夫补偏救弊之办法"①。蒙文通认为中国有两套政治学说,一套是国家主义的政治学说,一套是大同主义的政治学说。国家主义的政治学说以强与富为特征,大同主义的政治学说以和与平为特征,大同学说相当于大一统学说。最能代表国家主义的是法家,最能代表大同主义的是秦汉新儒学②。汉代以来政治上排斥秦汉新儒家的精华,所接受的"仅以不违反家天下之君主制度为限度","现在的一切,必不是宗法社会的遗毒,更不是儒家的遗毒,而是宗法政治的遗毒。儒家继承的是宗法政治,所创造的则是王道政治"。天下为公的贤人政治与民主政治不同,重点即在礼治高于法治,天下超越国家③。蒙文通认为儒家理想社会以井田为最精,儒家理想政治以明堂位最为完备。君主专制,诚不足道;议会制度亦不得为世界最理想政治;"专制于一夫诚非,专制于多数亦未是,皆非中国思想所应有之说。"明堂为议政之宫,不得视之为代议制。"中国之

---

① 李源澄:《儒学对中国学术政治社会之影响》,载《东方杂志》,第42卷,第7期,1946。
② 李源澄:《汉代大一统政治下之政治思想》,载《真理杂志》,第1卷,第1期,1944。
③ 李源澄:《论宗法政治》,载《新中华》,复刊第5卷,第1期,1947。

法,治权分系于各级之职司,实非专系之上层或下层",《月令》所设计的政治模式"为政治积极之职责,而非权力消极之限制;乃政治之规定,而非权力之规定"。此即中国立国精神与西方迥然异趣之所在,"权固非专之于庸众,而与独裁于一夫者,尤为不同"。中国政治理论与制度,自然不能以西方逻辑衡量。① 汉代以下所行者为儒者之第二义,阐发儒学第一义当是沟通中西的关键,"致治之术,建国之规,是固今日言民族文化之最可贵亲者","言民族文化而不自井田、明堂始,则为空谈,未足以规我文化之宏效,言井田、明堂而不本于儒家之仁义,亦不足以尽我文化之深旨","仁以为本,其可诬乎,究心于民族文化者,于此幸致思焉"②。

钱穆论述清初学风,由性理之学转向经史之学,"由朱子转经史,其道顺;由阳明转经史,其道逆"③。借用此语,似乎可言晚清民国学风,由经学转入史学,由古文经学转入科学史学,"其道顺";由今文经学转为现代史学,"其道逆"。经学向史学的转向,不仅是学术方式的转换问题,更牵涉晚清民国一系列的政治、社会、思想等问题,脉络甚广。若以科学方法为标准,胡朴安指出以今日研究学术的方法论而言,"今文学最不适用,所谓以《春秋》折狱,以《禹贡》治河,以三百篇当谏书,以及近人据乱小康大同之说皆一无是处"。相反,古文学的考证方法最符合今日治学的方法,"学之所以成为科学者,以其收集各种证据,归纳以得公例,

---

① 蒙文通:《月令之渊源与其意义·附录》,见《儒学五论》,176~177页。
② 蒙文通:《非常异义之政治学说》,载《重光》,第1期,1937。
③ 钱穆:《顾亭林学述》,见《中国学术思想史论丛》(8),53页。

古文学家治学之方法,极合此种之条例"①。胡朴安所言"学术之方法论"是以科学整理国故的思路,由此过渡到现代学术分科。在此先不厌其烦引述张尔田与王国维讨论经今古文治学的分别,两相类比:

> 兄论《公羊》三统三世,树义精确,可谓不随俗儒耳食之谈。惟弟尚有欲进之于兄者,则以不知兄之此言,是读书得间欤,抑从有统系中综合而得之欤?吾人研治一学必须先知家法,方有轨道可言。兄尝谓国朝三百年学术惟古韵之学成就,即以其能从至繁极赜中综合之成一统系也。虽其后有分十八部者,有分二十一部者,此不过密以加密,而终不能违越其大体。使非然者,则但可谓之读书得间。读书得间因为研治一切学术之初基,但适用于古文家故训之学或无不合,适用于今文家义理之学则恐有不合者矣。何则?故训之学可以目谂,可以即时示人以论据。义理之学不能专凭目谂,或不能即时示人以证据故也。……惟其所用家法不同,故古今文两家流别亦遂硕异。由古文考证之学言之,虽谓西京今文家说皆不出于孔子可也。若由余所论之家法言之,则虽谓西京今文家说皆不背于孔子亦可也。故弟尝谓不通周秦诸子之学,不能治今文家言。虽然,此之家法善用之则为益无方,不善用之亦流弊滋大。嘉道以来,不乏治今文诸经者,语其成果,乃无一人,终不能与金

---

① 胡朴安:《经学讲义序》,见上海国学研究社编:《国学汇编》第2集,上海:国学研究社,1924。

坛、高邮诸儒同其论定者，凡以此也。兄近治《公羊》，详于义例、故训、名物、历算，自是国朝治学正轨。惟弟之所言，似亦不可不存为参镜之资，否则遇无可佐证处，或恐有疑非所疑者矣。盖学各有方，即各有其应用之家法，此如水火相反而不容相非。①

张尔田认为今古文学各有家法，古文偏于考证之学，今文学则为义理之学。谈"义理"则必先信其义，不能无故怀疑其理。廖平主张研究经学，首先要相信六经的完整性，正是秦火经残的观念导致东汉以来经学沉沦不振。刘咸炘从文史校雠的视角，提出："书籍虽多，不外于史两种。集乃子之流，不能并立。经乃子史之源，而今文家认为子，古文家认为史，所以纷争。"②"世间止有事与理，故书亦止有史与子。"③ 今文家认经为子，宗旨在言"理"，古文家认经作史，详于说"事"。经今古文学的特质使得各自与现代学术的关联大有分殊。金毓黻认为经学义理与名物制度是宋学、汉学分合的关键，"清代名贤如戴东原、王怀祖，谓研经必先究名物训诂，究名物制度必先通训诂，此即所谓汉学之嫡派也。然研究名物制度实属于史学，不过其研究之对象，即为群经，群经之外虽有言名物制度者，皆不在研究范围之内"，金氏称此为"经学中之史学"。至于阐明义理，"不惟宋儒能之，而清儒亦能之，如今文学派诸家，以宣究古人微言大义，皆属之，此又为经学之别派，亦可称之为经

---

① 张尔田：《与王静安论今文学家书》，载《学衡》，第 23 期，1923。
② 刘咸炘：《中书·认经论》，见《推十书》，24 页。
③ 刘咸炘：《左书·经今文学论》，见《推十书》，110 页。

学中之哲学"①。

"今古文辨义"是清末民国学界出入经史、分殊中西的重要枢纽。民国学界继承与超越今古文学的方式、旨趣存在内外之别。在古文经学的历史观念之下，六经被视为古代的政典文献，古史与儒家义理精神分离。章太炎学术分"修己治人之学"与"超人之学"两层，以经史为用，晚年仍倾力于寻求民族历史特殊性，借助史学获得历代社会政治经验，探索民族文化的发展，重建讲信修睦、修己治人的师儒之学。古文经学详于制度事实，与现代科学实证主义的理念与方法一脉相承，"转变期的中国新史学，在文化的渊源方面，承接浙东史学与吴、皖经学的遗产，而与黄、钱、章三氏有密切的关系"。今文学以说理见长，三世说与进化论、怀疑精神与近代疑古思潮最终合流，从史观角度而言，"给予中国史学以转变的动力的，却是经今文学"；今文学究心于微言大义的一系虽被科学史学所批判，但通过在经与史、理与事之间建立能动观念，却激发出儒史相资、因事明理的义理史学。蒙文通、李源澄站在今文学立场，贯通义理、制度与史事，实践以国故整理科学，重新认知中西文明的高下之分，尝试现代学术阐释儒家仁义之学的时代价值。诚如程千帆所说："蒙文通先生现在是以一个上古史专家的面目出现在学术界的，其实他的学问源于清末四川今文经学的大师廖季平。他是把廖季平那些稀声古怪的想法用现代语言加以表现出来的。"②

周予同认为清代今文学在中国学术思想史上，有相当功绩。就

---

① 金毓黻：《静晤室日记》，1939年2月12日，4288～4289页。
② 程千帆：《书绅杂录》，见《桑榆忆往》，157页，上海：上海古籍出版社，2000。

学术精神而言,"在消极方面,能发扬怀疑的精神;在积极方面,能鼓励创造的勇气";就学术实践而言,"在消极的方面,使孔子与先秦诸子并列;在积极方面,使中国学术,于考证学、理学之外,另辟一新境地"①。蒋伯潜在周予同说法的基础上,更进一步指出:"今文学家所说的孔子,究竟是否孔子底真相,原也还待澄清。不过他们所说的孔子却是有生气的,有热情的,有创造革新的精神的;较之古文家所说的孔子,仅为一史学家,仅为一保存古代一部分史料的史学家,却胜一筹。"今文学复兴在汉学、宋学之外,另辟学术新境地、新出路。现在研究经学,"与其采取古文学,不如采取今文学;因为从前一派底观点来读经书,来研究孔子,则经书是死书,孔子也成了木偶;从后一派底观点来读经书,来研究孔子,则书和人便都凛凛有生气了。不过古文派所长底客观的近于归纳法的治学方法,却也是不能一笔抹杀的"②。

源自西方的现代学术体系为我们理解并参与现代生活世界提供了不可或缺的知识系统,但如何应对科学与人文两种文化日益撕裂的局面,如何在现实性的基础上确立超越性的价值原理,是祛魅之后现代学术的难题。现代学术在分科的学术体制中标举科学实证主义,逐步演变为纯粹的实证知识之学,难免以现代意识的价值标准去审视、评判历史文化,丧失了在传统、现代与未来之间建立有机关联性的能力,既无法整体回应时代的困局,又难以为文化重建与文明走向提供有效的路径。发掘中国文化的精义有助于丰富现代学

---

① 周予同:《经今古文学》,见朱维铮编:《周予同经学史论著选集》,31页。
② 蒋伯潜:《经学纂要》,190~191页,南京:正中书局,1944。

术的维度去应对现代生活世界的难题,"述文化于史",即事而求理,虚实相济,或可在义理价值、制度体系、历史变迁之间建立能动关联。融汇中西,沟通新旧是近代学术大势所趋,晚清民国时期各派学说因时而兴起,各有其立场与义理关怀,考察民国时期各派围绕经今古文问题"和会与辩驳"的历史脉络,融汇各家超越经今古文之争的方法与宗旨,而非仅以方法为学,以立场妄分门户,方能在守成中开新,以现代知识与学术体系的方式承续与转化中国文化义理、制度与历史事实的有机系统,进而构建文化精神、历史传统与文明走向之间的能动关联,为实现"能尊而有立"的文明复兴提供生生不息的思想泉源。

参考文献

1. 史料

"中研院"史语所藏傅斯年档案。

《论学：朱蓉生侍御与康长素工部往来札》，光绪年间广东刻本。

《谭嗣同集》整理组整理：《谭嗣同集》，杭州：浙江古籍出版社，2018。

《朱一新全集》整理小组整理：《朱一新全集》，上海：上海人民出版社，2017。

北京大学、中国第一历史档案馆编：《京师大学堂档案选编》，北京：北京大学出版社，2001。

北京鲁迅博物馆、湖州市博物馆编：《疑古玄同——钱玄同文物图录》，郑州：大象出版社，2016。

北平辅仁大学编：《北平辅仁大学文学院概况》(1936)，北平：辅仁大学，1936。

蔡尚思：《中国历史新研究法》，上海：上海书局，1989。

蔡元培：《蔡元培全集》，杭州：浙江教育出版社，1997。

陈平原、杜玲玲编：《追忆章太炎》(增订本)，北京：生活·读书·新知三联书店，2009。

陈庆年：《横山乡人日记》(选摘)，《近代史资料》1989年第76号。

陈庆年:《戊戌己亥见闻录》,《近代史资料》1992年第81号。

陈廷瑛:《驳斥康祖诒逆书》,哥伦比亚图书馆藏稿本。

陈寅恪:《寒柳堂集》,北京:生活·读书·新知三联书店,2001。

陈寅恪:《金明馆丛稿二编》,上海:上海古籍出版社,1980。

陈柱等著:《清儒学术讨论集》,上海:商务印书馆,1930。

程千帆:《桑榆忆往》,上海:上海古籍出版社,2000。

丁树诚:《丁治棠行纪四种》,成都:四川人民出版社,1984。

丁文江、赵丰田编:《梁启超年谱长编》,上海:上海人民出版社,1983。

东南大学南高师范国学研究会编:《国学研究会演讲录》第1集,上海:商务印书馆,1923。

杜春和、韩荣芳、耿来金编:《胡适论学往来书信选》,石家庄:河北人民出版社,1998。

范文澜:《范文澜历史论文选集》,北京:中国社会科学出版社,1979。

范烟桥:《鸱夷室文钞》,北京:海豚出版社,2013。

冯友兰:《中国哲学史》,长春:长春出版社,2017。

傅宏星编:《大家国学·钱基博卷》,天津:天津人民出版社,2008。

辜鸿铭:《辜鸿铭文集》,海口:海南出版社,1996。

顾颉刚:《当代中国史学》,上海:上海古籍出版社,2002。

顾颉刚:《顾颉刚读书笔记》,台北:联经出版事业公司,1990。

顾颉刚:《顾颉刚全集》,北京:中华书局,2011。

顾颉刚编:《古史辨》第1册,上海:上海古籍出版社,1982。

顾颉刚编著:《古史辨》第4册,上海:上海古籍出版社,1982。

顾廷龙校阅:《艺风堂友朋书札》,上海:上海古籍出版社,1980。

郭湛波:《近五十年中国思想

史》,济南:山东人民出版社,1997。

国立北京大学编:《国立北京大学一览》,北平:国立北京大学,1935。

贺麟:《文化与人生》,北京:商务印书馆,1988。

洪有丰:《图书馆组织与管理》,上海:商务印书馆,1926。

侯外庐:《近代中国思想学说史》,重庆:三友书店,1944。

胡适:《胡适全集》,合肥:安徽教育出版社,2003。

胡适:《中国哲学史大纲》(外一种),石家庄:河北教育出版社,2001。

胡珠生编:《东瓯三先生集补编》,上海:上海社会科学院出版社,2005。

胡珠生编:《宋恕集》,北京:中华书局,1993。

黄季陆:《黄季陆先生论学论政文集》,台北:"国史馆",1986。

黄侃:《黄侃日记》,北京:中华书局,2007。

姜义华、张荣华编校:《康有为全集》,北京:中国人民大学出版社,2007。

蒋伯潜:《经学纂要》,南京:正中书局,1944。

蒋维乔:《中国近三百年哲学史》,台北:台湾中华书局,1978。

教育部编:《全国专科以上学校教员研究专题概览》,上海:商务印书馆,1937。

金天翮:《天放楼诗文集》,上海:上海古籍出版社,2007。

金天翮:《中国学术之升降及今后之趋向(一名天人损益说)》,苏州:国学会,1933。

金毓黻:《静晤室日记》,沈阳:辽沈书社,1993。

康有为:《新学伪经考》,北京:生活·读书·新知三联书店,1998。

劳乃宣:《桐乡劳先生遗稿》,台北:艺文印书馆,1964。

黎靖德编、王星贤点校:《朱子语类》,北京:中华书局,1986。

李慈铭:《越缦堂读书记》,沈

阳:辽宁教育出版社,2001。

李耀仙主编:《廖平选集》,成都:巴蜀书社,1998。

李耀仙主编:《廖平学术论著选集》(一),成都:巴蜀书社,1989。

梁启超:《梁启超史学论著四种》,长沙:岳麓书社,1989。

梁启超:《饮冰室合集》,北京:中华书局,1989。

梁启超:《中国历史研究法补编》,北京:中华书局,2010。

梁启超著,俞国林校:《中国近三百年学术史》,北京:中华书局,2020。

廖幼平编:《廖季平年谱》,成都:巴蜀书社,1985。

刘师培:《刘申叔遗书》,南京:江苏古籍出版社,1997。

刘师培:《刘师培清儒得失论》,长春:吉林人民出版社,2013。

刘咸炘:《推十书》(增补全本)甲辑,上海:上海科学技术文献出版社,2009。

刘咸炘:《推十书》,成都:成都古籍书店影印,1996。

柳曾符、柳定生编:《柳诒徵史学论文续集》,上海:上海古籍出版社,1991。

柳曾符、柳佳编:《劬堂学记》,上海:上海书店,2002。

柳曾符选编:《柳诒徵史学论文集》,上海:上海古籍出版社,1991。

柳曾符选编:《柳诒徵史学论文集》,上海:上海古籍出版社,1991。

柳定生、柳曾符编:《柳诒徵劬堂题跋》,台北:华正书局,1996。

柳诒徵:《国史要义》,上海:华东师范大学出版社,2000。

柳诒徵:《致教育厅长函》,《盋山腹存》,南京:江苏省立国学图书馆,1948。

柳诒徵:《中国文化史》,上海:上海书店,1947;上海古籍出版社,2001。

罗振玉:《清朝学术源流概

略》,北京:商务印书馆,2018。

吕思勉、顾颉刚编著:《古史辨》第7册,上海:上海古籍出版社,1982。

吕思勉:《经子解题》,上海:华东师范大学出版社,1995。

吕思勉:《吕思勉读史札记》,上海:上海古籍出版社,2005。

吕思勉:《吕思勉论学丛稿》,上海:上海古籍出版社,2006。

马勇编:《章太炎讲演集》,石家庄:河北人民出版社,2004。

马勇编:《章太炎书信集》,石家庄:河北人民出版社,2003。

蒙文通:《古史甄微》,《蒙文通文集》第5卷,成都:巴蜀书社,1999。

蒙文通:《古学甄微》,成都:巴蜀书社,1987。

蒙文通:《经史抉原》,成都:巴蜀书社,1995。

蒙文通:《儒学五论》,桂林:广西师范大学出版社,2007。

蒙文通:《中国史学史》,上海:上海人民出版社,2006。

牟宗三:《历史哲学》,台北:学生书局,1976。

欧阳哲生、刘红中编:《中国的文艺复兴》,北京:外语教学与研究出版社,2001。

欧阳哲生主编:《傅斯年全集》,长沙:湖南教育出版社,2003。

皮名振:《清皮鹿门先生锡瑞年谱》,台北:台湾商务印书馆,1978。

钱保塘撰:《清风室文钞》,海宁钱氏清风室,1913年刻本。

钱基博:《古籍举要》,上海:世界书局,1933。

钱基博:《近百年湖南学风》,北京:中国人民大学出版社,2004。

钱穆:《国学概论》,北京:商务印书馆,1997。

钱穆:《两汉经学今古文平议》,北京:商务印书馆,2001。

钱穆:《钱宾四先生全集》,台北:联经出版事业公司,1998。

钱穆:《中国现代学术经典·

钱宾四卷》,石家庄:河北教育出版社,1999。

钱穆:《中国学术思想史论丛》(8),合肥:安徽教育出版社,2004。

钱玄同:《钱玄同国学文稿》,北京:中国画报出版社,2010。

钱玄同:《钱玄同文集》,北京:中国人民大学出版社,1999。

清华大学国学院、中华书局编辑部合编:《梁任公先生年谱长编稿本》,北京:中华书局,2015。

上海人民出版社编:《章太炎全集》,上海:上海人民出版社,1985。

上海图书馆编:《汪康年师友书札》,上海:上海书店出版社,2017。

沈善洪、胡廷武主编:《姜亮夫全集》,昆明:云南人民出版社,2003。

舒大刚、杨世文主编:《廖平全集》,上海:上海古籍出版社,2015。

宋育仁:《研究经籍古书方法》,探源公司代印,年代不详。

苏舆编:《翼教丛编》,上海:上海书店出版社,2002。

谭献:《复堂日记》,石家庄:河北教育出版社,2001。

谭宗浚:《止庵笔语》,1922年刻本。

谭宗浚编:《蜀秀集》,成都试院刻本,1880。

汤志钧编:《章太炎政论选集》,北京:中华书局,1977。

童书业:《童书业史籍考证论集》,北京:中华书局,2005。

童书业:《中国疆域沿革略》,上海:开明书店,1946。

汪少华整理:《俞樾书信集》,上海:上海人民出版社,2020。

汪叔子、张求会编:《陈宝箴集》,北京:中华书局,2003。

王东杰、陈阳编:《中国近代思想家文库·宋育仁卷》,北京:中国人民大学出版社,2015。

王国维:《观堂集林》(外二种),石家庄:河北教育出版社,2003。

王国维著,黄永年校点:《今本竹书纪疏证》,沈阳:辽宁教育出版社,1997。

王闿运著,马积高主编:《湘绮楼日记》,长沙:岳麓书社,1997。

魏源:《魏源集》,北京:中华书局,1976。

沃丘仲子:《近代名人小传》,台北:文海出版社,1967。

吴洪武等校注:《吴之英诗文集》,成都:四川大学出版社,2008。

吴梅:《吴梅全集》,石家庄:河北教育出版社,2002。

吴仰湘主编:《皮锡瑞全集》,北京:中华书局,2015。

吴之英:《寿栎庐丛书》,名山吴氏刻本,1920。

伍非百:《墨子大义述》,南京:国民印务局,1933。

夏曾佑:《中国古代史》,上海:上海人民出版社,2014。

夏承焘:《天风阁学词日记》,杭州:浙江古籍出版社、浙江教育出版社,1998。

夏鼐:《夏鼐日记》,上海:华东师范大学出版社,2011。

夏晓虹编,《追忆康有为》(增订本),北京:生活·读书·新知三联书店,2009。

熊十力:《中国历史讲话》,北京:中国人民大学出版社,2006。

徐亮工编校:《中国近三百年学术史论》,上海:上海古籍出版社,2006。

杨天石主编:《钱玄同日记》(整理本),北京:北京大学出版社,2014。

印永清辑,魏得良校:《顾颉刚书话》,杭州:浙江人民出版社,1998。

俞樾:《春在堂全书》,南京:凤凰出版传媒集团,2010。

苑书义、孙华峰、李秉新主编:《张之洞全集》,石家庄:河北人民出版社,1998。

岳森:《癸甲襄校录》,成都:尊经书院刻本,1895。

张尔田:《遯堪文集》,1948年刊行本。

张晖编:《量守庐学记续编》,北京:生活·读书·新知三联书店,2006。

张京华编:《张尔田著作集》,上海:上海大学出版社,2018。

张西堂:《穀梁真伪考》,北平:和记印书馆,1931。

张西堂校点:《古学考》,北京:景山书社,1935。

张祥龄:《张祥龄集》,成都:巴蜀书社,2018。

章念驰编订:《章太炎演讲集》,上海:上海人民出版社,2011。

章太炎、梁启超编辑:《中国学术论著集要》,北平:华北书局,1931。

章太炎演讲,曹聚仁编述:《国学概论》,重庆:中国文化服务社,1943。

章太炎著,杨佩昌整理:《在苏州国学讲习会的讲稿》,北京:中国画报出版社,2010。

章学诚:《文史通义》,北京:古籍出版社,1956。

赵德馨主编,吴剑杰、周秀鸾等点校:《张之洞全集》,武汉:武汉出版社,2008。

赵清、郑城编:《吴虞集》,成都:四川人民出版社,1985。

赵所生、薛正兴主编:《中国历代书院志》,南京:江苏教育出版社,1995。

中共中央文献研究室编:《毛泽东书信选集》,北京:人民出版社,1983。

中国革命博物馆整理:《吴虞日记》,成都:四川人民出版社,1984。

中国科学院图书馆整理:《续修四库全书总目提要稿本》,济南:齐鲁书社,1996。

中国文化书院学术委员会编:《梁漱溟全集》,济南:山东人民出版社,2005。

中华书局编辑部:《孙宝瑄日记》,北京:中华书局,2015。

钟泰:《中国哲学史》,北京:东方出版社,2008。

周予同:《经今古文学》,上

海：商务印书馆，1926。

朱维铮编：《周予同经学史论著选集》（增订本），上海：上海人民出版社，1983。

朱维铮编校：《经学通论》，上海：上海人民出版社，2012。

朱维铮校注：《梁启超论清学史二种》，上海：复旦大学出版社，1985。

朱希祖：《朱希祖日记》，北京：中华书局，2012。

《学衡》《国学月刊》《文学集刊》《中国学报》《国学荟编》《重光》《孔学》《甲寅》《四川国学杂志》《警钟日报》《世界观杂志》《蜀报》《国粹学报》《新四川月刊》《中国学报》（洪宪）《中央日报》《大公报·图书副刊》《中国新书月报》《史学年报》《知新报》《制言》《申报》《政艺通报》《国民日日报汇编》《文史杂志》《新民丛报》《醒狮》《铎报》《中学生》《燕京学报》《东方杂志》《中国文化》《知难》《史学杂志》《青鹤》《进德月刊》《学术世界》《斯文半月刊》《苏中校刊》《国立历史博物馆丛刊》《新青年》《民国日报·觉悟》《新潮》《北京大学月刊》《大公报·文学副刊》《蜀学报》《广益丛报》《渝报》《国民公报》《思想与时代》《励学》《成大史学杂志》《理想与文化》《朝华月刊》《国立中央大学半月刊》《新亚学报》《光华大学半月刊》《青年进步》《真理杂志》《新中华》《中心评论》《责善半月刊》《国风》《吴县日报·吴语》《卫星》《兼明》《国民公报》《国立北平图书馆馆刊》《浙江省立图书馆刊》《学艺》《理论与现实》《时事公报》《文史汇刊》《图书集刊》《孔学》《国立东北大学校刊》《国立北京大学四川同乡会会刊》《图书季刊》《民国日报·国学周刊》《东南日报》《国学商兑》《立报》《图书评论》《励学》《时事新报·学灯》《无锡国专季刊》《清华学报》《史学》《禹贡》《东南日报·读书之声》《文化先锋》《文哲月刊》《教育今语杂志》《教育周报》

2. 论著

[美]艾尔曼:《经学、政治和宗族——中华帝国晚期常州今文学派研究》,南京:江苏人民出版社,1999。

[美]列文森:《儒教中国及其现代命运》,北京:中国社会科学出版社,2000。

北京辅仁大学校友会编:《北京辅仁大学校史(1925—1952)》,北京:中国社会出版社,2005。

卞孝萱:《章太炎各次国学演讲之比较研究》,《传统文化与现代化》1998年第6期。

蔡方鹿、刘兴淑:《蒙文通经学与理学思想研究》,成都:巴蜀书社,2007。

蔡长林:《论崔适与晚清今文学》,台北:万卷楼出版公司,2002。

常超:《"托古改制"与"三世进化":康有为公羊学思想研究》,北京:北京大学出版社,2015。

车行健:《现代学术视域中的民国经学》,台北:万卷楼图书股份有限公司,2011。

陈壁生:《经学的瓦解》,上海:华东师范大学出版社,2014。

陈平原:《中国现代学术之建立:以章太炎、胡适之为中心》,北京:北京大学出版社,2010。

陈其泰、张京华主编:《古史辨学说评价讨论集》,北京:京华出版社,2001。

陈其泰:《清代公羊学》,北京:东方出版社,1997。

陈奇:《刘师培的后期经学》,《贵州师范大学学报(社科版)》1999年第1期。

陈阳:《共和时代的复古与建国——以宋育仁为个案看清遗民政治诉求的思想语境》,四川大学硕士论文,2014。

陈以爱:《中国现代学术研究机构的兴起——以北大研究所国学门为中心的探讨(1922—1927)》(修订本),南昌:江西教育出版社,2002。

陈勇:《钱穆与 20 世纪中国史学》,北京:九州出版社,2017。

陈祖武:《关于常州庄氏学渊源之探讨——兼论〈春秋正辞〉之撰著年代》,《乾嘉学者的义理学》,台北:"中研院"文哲所,2003。

程美宝:《走出地方史:社会文化史研究的视野》,北京:中华书局,2019。

戴景贤:《论钱宾四先生之义理立场与其儒学观》,《台大文史哲学报》第 70 期,2009。

戴景贤:《明清学术思想史论集》,香港:香港中文大学出版社,2012。

丁纪:《疑古史观及其方法评析》,《二十一世纪》1999 年 8 月号。

丁亚杰:《清末民初公羊学研究——皮锡瑞、廖平、康有为》,台北:万卷楼图书有限公司,2002。

丁亚杰:《晚清经学史论集》,台北:文津出版社,2008。

房德邻:《康有为和廖平的一桩学术公案》,《近代史研究》1990 年第 4 期。

房德邻:《论康有为从经古文学向经今文学的转变——兼答黄开国、唐赤蓉先生》,《近代史研究》2012 年第 2 期。

傅正:《古今之变——巴蜀今文学与近代革命》,上海:华东师范大学出版社,2018。

干春松、陈壁生主编:《经学的新开展》,北京:中国人民大学出版社,2012。

干春松:《康有为与儒学的"新世"》,上海:华东师范大学出版社,2015。

干春松:《重回王道儒家与世界秩序》,上海:华东师范大学出版社,2012。

郜积意:《汉代今、古学的礼制之分——以廖平〈今古学考〉为讨论中心》,《"中央研究院"历史语言研究所集刊》第 77 本第 1 分,2006 年 3 月。

葛兆光:《中国思想史》,上海:复旦大学出版社,2009。

顾潮编著:《顾颉刚年谱》,北京:中华书局,1993。

侯旭东:《中国古史三十年:成绩与挑战》,《当代学术状况与中国思想的未来》,上海:华东师范大学出版社,2011。

黄开国、唐赤蓉:《〈教学通义〉中所杂糅的康有为后来的经学思想》,《近代史研究》2010年第1期。

黄开国、唐赤蓉:《从〈教学通义〉看康有为早年思想》,《四川大学学报》(哲社版)2009年第4期。

黄开国:《公羊学发展史》,北京:人民出版社,2013。

黄开国:《廖平评传》,南昌:百花洲文艺出版社,1993。

黄开国:《清代今文经学新论》,北京:人民出版社,2017。

黄燕强:《重论晚清经今古文学之争——与两汉经学的比较研究》,《清史研究》2013年第3期。

贾小叶:《戊戌时期学术政治纷争研究:以"康党"为视角》,北京:社会科学文献出版社,2017。

江湄:《创造"传统":梁启超、章太炎、胡适与中国学术思想史典范的确立》,北京:社会科学文献出版社,2013。

姜亮夫编著:《楚辞书目五种》,上海:上海古籍出版社,1993。

邝兆江:《湖南新旧党争浅论并简介〈明辨录〉附〈明辨录〉序编目及书信按语〈西医论〉》,《历史档案》1997年第2期。

李帆:《章太炎、刘师培、梁启超清学史著述之研究》,北京:商务印书馆,2006。

李洪岩:《史术通贯经术——柳诒徵文化思想析论》,《国际儒学研究》第3辑,1997。

李希泌:《健行斋文录》,北京:书目文献出版社,1996。

李晓宇:《尊经·疑古·趋新:四川省城尊经书院及其学术嬗变研究》,四川大学博士论文,2009。

李学勤:《古文献论丛》,上海:上海远东出版社,1996。

李耀仙:《梅堂述儒》,成都:四川大学出版社,2005。

李长春:《经典与历史——以〈知圣篇〉为中心对廖平经学的考察》,中山大学博士论文,2009。

李长春:《清儒的"三世"说与廖平的"制度"论》,《中山大学学报》(社会科学版),2016年第5期。

廖名春:《钱穆与疑古学派关系述评》,《原道》5辑,贵阳:贵州人民出版社,1999。

刘大年《评近代经学》,《明清论丛》(1),北京:紫禁城出版社,1999。

刘复生、王东杰等著:《近代蜀学的兴起与演变》,成都:四川大学出版社,2017。

刘桂生:《从庄存与生平看清代公羊学之起因》,《周一良先生八十生日纪念论文集》,北京:中国社会科学出版社,1993。

刘巍:《〈刘向歆父子年谱〉的学术背景与初始反响》,《历史研究》2001年第3期。

刘巍:《经典的没落与章学诚"六经皆史"说的提升》,《近代史研究》2008年第2期。

刘巍:《章学诚"六经皆史"说的本源与意蕴》,《历史研究》2007年第4期。

刘巍:《重访廖平、康有为学术交涉公案——关于"新学伪经"说之偷意与升级版"孔子改制"论之截获的新探》,《齐鲁学刊》2019年第4期。

陆宝千:《清代思想史》,上海:华东师范大学出版社,2009。

路新生:《"义"、"事"之别与"今"、"古"之争及其现代学术意义》,《天津社会科学》2005年第1期。

路新生:《中国近三百年疑古思潮研究》,上海:上海人民出版社,2001。

罗检秋:《从清代汉宋关系看今文经学的兴起》,《近代史研究》2004年第1期。

罗义俊:《钱穆与顾颉刚的〈古史辨〉》,《史林》1993年4期。

罗志田:《道咸"新学"与清代学术史研究》,《四川大学学报》

(哲社版)2006年第5期。

罗志田:《国家与学术:清季民初关于"国学"的思想争论》,北京:生活·读书·新知三联书店,2003。

罗志田:《裂变中的传承:20世纪前期的中国文化与学术》,北京:中华书局,2003。

罗志田:《权势转移:近代中国的思想、社会与学术》,武汉:湖北人民出版社,1999。

罗志田:《事不孤起,必有其邻:蒙文通先生与思想史的社会视角》,《四川大学学报(哲社版)》2005年第4期。

罗志田主编:《20世纪的中国:学术与社会·史学卷》,济南:山东人民出版社,2001。

马一浮:《马一浮集》,杭州:浙江古籍出版社、浙江教育出版社,1996。

茅海建:《京师大学堂的初建:论康有为派与孙家鼐派之争》,《北大史学》(13),北京:北京大学出版社,2005。

茅海建:《中学或西学?——戊戌时期康有为、梁启超学术思想与政治思想的底色》,《广东社会科学》2019年第4期。

梅鹤孙著,梅英超整理:《青溪旧屋仪征刘氏五世小记》,上海:上海古籍出版社,2004。

蒙默:《素王改制:廖季平先生经学思想的核心》,《川大史学·文化史卷》,成都:四川大学出版社,2016。

孟琢:《清代学术的历史总结与思想突破:章太炎〈清儒〉的四重解读》,《北京师范大学学报》(社会科学版)2017年第1期。

缪敦闵:《刘师培〈礼经旧说〉研究》,台湾暨南国际大学硕士论文,2000。

牟润孙:《注史斋丛稿》,北京:中华书局,1987。

欧阳哲生:《中国的文艺复兴——胡适以中国文化为题材的英文作品解析》,《近代史研究》2009年第4期。

潘光哲:《"画定'国族精神'

的疆界：关于梁启超〈论中国学术思想变迁之大势〉的思考》，《"中央研究院"近代史研究所集刊》2006年第53期。

彭林编：《经学研究论文选》，上海：上海书店出版社，2002。

彭林主编：《清代学术讲论》，桂林：广西师范大学出版社，2005。

皮迷迷：《被"建构"的今、古文经学及其意义——另一种看待廖平今、古学之辨的视角》，《哲学门》第34辑，北京：北京大学出版社，2016。

桑兵、关晓红主编：《先因后创与不破不立：近代中国学术流派研究》，北京：生活·读书·新知三联书店，2007。

桑兵：《"了解之同情"与陈寅恪的治史方法》，《社会科学战线》2008年第10期。

桑兵：《国学与汉学：近代中外学界交往录》，杭州：浙江人民出版社，1999。

桑兵：《晚清民国的国学研究》，上海：上海古籍出版社，2001。

桑兵：《晚清民国的学人与学术》，北京：中华书局，2008。

桑兵：《晚清民国时期的国学研究与西学》，《历史研究》1996年第5期。

桑兵：《学术江湖：晚清民国的学人与学风》，桂林：广西师范大学出版社，2019。

沈政威：《〈国史要义〉与柳诒徵〈春秋〉经史学》，硕士论文，台湾："国立中央大学"，2011。

四川大学历史文化学院编：《蒙文通先生诞辰110周年纪念文集》，北京：线装书局，2005。

孙春在：《清末的公羊思想》，台北：商务印书馆，1985。

孙筱：《两汉经学与社会》，北京：中国社会科学出版社，2002。

汤用彤：《魏晋玄学论稿》，上海：上海人民出版社，2015。

汤志钧：《从"家学"到"显学"：清代今文经学的复兴与和珅专权》，《史林》2009年第5期。

汤志钧:《经与史:康有为与章太炎》,北京:中华书局,2018。

汤志钧编:《章太炎年谱长编》(增订本),北京:中华书局,2013。

唐文明:《敷教在宽:康有为孔教思想申论》,北京:中国人民大学出版社,2012。

陶亮生:《先师向仙乔言行忆录》,《成都文史资料》1988年总19辑。

田彤:《复返先秦:章氏国学讲习会》,《广东社会科学》2007年第2期。

田玉:《廖平经学研究述评》,《中国文哲研究通讯》1995年第2期。

万仕国编著:《刘师培年谱》,扬州:广陵书社,2003。

汪晖:《现代中国思想的兴起》(上)第2部《帝国与国家》,北京:生活·读书·新知三联书店,2015。

汪荣祖:《康章合论》,北京:新星出版社,2006。

王承军:《廖季平先生年谱长编》,北京:中华书局,2019。

王东杰:《走向多元动态的思想史——王汎森〈中国近代思想与学术的系谱〉读后》,《历史研究》2005年第6期。

王汎森:《从经学向史学的过渡——廖平与蒙文通的例子》,《历史研究》2005年第5期。

王汎森:《古史辨运动的兴起》,台北:允晨文化出版公司,1987。

王汎森:《中国近代思想与学术的系谱》,台北:联经出版事业公司,2003。

王汎森:《章太炎的思想:兼论其对儒学传统的冲击》,上海:上海人民出版社,2014。

王俊义:《庄存与复兴今文经学起因于"与和珅对立"说辨析——兼论对海外中国学研究成果的吸收与借鉴》,《清史研究》2007年第2期。

王学典、孙延杰:《顾颉刚和他的弟子们》,济南:山东画报出版社,2000。

王鸾嘉:《学术史中的话语演变与谱系构建——清代公羊学史与庄存与》,《学术月刊》2018 年第 3 期。

文史哲编辑部编:《"疑古"与"走出疑古"》,北京:商务印书馆,2010 年。

吴少珉、赵金昭主编:《20 世纪疑古思潮》,北京:学苑出版社,2003。

吴仰湘:《论廖平 1880 年并未转向今文经学——"庚辰以后,厌弃破碎,专事求大义"辨析》,《湖南大学学报》(社会科学版)2009 年第 3 期。

吴仰湘:《皮锡瑞的经学成就与经学思想》,长沙:湖南大学出版社,2013。

吴仰湘:《重论廖平、康有为的"学术公案"》,《中国社会科学》2020 年第 4 期。

吴仰湘:《朱一新、康有为辩论〈新学伪经考〉若干史实考——基于被人遗忘的康氏两札所作的研究》,《文史哲》2010 年第 1 期。

狭间直树:《东亚近代文明史上的梁启超》,上海:上海人民出版社,2016。

向珂:《廖平与"通经致用"》,《现代哲学》2013 年第 4 期。

向燕南:《关于柳诒徵〈国史要义〉》,《史学史研究》2011 年第 4 期。

萧公权:《近代中国与新世界:康有为变法与大同思想研究》,南京:江苏人民出版社,2007。

谢桃坊:《批评今文经学派——刘师培在四川国学院》,《成都大学学报(社科版)》2008 年第 2 期。

徐立望:《驳清代今文经学复兴源于上书房"讲义"说——兼论今文经学在康雍乾三朝的地位》,《复旦学报》2010 年第 5 期。

许惠琪:《刘师培论"六经皆史"》,《中国文学研究》2006 年第 22 期。

杨向奎:《绎史斋学术文集》,上海:上海人民出版社,1983。

姚奠中、董国炎:《章太炎学术年谱》,太原:山西古籍出版社,1996。

於梅舫:《〈新学伪经考〉的论说逻辑与多歧反响》,《社会科学战线》2019年第5期。

於梅舫:《康有为"两考"的撰写、传播与反应》,复旦大学博士后出站报告,2011。

於梅舫:《以董生正宋儒:朱一新品析〈新学伪经考〉旨趣》,《广东社会科学》2014年第1期。

於梅舫:《浙粤学人与汉宋兼采——朱一新〈无邪堂答问〉论学旨趣解析》,《近代史研究》2010年第4期。

余英时:《钱穆与中国文化》,上海:上海远东出版社,1994。

余英时:《中国思想传统的现代诠释》,南京:江苏人民出版社,1998。

张广生:《返本开新:近世今文经与儒家政教》,北京:中国政法大学出版社,2016。

张灏:《思想与时代》,上海:上海文艺出版社,2002。

张京华:《古史辨派与中国现代学术走向》,厦门:厦门大学出版社,2009。

张凯:《〈经学抉原〉与民初经学之走向》,《学术研究》2014年第4期。

张凯:《出入"经""史":"古史三系说"之本意及蒙文通学术旨趣》,《史学月刊》2010年第1期。

张凯:《经今古文之争与国难之际儒学走向》,《浙江大学学报(人文社科版)》2013年第3期。

张凯:《经史嬗递与重建中华文明体系之路径:以傅斯年与蒙文通学术分合为中心》,《浙江大学学报》(人文社会科学版),2014年第2期。

张凯:《清季民初"蜀学"之流变》,《近代史研究》2012年第5期。

张翔:《儒学史叙述的分断与孔子之义的比附式诠释——清代今文经学发展脉络新探》,《中国哲学史》2019年第6期。

张勇:《梁启超与晚清"今文学"运动》,北京:北京大学出版社,2017。

张越:《"最低限度的国学书目"之争与文化史观》,《史学史研究》2004年第3期。

张越:《新旧中西之间:五四时期的中国史学》,北京:北京图书馆出版社,2007。

张昭军:《梁启超的"新史学"是文化史》,《史学理论研究》2010年第2期。

张昭军:《晚清民初的理学与经学》,北京:商务印书馆,2007。

张昭君:《柳诒徵"为史以礼"说的意蕴》,《社会科学》2015年第10期。

张志强:《经、史、儒关系的重构与"批判儒学"之建立——以〈儒学五论〉为中心试论蒙文通"儒学"观念的特质》,《中国哲学史》2009年第1期。

张志强:《经学何谓?经学何为?——当前经学研究的趋向与"经学重建"的难局》,《2013中国哲学年鉴》,北京:中国社会科学出版社,2014。

张志强:《朱陆·孔佛·现代思想:佛学与晚明以来中国思想的现代转换》,北京:中国社会科学出版社,2012。

章权才:《清代经学史》,广州:广东人民出版社,2010。

赵沛:《廖平春秋学研究》,成都:巴蜀书社,2007。

郑师渠:《思潮与学派:中国近代思想文化研究》,北京:北京师范大学出版社,2005。

政协四川省文史资料研究委员会、四川省文史馆编:《四川近现代文化人物》,成都:四川人民出版社,1989。

周书灿:《论蒙文通上古民族文化理论建构》,《人文杂志》2012年第2期。

朱维铮:《近代学术史论》,上海:中西书局,2013。

朱维铮:《走出中世纪》,上海:上海人民出版社,1987。